# 高校内部学生申诉制度比较研究

李 泽 著

上海交通大学出版社
SHANGHAI JIAO TONG UNIVERSITY PRESS

## 内容提要

本书在对我国16所高校调研的基础上,对比研究了荷兰与美国高校的相关情况,就我国高校内部学生申诉制度的设立、性质、特点、组织构成以及运行过程作了全面介绍和分析,指出高校内部申诉制度对于保护学生权益、监督并完善学校管理、维系校园和谐秩序、减轻诉讼压力等具有重要作用;同时深入思考政府与学校、司法诉讼与非诉讼关系及其协调,基于中国、荷兰、美国之实践提出独特见解,具有创新性。

## 图书在版编目(CIP)数据

高校内部学生申诉制度比较研究/李泽著. —上海:
上海交通大学出版社,2018
ISBN 978-7-313-20638-1

Ⅰ.①高… Ⅱ.①李… Ⅲ.①高等学校-学生-申诉
-司法制度-研究-中国 Ⅳ.①D922.164

中国版本图书馆CIP数据核字(2018)第278841号

**高校内部学生申诉制度比较研究**

著　者:李　泽
出版发行:上海交通大学出版社　　　　　地　址:上海市番禺路951号
邮政编码:200030　　　　　　　　　　　电　话:021-64071208
出 版 人:谈　毅
印　制:江苏凤凰数码印务有限公司　　　经　销:全国新华书店
开　本:710 mm×1000 mm　1/16　　　印　张:12.5
字　数:201千字
版　次:2018年12月第1版　　　　　　　印　次:2018年12月第1次印刷
书　号:ISBN 978-7-313-20638-1/D
定　价:68.00元

# 目　录

# 导　论

## 第一节　问题的提出

1998年年末至1999年年初，我国开始出现学生起诉高校的案件，[1]开启了法院对高校内部管理行为进行司法审查的先河。随着我国高等教育的快速发展和体制转型，自2000年以来，出现了一股学生状告学校的热潮，[2]学生状告学校侵权的案件在全国各地屡屡发生，且呈上升趋势，[3]并产生了一些令人关注的诉讼案件。[4]此类案件主要是由于学生对高校在涉及学籍或其他违规违纪行为方面所作出的处理或处分决定不服而引起的。因为高校对学生的处理或处分决定可能影响到学生日后的求学和就业等重大利益，学生为维护自己的利益必然与高校之间产生纠纷。这类纠纷发生在高校内部成员之间，具有特殊性，涉及学生权利、高校内部管理行为的合法性与正当性等问题。

对于这种特殊类型纠纷的解决，司法途径固然可以发挥相应的作用，但

---

[1] 田某诉北京科技大学拒绝颁发毕业证与学位证案，参见《北京市海淀区人民法院行政判决书——（1998）海行初字第142号》。

[2] 《专家解读〈普通高等学校学生管理规定〉——粤高校将设机构处理学生申诉》，《南方日报》2005年4月16日。此外，据中南财经政法大学陈校长介绍，从2000年开始，学生对学校提起法律诉讼的案例也相应有所增加。记者走访各高校调查发现，受处分学生向学校提出异议或信访的，也呈逐年上升趋势。参见《高校出现"学生申诉处理委员会"》，《武汉晨报》2005年5月12日。

[3] 席锋宇：《最高法拟新司法解释，高校教育纠纷可诉讼》，《法制日报》2004年8月13日。

[4] 例如，1999年刘某某诉北京大学和北京大学学位评定委员会不授予博士学位案、2000年黄某某诉武汉大学博士不予录取案、2000年天津轻工业学院刘某状告母校"勒令退学"案、2002年重庆女生怀孕被开除案、2003年武某诉暨南大学取消学位案、2003年李某诉长春某医科高校因考试不及格被开除案、2003年广州大学两名学生诉校方因请人代考注销毕业证案、2004年中山大学学生诉母校作弊取消学位案，等等。

是也显示出一些弊端。例如，法院在是否受理此类纠纷的做法方面存在差异，有些法院采取积极的态度解决此类案件，也有一些法院干脆就不受理。[1]法院在受理案件时标准不同，有的法院按照民事案件受理，有的法院按照行政案件受理。法院在审理案件时标准也不同，有的法院对高校作出处分的行为进行实质性审理，即审查高校处分依据及其作出的处分决定是否合理、正当；有的法院只对高校作出处分的行为进行程序性审理，即高校作出处分决定时是否遵循相应的程序。法院处理此类案件的结果也具有不确定性，有的法院判决学生胜诉，有的法院判决高校胜诉，等等。这种在司法实践中没有统一标准的案件受理与处理状况很可能会诱发更多的纠纷和诉讼案件。另外，更为重要的是，在处理此类特殊纠纷的过程中始终贯穿着司法审查权与高校自主管理权之间的博弈（法院是否应当对高校内部管理行为的合法性与正当性进行审查）以及社会上的各种价值观和利益的交错，不仅增加了司法机关处理案件的难度，也增加了校方的压力。从实际情况来看，这类纠纷的司法处理结果也不尽如人意，有时不仅难以有效解决纠纷，而且反而在某种程度上激化了学生与学校之间的矛盾。"教育者和受教育者之间的是是非非实际上是一种情与理的双重博弈。师生双方本没有根本利害关系，仅仅在教育手段或管理手段的使用是否失当问题上诉诸法律法规，最终闹到誓不两立、对簿公堂的地步，其结果就不会有真正的胜利者，那种赢了官司输了亲情、胜了法理败了情感的事是屡见不鲜的。"[2]

　　学生起诉高校案件的多发以及法院处理此类特殊案件所面临的尴尬境况，引起了教育主管部门和专家学者对解决此类特殊纠纷机制的反思和探索。作为主管机构，教育部于2005年在《高等院校学生管理规定》（以下简称《第14号令》）的基础上颁布了新的《普通高等学校学生管理规定》（以下简称《第21号令》），修改的重要内容包括三项制度创新，其中之一即为高校校内学生申诉制度的设置，开始强调该制度的重要性，并对受理学生申诉的

[1] 北京大学法学院的湛中乐教授在参加2004年最高人民法院制定关于教育纠纷司法解释前组织的法律专家听证会上，谈到该司法解释制定的初衷时，他认为，一直以来，关于学生诉学校的案件，法院在是否受理上说法不一，在认识上和实施中都不统一。参见席锋宇：《最高法拟新司法解释，高校教育纠纷可诉讼》，《法制日报》2004年8月13日。
[2] 简占亮：《学生有了申诉权，怎样行使才得当》，《光明日报》2006年3月30日。

机构及其人员、范围、时限、程序等内容作了初步规定，[1]并在全国范围内加以推行。可见，高校内部学生申诉制度是由国家通过法律予以构建的，其主要目的是维护学生的权利和规范校方的行为；同时，也有利于在高校内部解决学生与高校之间特殊类型的纠纷，尽量避免通过校外途径，尤其是司法途径加以解决。

国家教育部对高校内部学生申诉制度的强调与突显，引起了媒体、学界对此制度的关注，出现了许多相关评论与研究，但这些评论与研究大多由于对该制度的设立背景、运行状况、发展落实过程以及最终的效果等缺乏深入的了解而流于表面或者理念化。出于对这一现象的关注，笔者长期思索的几个问题是：高校内部学生申诉制度具体是如何设置、如何运行的？是否所有高校都能够设立该制度？该制度又是否能够按照制度构建者预定的轨迹运行？是否能够回应制度构建者的目标？

笔者自2008—2011年持续对北京、上海、青岛和呼和浩特市16所高校进行实地调研，试图了解学生申诉制度在高校内部的设置与运行情况。首先，在制度的设立层面，通过调研，笔者发现16所高校全部都按照教育部《第21号令》的要求设立了学生申诉制度，成立了申诉处理委员会，受理学生申诉事项，尽管设立的时间或早或晚（如大部分高校在2005年即设立了该制度，而少部分高校直至2007年才设立该制度）。其次，在制度的运行层面，由于校领导、制度操作者对制度的认知和重视程度、各校自身特点以及各自的利益考量等因素不同，致使该制度在实践中呈现出多样性。多数高校能够按照教育部规定的申诉处理的范围、程序等实施该制度，使得制度得以正常运行，只是在不同高校间会存在细微差异，体现在申诉处理委员会的办公室设置、申诉处理委员会成员构成比例、受理申诉案件的种类和数量、处理申诉案件的方式、处理程序和时间以及处理结果等方面。有些高校在正常运行制度的基础上，将制度的实施向前端推进，即重视校方作出处分行为的合理性与程序性，体现在细化处分行为的分类以及创设处分过程中的听证制度等。而少数高校则只在书面上

---

[1] 1990年原国家教委制定的《普通高等院校学生管理规定》（《第7号令》）中就有对高校学生申诉权的相关规定，但比较粗浅。1999年制定的《高等院校学生管理规定》（《第14号令》）以及2005年制定的《普通高等学校学生管理规定》（《第21号令》）中正式确立了高校内部学生申诉制度。当然，关于高校内部学生申诉制度正式实施的背景比较复杂，除了司法方面的直接需求外，还有其他社会背景、政治背景的推动，本书在后文中还有相关论述，这里只做一个简单的分析。

规定学生申诉制度的内容，但未在实践中实施该制度，通过寻找一些替代方式来避免制度的实施，如通过减轻处分的方式与学生达成协商，实现某种形式的利益交换。最后，在制度的功能层面，高校内部学生申诉制度不仅具有维护学生权利、规范校方行为方面的作用，而且还有利于在高校内部解决学生与高校间的特殊纠纷。即便在无法避免通过校外途径尤其是司法途径解决纠纷时，也有利于维护高校的利益。16所高校的受访者都认为校内学生申诉制度能够为学生提供机会与平台以表达观点，从而为维护学生权利提供制度性保障；制度在规范、完善校方处分行为方面也具有重要作用，促使高校的处分行为尽量做到程序正当、证据充分、依据明确、定性准确、处分适当；制度也有助于在高校内部解决学生与学校间的纠纷，避免在高校外部通过其他行政途径或司法途径解决纠纷，有利于维持学生与学校间的密切关系；制度的实施在规范校方行为的基础上，改变了制度实施前校方处分行为的随意性，由此在无法避免诉讼的情况下，使得校方处于主动地位，从容应对诉讼，从而有利于维护校方的利益。

从上述制度运行的实践引发进一步的思考，为什么几乎所有高校均整齐划一地设立了校内学生申诉制度？为什么在制度实施过程中又呈现出一定的多样性？为什么制度在回应构建者初衷的基础上又发展出新的功能？也许国家对高校的管理方式与程度及其对高校自主管理权限的影响以及由此产生的高校利益与国家利益博弈的空间能够对这些问题作出尝试性解释与说明。

本书从观察高校内部学生申诉制度设立、运行及功能的样态出发，试图了解一种法律制度的运行模式，以及这种模式和国家与社会组织间关系的相关性。国家基于一定利益的考量，或者解决突出的社会问题，或者平衡不同社会主体间的利益，或者出于某种基本原则的要求，通过法律构建某种制度，以实现国家的利益初衷与目标。但是，法律制度的实施依赖于特定的社会组织，因此，国家与特定社会组织之间的关系对法律制度运行及其功能的发挥产生重要影响。特定社会组织，作为制度实施的载体，在实施法律制度的过程中不仅需要考虑国家的规制与要求，也要基于组织内部结构与机制考量自身的利益需要，使得法律制度在回应国家目标的基础上满足自身的利益要求，实现自身利益与国家利益之间的平衡，由此也使法律制度的运行与功能呈现出多种样态。然而，社会组织与国家进行利益博弈的动机、能力与空间，取决于国家对社会组织进行管理与控制的程度，进而决定法律制度在社会组织内部运行的样态及其对国家目标的回应与发展。

# 第二节  研  究  方  法

针对研究的核心问题，本书主要采用两种研究方法：一是实证调研方法；二是比较研究方法。通过运用实证研究和比较研究方法，对我国、荷兰、美国高校内部学生申诉制度进行系统研究，试图分析该法律制度运行背后的理论框架，即国家规制对法律制度运行及其功能的影响。

高校内部学生申诉制度设立以来，尽管有许多相关研究问世，但基本都停留在规范分析的层面，缺少对其运行及功能状况的实证研究，几乎没有提供真正意义上的调研材料，只是简单列举一些学校的不同做法，而缺少对该制度实际运作情况的整体性描述，也很少对该制度的性质、功能进行深入、透彻的分析。也就是说，有关高校内部学生申诉制度在各地高校中运行的模式、样态、效果以及制度的实际功能等一系列问题，迄今为止尚未进行较详细的实证研究和充分的解释与论证。而为了回答本书所关注的核心问题，必须着眼于校内学生申诉制度运行的实践，从事实出发。因此，笔者主要通过实证调研的方法，特别是与制度实施相关人员进行深度访谈，获得一手调研资料，并在此基础上，试图对该制度的运行实践及其功能进行归纳、分析，以期对制度的整体状况有更清晰的认识，进而探讨该制度运行及其功能的实践背后所蕴含的理论问题，即国家与高校间的关系在多大程度上影响制度的整体运行及功能的发挥。

笔者从2008年开始选择国内部分高校进行实地调研，直至2011年前后已调研了16所高校，分别位于北京、上海、青岛和呼和浩特市。笔者通过与16所高校中负责学生申诉制度实施的具体人员进行深度访谈，试图了解这些高校设置、实施学生申诉制度的依据与初衷、具体运行情况、遇到的问题、对制度的变通以及制度的功能等情况。受访人员大多数都是高校学生工作部的负责人或普通工作人员，[1]对学生的具体情况以及学生申诉制度实施的情况都有比较深入的了解。

---

[1] 尽管有些高校内部学生申诉制度设置在纪检委、团委或法律事务处，但其负责人表示他们在处理申诉案件时对学生的具体情况并不了解，对学校关于学生违纪方面的相关处理规定也不十分了解，依然要向学生工作部咨询处理意见。因此，在校内学生申诉制度实施过程中依然主要依靠学生工作部。

当然，在实地调研过程中也会遇到一些问题，毕竟校内学生申诉制度涉及高校内部的管理行为，尤其是处分行为的合理性等比较敏感的问题，有时甚至还涉及高校被学生起诉的情况，因此，有些具体数据无法从受访人员处获得（如各高校每年处分学生的姓名与数量、处分的依据、原因以及结果、受到处分的学生有多少人会提出申诉以及申诉处理的具体结果等），而只能根据受访人员的描述获得大致的情况。在调研过程中也难以与曾经提出申诉的学生进行直接交流，了解他们对申诉制度的真实看法。学生是校内学生申诉制度适用的对象，也是制度实施的重要主体，还是纠纷的一方当事人，因此，他们对制度实施的看法对研究制度的运行及其功能而言也是非常重要的。对于这方面的缺陷，笔者只能尽力通过二手资料，如新闻报道等途径加以弥补。

另外，关于高校内部学生申诉制度的研究目前尚未见与其他国家相关情况进行比较的文献。对于该制度的研究不能仅仅局限于我国，因为该制度实施过程中遇到的问题与疑惑以及如何解决等需要借鉴其他国家类似制度的经验，因此，有必要对其他国家的类似制度进行比较研究。笔者选取大陆法系的国家荷兰与英美法系的国家美国作为比较研究的对象，对两个国家公立高校内部学生申诉制度的设立、运行以及功能进行研究，试图了解国家与高校间的关系对校内学生申诉制度的运行样态及其功能具有何种程度的影响，并将之与我国情况进行比较。

在比较研究中使用的方法略有不同。由于笔者在2011年9月至2012年9月期间受到国家留学基金委的资助在荷兰访学，因此，对荷兰高校内部学生申诉制度的设立、运行以及功能等问题不仅能够进行规范层面的研究，更重要的是能够进行实地调研。而对美国公立高校内部学生申诉制度的研究，则只能依靠二手资料停留在规范研究层面，无法进行深入细致的实证调研。尽管笔者有机会认识两位美国高校的教授并与其进行面对面的交谈，但访谈并不深入，因为他们并不是所在高校负责校内学生申诉制度运行的相关人员，对制度运行的实践了解深度不够。

## 第三节　研究样本的选择

关于我国高校内部学生申诉制度的研究，笔者选择位于北京、上海、青岛、呼和浩特市的16所高校作为研究样本，其中，北京高校9所，上海高校3所，青岛高校3所，呼和浩特高校1所。北京为我国政治文化中心，上海为我国经济最发达地区之一，青岛则为著名的旅游城市，其经济与文化处于比较发达的水平，而呼和浩特市为少数民族自治区域，经济发展较为落后，但文化很有特色。虽然从数量和地域来看，所取样本有限，但从不同角度对研究样本进行分析可知，笔者选取的16所高校具有一定的样本量和代表性。如有的高校隶属于国家教育部，有的隶属于部委，如国家民族事务委员会、海洋局等，有的高校隶属于地方教育委员会；有的高校是理工科院校，有的是文科类院校，有的是综合性院校；有的高校位于中国经济发达地区，有的位于经济较发达地区，有的位于经济较落后的少数民族自治区内；有的高校受到国家重点项目，如985、211工程的扶持，有的高校只能获得所属机构的资助；有的高校建校百年以上，拥有丰富的办学与管理经验，有的高校成为本科院校时间较短，办学与管理经验不足；有的高校在专业设置方面具有鲜明的特点，如语言类、音乐类，有的高校在学生构成方面具有鲜明的特点，如少数民族学生占多数等。尽管研究样本具有一定的丰富性和代表性，但是仍然存在局限性，即没有严格按照社会科学研究中的抽样方法取样，不能准确地反映全国高校内部学生申诉制度运行的全貌。然而，由于国内高校整体组织结构设置及管理模式大同小异，且这些样本在某种程度上具有较强的代表性，因此，调研资料基本上能够反映高校内部学生申诉制度运行过程中的特点和问题。另外，辅之以其他通过新闻媒体获得的资料，对高校内部学生申诉制度的实践予以说明。以上述材料为基础，可对该制度在实践中的运行及功能窥见一斑，尝试着对本书核心问题作出分析和解释。

关于荷兰高校内部学生申诉制度的研究，笔者选取位于荷兰北部的一所研究型高校格罗宁根大学作为研究样本，与3名教授合作对该校学生申诉制度的运行进行研究。笔者通过实证研究的方法，分别与格罗宁根大学校级主管机构及相关机构和人员进行交流，主要有考试申诉委员会（CBE）秘书、法律部门（ABJZ）主管、学生权利法律保护中心（CLRS）主管、学生服务中心（SSC）的学生辅导员等。笔者还与学校下属9个二级学院主管机构与人员，主要是二级学院的学生辅导员、考试委员会秘书、教学负责人等进行深度访谈，了解学生申诉制度设立的依据、目的以及实施的程序、发挥的功能等问题。另外，笔者还与部分学生组织负责人、学生申诉人取得了联系，与他们进行对话，了解学生对学生申诉制度的看法。

关于美国高校内部学生申诉制度的研究，笔者选取了5所公立高校作为研究样本，即爱荷华大学、明尼苏达大学、威斯康星大学、马萨诸塞大学和加州大学伯克利分校，并辅之以其他学校的资料，试图描述该制度在实践中的运行样态及其功能。选择这5所高校作为研究样本并没有遵循严格意义上的抽样标准，只是出于偶然，因此，具有一定的局限性。选择明尼苏达大学和马萨诸塞大学是因为笔者认识这两所高校的教授，并有机会进行简单的交流，能够获得一些实证方面的资料，而选择其他3所高校是因为笔者在阅读相关二手资料过程中获得的信息比较多。尽管这5所高校并不具有充分的代表性，但美国各个公立高校关于学生申诉制度的设置与实施均有不同，加之本书着重从宏观层面研究制度运行与功能的样态以及国家与高校间管理程度之间的关系，因此，5所高校的情况能够从一定程度上展示制度运行与功能的样态。

# 第四节　文　献　综　述

近几年来，随着高校教育类诉讼案件的增多以及"依法治校"方针的贯彻落实与推进，高校学生申诉制度日益引起关注与重视。高校学生申诉制度大体分为两个部分，即校外申诉与校内申诉制度。[1]本书的着眼点在于高校内部学生申诉制度（有时简称为校内学生申诉制度），对与其相关的学术文献进行分析、总结。

## 一、高校内部学生申诉制度的研究概况

对校内学生申诉制度的研究，除了湛中乐教授关于《高等学校大学生校内申诉制度研究》[2]的论文之外，其他论文[3]大多是在对高校学生申诉制度进行分析的过程中涉及校内学生申诉制度的内容。对大学生申诉权以及申诉制

---

[1] 校外申诉制度，主要是指教育行政管理机构受理的大学生对学校处分不服的申诉制度；校内申诉制度，主要是指高校内部设立的专门机构（学生申诉处理委员会）受理的学生对学校所作的退学、取消入学资格和违规、违纪处分不服的申诉制度。
[2] 湛中乐：《高等学校大学生校内申诉制度研究》，《江苏行政学院学报》2007年第5、6期。
[3] 有些对校内学生申诉制度的研究也包含在对构建和谐校园、理顺高校与学生之间的法律关系、完善高校学生权利救济机制、改善高校学生管理制度、解决高校内部纠纷、加强学校思想政治教育等方面的研究中，但由于其研究重点并非直接指向高校学生申诉制度，因此，论述较为简略。

度的专门性研究最早始于2003年，也就是在教育部出台《关于加强依法治校工作的若干意见》（简称《意见》）之后。该《意见》突出强调"依法治校"的方针，"有利于保障各方的合法权益；有利于运用法律手段调整、规范和解决教育改革与发展中出现的新情况和新问题，化解矛盾，维护稳定"。依法治校的目标之一是"建立完善的权益救济渠道，教师和受教育者的合法权益依法得到保障，形成良好的学校育人环境"；措施之一是"要依法健全和规范申诉渠道，及时办理教师和学生申诉案件，建立面向社会的举报制度，及时发现和纠正学校的违法行为，特别是学校、教师侵犯学生合法权益的违法行为。"在"依法治校"方针的指引下，2005年教育部又出台了新的《普通高等学校学生管理规定》（《第21号令》），[1] 在重申学生申诉权的基础上，规定"学校应当成立学生申诉处理委员会，受理学生对取消入学资格、退学处理或者违规、违纪处分的申诉"，并对受理申诉的程序作了较详细的规定，包括受理的范围、时限、委员会的人员构成等。对高校内部学生申诉制度的研究主要是基于这个新规定。

从研究者的角度来看，对校内学生申诉制度的研究主要来自两个不同的视角：校方管理者和学者。[2] 校方管理者的研究主要侧重于如何贯彻执行教育部提出的"依法治校"的方针，加强学校的规范性自我管理，以及如何推进和谐校园建设等方面；而学者的研究主要侧重于与诉讼途径比较，该制度对学生权利的维护方面。[3]

---

[1] 教育部曾在1999年出台《普通高等学校学生管理规定》（《第14号令》），规定了学生违纪处理委员会及其人员构成、受理范围和相关程序规定。新规定与之相比，取消了学生违纪处理委员会，代之以学生申诉处理委员会。受理范围有所扩大，程序规定更加详细。

[2] 校方管理者主要是指高校的管理人员，如主管学生工作的负责人及其他工作人员等；学者主要是指高校的教学与科研人员，主要涉及教育学专业和行政法学专业的研究人员。

[3] 秦惠民：《依法治校的高等学生管理制度特征》，《中国高等教育》2004年第8期。此文认为校内学生申诉制度既要方便、有效地救济学生权利，也要顾及高校管理的特点。叶青：《大学生申诉制度与高等学校管理》，《福建农林大学学报》（哲学社会科学版）2007年第10期。此文认为学生申诉制度在大力推进依法治校、依程序办事，以及努力推进和谐校园建设方面成效显著。黄国满、陈洪彬：《对建立高校学生申诉制度的思考》，《长春工业大学学报》（高教研究版）2006年第2期。此文认为建立高校学生申诉制度为和谐校园建设提供了法律保障、为解决学生工作具体问题搭建良好的平台。湛中乐：《高等学校大学生校内申诉制度研究》（上），《江苏行政学院学报》2007年第5期。此文认为诉讼途径解决高校法律纠纷有其局限性，要建立校内申诉制度，以维护大学生权益。尹晓敏：《高校学生申诉制度研究》，《高教探索》2004年第4期。此文认为司法救济对维护大学生权利存在局限，高校学生申诉制度作为非诉讼性权利救济制度，具有合理性。

从研究的指向来看，主要集中在校内学生申诉制度的概念、特征、性质、功能、优势、局限以及完善措施等方面，另外，也对该制度受到关注与重视的社会背景，即研究的必要性与重要性进行了简要分析。但多数研究只停留在对文本的规范性解释与"应然性"的分析层面，而对该制度的产生与发展的理论基础及其在实践中的运行状态和作用则很少涉及或论述不够充分。

## 二、高校内部学生申诉制度研究的大致内容

目前对于高校内部学生申诉制度的研究主要集中于制度研究的必要性、制度的概念、功能、存在的问题以及完善措施等方面。

（一）高校内部学生申诉制度研究的必要性

高校内部学生申诉制度的研究始自2003年，2005年以后备受关注，主要有以下几个方面的原因：

（1）解决高校纠纷，维护学生权利。近年来高校教育纠纷日益增多，大学生权利的维护备受关注。而通过司法途径解决纠纷、维护权利的功能有限，因此，建立校内学生申诉制度被视为维护学生权利的一种重要途径。[1]

（2）贯彻、落实依法治校的方针和理念。2003年《教育部关于加强依法治校工作的若干意见》突出强调"依法治校"的方针。为更好地贯彻、落实这一方针，2005年教育部出台了《第21号令》，规定学校应当成立学生申诉处理委员会，受理学生对取消入学资格、退学处理或者违规、违纪处分的申诉，并对受理申诉的程序作了较详细的规定，包括受理的范围、时限、委员会的人员构成等。各高校纷纷建立学生申诉制度，设立学生申诉委员会，制定活动章程和细则。建立和完善高校学生申诉制度，保障学生申诉的法定权利，是适应现代高等教育发展需要、实行依法治校的重要内容，也是"依法

---

[1] 尹晓敏：《高校学生申诉制度研究》，《高教探索》2004年第4期；秦惠民：《依法治校的高等学生管理制度特征》，《中国高等教育》2004年第8期；张学亮：《法学视野中的高校学生申诉制度》，《国家教育行政学院学报》2006年第7期；湛中乐：《高等学校大学生校内申诉制度研究》（上），《江苏行政学院学报》2007年第5期。

治校"教育理念的内在需要，培养学生法律意识的客观要求。[1]

（3）构建和谐校园，实现高校秩序的稳定。2003年《教育部关于加强依法治校工作的若干意见》指出：运用法律手段调整、规范和解决教育改革与发展中出现的新情况和新问题，化解矛盾，维护稳定。稳定是一个学校实现教育目标的最基础的前提条件。近年来，大学生起诉高校案件的增加，影响了学校的声誉和教育秩序。作为维护学生权益、化解学校与学生之间不和谐音符的学生申诉制度，在建设和谐校园中发挥着重要作用。[2]

笔者认为上述对于校内学生申诉制度备受关注的背景分析过于简单，仅仅停留在表面现象，缺乏深层、透彻地分析。如果没有国家从政策层面上加以推进，此项制度也许还可能只是一种文字表述，而不会成为现实生活中的制度。国家推进这项政策，其背景或原因非常复杂，涉及社会转型期所处的复杂环境、利益冲突的加剧、矛盾处理的艰难、维护稳定的需要，等等。而这些更深层次的社会背景在上述研究中都没有得到充分阐述和说明。

（二）高校内部学生申诉制度的概念

对于高校内部学生申诉制度的概念，大多数研究者都是在高校学生申诉制度概念的基础上稍加修改。高校学生申诉制度，是指高等学校的大学生在接受教学管理的过程中，对学校给予的处分或处理不服，或认为学校和教师侵犯了其合法权益而向有关部门或机构提出要求重新审查、审议并作出相应处理决定的制度，包括校内申诉和校外行政申诉两种。[3]校内学生申诉制度，即学生因对学校的处分或处理不服，或学校、教师侵犯其人身权、财产权等合法权益，依法定程序向校内学生申诉处理委员会提出请求，要求重新处理的制度；校外学生申诉制度，即学生因对学校作出的申诉处理决定不服，依法定程序向学校所在地省级教育行政部门提出请求，要求重新处理的制度。[4]

---

[1] 张小芳、徐军伟：《法理视野下的高校学生申诉制度研究》，《宁波大学学报》（教育科学版）2005年第2期；费英勤、楼策英：《对完善高校学生申诉制度的思考》，《教育发展研究》2006年第8期。

[2] 张小芳、徐军伟：《法理视野下的高校学生申诉制度研究》，《宁波大学学报》（教育科学版）2005年第2期；刘最跃：《高校学生申诉制度的设想》，湖南师范大学硕士学位论文，2006年。

[3] 湛中乐：《高等学校大学生校内申诉制度研究》（上），《江苏行政学院学报》2007年第5期。

[4] 康建辉、张卫华、胡小进：《高校学生申诉制度存在的问题及对策》，《西安电子科技大学学报》（社会科学版）2008年第1期。还有其他研究者也对校内、校外两种制度加以界定。如刘最跃在其硕士论文中认为，校内申诉是指学生如果对学校的处分或处理决定有异议，可以在接到决定书之日起于一定时间内根据事实向学校学生申诉处理委员会申诉。所谓（转下页）

　　高校学生申诉制度在概念与内涵上，应当区别于高校内部学生申诉制度，前者包括校外的行政申诉制度。最近的研究都是侧重于校内申诉制度，只是多数学者在论述时都未能明确地加以区分，或者在界定时加以区分而在分析其功能、局限及完善措施时又常常混用。[1]只有少数研究者能够严格区分校内与校外两种申诉制度，并明确指出其研究的重点是校内申诉制度。[2]

　　实际上，关于高校内部学生申诉制度的概念可以根据教育部的文件稍加修改。《关于开展加强教育执法及监督试点工作的意见》早已有明文规定："校内申诉制度，是教师、学生、职员因对学校或者其他教育机构的有关职能机构或人员作出的有关处理决定不服，或认为其有关具体行为侵犯了自身的合法权益，申请学校或者其他教育机构依照规定程序进行审查处理的制度。"笔者认为只要在这一概念的基础上，将主体、受理申诉机构等细节稍加修改即可使用。研究者与其自创概念，造成许多混乱，倒不如在已有文件界定的基础上稍加限定，作为自己研究的"工作定义"。

　　（三）高校内部学生申诉制度的功能或意义

　　对于高校而言，校内学生申诉制度的建立与发展具有以下几方面的意义：① 更新治理理念，维护学生权利。从"行政本位"向"学生本位"转换，既有利于维护学生权利，也有利于树立大学生的民主意识和法治意识，激发学生的主人翁意识（公民意识），开辟学生参与校园民主管理的新途径。[3]② 顺应高校自治权发展趋势，即享有对因自身管理行为而引发的纠纷进行处理的权利。尊重高校自治权，实现高校自治是我国当前教育法制建设主要的发展方向，高校对学生申诉的处理权是高校自治权的一项重要内容，为高校提供一个反思和考虑的机会。[4]③ 解决纠纷，建设和谐校园。校内学生申诉

---

　　（接上页）教育行政申诉，是指学生如果对学校的复查决定有异议，可以向学校所在地省级教育行政部门提出申诉。

[1] 尹晓敏：《高校学生申诉制度研究》，《高教探索》2004年第4期；沈兰：《高校学生申诉制度的完善》，《科技信息》(学术研究)2007年第21期。

[2] 康建辉、张卫华、胡小进：《高校学生申诉制度存在的问题及对策》，《西安电子科技大学学报》（社会科学版）2008年第1期；湛中乐：《高等学校大学生校内申诉制度研究》（上），《江苏行政学院学报》2007年第5期。

[3] 沈兰：《高校学生申诉制度的完善》，《科技信息》(学术研究)2007年第21期；蔡晓平：《关于高校大学生申诉制度的若干思考》，《高教探索》2005年第5期。

[4] 胡小进：《高校学生申诉制度法律问题研究》，西安理工大学硕士论文，2007年；尹晓敏：《高校学生申诉制度研究》，《高教探索》2004年第4期。

制度建立了学生与学校间的"缓冲空间"，使许多学生问题的解决更科学、准确，有效地减少了学生状告母校现象的数量，有利于解决纠纷，消除不安定因素，构建和谐校园。[1] ④ 制衡高校权力。通过设立专门的执法机构能保障学生申诉权的顺利实现，并制约学校权力的不正当行使，从而达到高校权力与学生权利的协调平衡。[2]

## （四）高校内部学生申诉制度存在的问题

对高校内部学生申诉制度的局限性分析大多侧重于部门法的角度和非常具体的细节规定，主要集中在学生申诉委员会的地位、受理范围、处理程序、人员构成、法律责任、处理决定与行政复议和行政诉讼的衔接等方面。

湛中乐教授认为，校内学生申诉制度的局限在于：法律规范过于原则，缺乏具体的程序规则和实质性的规定；受理校内申诉的机构法律责任不明晰；校内申诉与行政申诉、行政诉讼的衔接欠妥等。尹晓敏认为，申诉机构和人员设置不明确，申诉处理期限的模糊，申诉机构性质定位不清晰。还有很多研究者认为，申诉范围过窄，无法全面保护学生权利，不符合当代教育立法的宗旨。[3] 也有人认为，校内学生申诉制度是流于形式、走过场。在申诉委员会受理的学生申诉案件中，作出维持决定的占绝大多数，真正通过学生申诉委员会改变学校决定的极为罕见。[4]

在探讨校内学生申诉制度存在的问题时，大部分研究者均从规范层面加以分析，认为该制度未能充分发挥作用与规范性文件规定的不完善有关。也有人从观念层面去分析制度的局限。如张学亮认为，该制度存在观念上的偏差。有关教育行政部门以及校内申诉机构认为，如果高校对已作出的学生处理决定进行更改，就在某类问题上"开了口子"，会使学校的"教学管理工作不好开展"。因此，客观地说，现实中的高校申诉还很难发挥其应

---

[1] 黄国满、陈洪彬：《对建立高校学生申诉制度的思考》，《长春工业大学学报》（高教研究版）2006年第2期。

[2] 张小芳、邢学亮：《高校学生申诉制度的有效运行》，《当代青年研究》2006年第4期。

[3] 尹力、黄传慧：《高校学生申诉制度存在的问题与解决对策》，《高教探索》2006年第6期；杨文治：《高校学生申诉制度的法律思考》，《襄樊职业技术学院学报》2007年第3期；康建辉、张卫华、胡小进：《高校学生申诉制度存在的问题及对策》，《西安电子科技大学学报》（社会科学版）2008年第1期；章清、金劲彪、杜志宏：《论高校学生申诉制度受理范围的拓展》，《高等工程教育研究》2006年第5期。

[4] 张冬梅：《浅议高校学生申诉制度存在的问题与对策》，《中国高等教育》2007年第17期。

有的作用。[1]张小芳、邢学亮也从校方、学生工作者、申诉方与被申诉方在观念上的偏差来理解导致校内学生申诉制度的功能未能充分发挥的原因。

（五）对高校内部学生申诉制度的完善

针对上述校内学生申诉制度存在的问题，研究者们纷纷提出加以完善的举措，既包括观念层面，也包括制度层面。

（1）观念层面的措施。有学者建议进一步确立以人为本的理念，充分认识、建立和完善学生申诉制度是高校依法治校的客观要求，应当提高学校管理的规范化，促进学生健康成长。还有学者建议转变观念，认为学校教育是对"人"的教育，必须建立在尊重人的基础之上。应当将教育关系作为一种法律关系来看待，将学生权益保障置于首位。若不消除传统的"权力本位"思想，即使颁布了学生申诉制度，其实效也难以令人满意。[2]

上述观念层面的完善措施缺乏高度与深度，缺乏一种更为深刻的视角，因而把握不了问题的实质。例如，校内学生申诉制度未能发挥功能的根本原因是什么？如果不能从更深入的理论层面将这个问题分析透彻的话，而只从细节、具体处着手，无法改变校内学生申诉制度的现状。

（2）制度层面的措施。湛中乐教授从受理校内申诉的机构或组织、受理申诉的范围、处理申诉的程序、校内申诉机构的权力等几个角度提出完善措施；也有学者认为应当明确学生申诉处理委员会的职责及其法律责任，[3]完善申诉后的救济渠道，即校内申诉与校外行政复议、行政诉讼之间的关系，如

---

[1] 张学亮：《法学视野中的高校学生申诉制度》，《国家教育行政学院学报》2006年第7期。

[2] 费英勤、楼策英：《对完善高校学生申诉制度的思考》，《教育发展研究》2006年第8期；张学亮、任广志：《海峡两岸高校学生申诉制度的比较研究》，《中国青年研究》2007年第4期。

[3] 杨文治认为，应当明确职、权、责的统一。对学生申诉处理委员会逾期未对申诉人的申诉作出复查结论的，学生申诉处理委员会及其成员应承担何种责任加以明确。参见杨文治：《高校学生申诉制度的法律思考》，《襄樊职业技术学院学报》2007年第3期。尹力、黄传慧认为有必要在新《规定》或相关教育法律、法规中对"学申委"逾期未对申诉人的申诉作出复查结论、学校不履行学生申诉处理委员会，各自应承担的法律责任作出规定，以切实保障学校、"学申委"、及时、高效地履行各自的职责，维护学生的合法权益。参见尹力、黄传慧：《高校学生申诉制度存在的问题与解决对策》，《高教探索》2006年第6期。

何衔接的问题，[1]还要切实加强对学生申诉败诉后的人文关怀。[2]

　　上述制度层面的完善措施大多非常具体，但都停留在规范分析的层面，而且对其给予过高的期望，导致某些情况下得出不合理的判断。例如，康建辉、张卫华、胡小进在其文章中提到要建立责任追究制度。但是，在当前校内学生申诉制度并未充分发挥作用的情况下，建立责任追究制或者不合时宜，或者不能真正起到作用，反而可能会造成实践中各方相互推诿，不利于纠纷解决和学生权益的维护。

　　除了上述两方面以外，还有人从分析校内学生申诉制度的性质、特点以及学生申诉处理委员会的性质、处理纠纷的原则等内容着手，对该制度进行完善。

### 三、高校内部学生申诉制度研究中的不足

（一）比较研究层面

　　首先，国外资料严重缺乏。湛中乐教授的文章中涉及澳大利亚墨尔本大学的一些资料，其他研究者的文章对其他国家或地区的情况很少涉及，提及最多的就是我国台湾地区的相关资料。另外，胡小进在其硕士论文中虽然全面介绍了高校学生申诉制度的理论基础，包括大陆法系的特别权力关系理论、基础关系与管理关系理论、重要性理论，以及英美法系的代替理论、宪法理论，但也只限于对国外理论基础的罗列与介绍，并未阐述我国目前采取哪种理论作为分析基础。

　　其次，比较研究的方法运用简单。目前已有研究可以说并非真正意义上运用比较的方法来分析问题，而是仅仅停留在条文与规范的分析层面，对于这种制度产生与发展的社会背景、动因、所处的社会结构、政治架构等更深层面的问题没有加以比较和分析，而且对该制度在实践层面的运行状况也未

[1] 尹晓敏：《高校学生申诉制度研究》，《高教探索》2004年第4期；张学亮：《法学视野中的高校学生申诉制度》，《国家教育行政学院学报》2006年第7期；范履冰、阮李全：《论学生申论权》，《高等教育研究》2006年第4期。
[2] 沈兰认为，首先，就是要努力帮助学生学会调适心理，调节自身情绪，化解其负性或冲突情绪；其次，是要在法律许可的范围内深入思考和研究，帮助申诉败诉被开除学籍或予以退学处理的学生积极通过参加自学考试、高考或成人高考、出国留学等方式继续学习，扶持申诉败诉学生就业等，努力把学校和学生间的矛盾、把学生对国家或学校有关制度和规定的仇视化解于申诉败诉学生重复违纪、违法犯罪之前，为社会发展和稳定作出应有的贡献。参见沈兰：《高校学生申诉制度的完善》，《科技信息》（学术研究）2007年第21期。

能加以阐述。如张学亮、任广志在《海峡两岸高校学生申诉制度的比较研究》一文中，仅在适用范围、申诉机构及其人员构成、申诉程序与申诉效力等规范层面对两岸学生申诉制度作一简单比较，罗列两者有何区别，但对这些区别存在的原因等深层次问题并未深入挖掘。

（二）实证研究层面

实证研究严重欠缺，几乎没有真正意义上的调研材料，只是简单列举有些学校的不同做法，而对其实际运作情况的整体性描述完全没有论及，也缺乏深入、透彻地分析。

比如，在涉及学生申诉处理委员会人员的产生、构成及活动时，杨文治在其文中[1]这样描述：首先，一些高校教务处、学生处、研究生院(部)的人员在申诉处理委员会中既当裁判员又当运动员，校领导出任申诉处理委员会的主席，而不由委员互选产生。其次，申诉处理委员会组成人员的人数各高校不统一，因为没有一个具体规定。组成人员的比例也没有明确地规定，有的高校"教师代表和学生代表"占相当大的比例，有的高校则是很少。再次，有的高校的"教师代表和学生代表"由选举产生，有的则由各院系指定。最后，有的高校缺乏建立学生申诉委员的编制、专业人员和经费的保障，人、财、物不能真正到位，无法开展工作。这些描述只停留在简单列举的层面，缺乏详细的分析与比较。又如，刘最跃在其硕士论文中[2]谈及学生对校内申诉制度的态度时，表明在调查中，许多高校学生表示不知道有学生申诉制度，高校制定学生申诉制度不是为了真正解决学校与学生的纠纷，而是为了完成教育行政部门下达的任务，并没有向学生宣传而是束之高阁。有的学生甚至表示即使知道，也不愿意提起申诉。因为他们不相信通过申诉能解决问题。而作者对自己的这份调查，如调查时间、地点、对象、调查方法、结果的可信度与误差等也均没有任何详细地解释与说明。

本书在对目前已有研究进行总结和分析的基础上，主要采用实证研究和比较研究的方法，对我国、荷兰、美国高校内部学生申诉制度进行系统研究，试图分析该法律制度运行背后的理论框架，即国家规制对法律制度运行及其功能的影响。

---

[1] 杨文治：《高校学生申诉制度的法律思考》，《襄樊职业技术学院学报》2007年第3期。
[2] 胡小进：《高校学生申诉制度法律问题研究》，西安理工大学硕士论文，2007年。

# 第一章
# 我国高校内部学生申诉制度

从我国高校内部学生申诉制度确立、发展的过程来看，社会背景较为复杂。在社会转型期内，既有社会问题的集中显现，也有教育、司法政策的发展与转变等。因此，高校内部学生申诉制度的发展，绝不仅仅是高校系统内部维护学生权利、规范校方行为的需要，而是与整个社会的政治、司法等环境紧密联系在一起的，是由多种社会因素共同作用而形成的。

我国高校按照教育部《第21号令》的要求均设立了学生申诉制度，成立申诉处理委员会，受理学生申诉事项。但是，在制度的运行层面，由于校领导、制度操作者对制度的认知和重视程度、各校自身特点以及各自的利益考量等因素的不同，致使该制度在实践中呈现出丰富性与多样性。这种丰富性与多样性与国家对高校的规制以及高校自主管理空间大小密切相关。

## 第一节　高校内部学生申诉制度的确立

高校内部学生申诉制度是根据教育部的规定在全国范围内确立的，但是从教育部的规范性法律文件中可以看出，从初步形成到正式确立有着十多年的发展历程。

### 一、制度的界定

研究高校内部学生申诉制度，首先需要确定制度的含义，明确研究对象的范围。高校内部学生申诉制度，既不同于"高校学生申诉制度"，也区别于"校内申诉制度"。

（一）区别于"高校学生申诉制度"

大多数研究者对高校内部学生申诉制度与高校学生申诉制度的概念不作严格区别，只有少数研究者对两者加以区分，认为高校学生申诉制度包括校内、校外两种学生申诉制度。但对于高校内部学生申诉制度的具体界定，有研究者是在高校学生申诉制度概念的基础上稍作修改。例如湛中乐教授认为："高校学生申诉制度，是指高等学校的大学生在接受教学管理的过程中，对学校给予的处分或处理不服，或认为学校和教师侵犯了其合法权益而向有关部门或机构提出要求重新审查、审议并作出相应处理决定的制度。包括校内申诉和校外行政申诉两种。"[1]也有研究者直接对校内、校外学生申诉制度作出区分和界定，如："校内学生申诉制度，即学生因对学校的处分或处理不服，或学校、教师侵犯其人身权、财产权等合法权益，依法定程序向校内学生申诉处理委员会提出请求，要求重新处理的制度；校外学生申诉制度，即学生因对学校作出的申诉处理决定不服，依法定程序向学校所在地省级教育行政部门提出请求，要求重新处理的制度。"[2]可见，高校内部学生申诉制度不同于高校学生申诉制度，前者只是后者的一个组成部分。

（二）区别于"校内申诉制度"

教育部在1995年出台的《关于开展加强教育执法及监督试点工作的意见》中明文规定了校内申诉制度，即"校内申诉制度，是教师、学生、职员因对学校或者其他教育机构的有关职能机构或人员作出的有关处理决定不服，或认为其有关具体行为侵犯了自身的合法权益，申请学校或者其他教育机构依照规定程序进行审查处理的制度。"可见，教育部对校内申诉制度的界定，适用范围不限于高校，也适用于中小学；申诉主体不限于学生，也包括学校的教师、职员；受理事项的范围不限于学校本身作出的处理决定，也包括其他教育机构的处理决定；受理申诉的机构不限于学校本身，也包括其他教育机构。因此，高校内部学生申诉制度，在上述几个方面均与校内申诉制度不同。

---

[1] 湛中乐：《高等学校大学生校内申诉制度研究》（上），《江苏行政学院学报》2007年第5期。
[2] 康建辉、张卫华，胡小进：《高校学生申诉制度存在的问题及对策》，《西安电子科技大学学报》（社会科学版）2008年第1期。

（三）工作定义

本书关于高校内部学生申诉制度所采用的概念，是在教育部《第21号令》相关规定[1]的基础上概括，并与上述概念有所区别的定义。高校内部学生申诉制度主要是指高校学生因对学校所作的退学、取消入学资格等处理决定和违规、违纪等处分决定不服，申请学校内部的专门机构（学生申诉处理委员会）依照规定程序对校方处理或处分决定进行审查处理的制度。相对校外学生申诉制度而言，它主要解决的是学生在高校内部进行申诉的问题。

## 二、制度的确立与发展

从教育主管部门的规范性法律文件中可以看出，高校内部学生申诉制度从形成到确立历经十多年，大致可以划分为四个阶段。

（一）制度的初步表述

1990年，原国家教委颁布《普通高等学校学生管理规定》（《第7号令》），首次提及关于学生申诉的内容，但规定得十分简单，即"对犯错误的学生，要热情帮助，严格要求。处理时要持慎重态度，坚持调查研究，实事求是，善于将思想认识问题同政治立场问题相区别，处分要适当。处理结论要同本人见面，允许本人申辩、申诉和保留不同意见。对本人的申诉，学校有责任进行复查。"对于申诉受理机构、受理事项、处理时限及程序等均未作规定，未将其提高到制度建设层面。

（二）制度的正式确立

1995年，随着《中华人民共和国教育法》（以下简称《教育法》）的颁布，原国家教委出台了《关于实施〈中华人民共和国教育法〉若干问题的意见》（以下简称《关于实施〈教育法〉若干问题的意见》）和《关于开展加强教育执法及监督试点工作的意见》，将申诉提升为师生的一种权利，并明确

---

[1] 教育部《第21号令》并没有对高校内部学生申诉制度的概念予以明确规定，只是简单规定了申诉机构的设置、人员构成、受理事项的范围以及处理程序等内容。

提出建立校内申诉制度（包括学生和教师申诉制度），受理范围是学校给予的处分或学校和教师侵犯其人身权、财产权等合法权益的事项，并规定了校内申诉制度的概念、主管部门、程序等内容，初衷是维护教师、学生的合法权益，但仍显得过于原则，不具有可操作性。

《教育法》在受教育者的权利中规定了"对学校给予的处分不服向有关部门提出申诉，对学校、教师侵犯其人身权、财产权等合法权益，提出申诉或者依法提起诉讼"，将申诉视为一种权利；在《关于实施〈教育法〉若干问题的意见》和《关于开展加强教育执法及监督试点工作的意见》中，明确提出学校建立学生申诉制度。"各级各类学校还应建立和健全校内的申诉制度，维护教师、学生的合法权益"；"校内申诉制度，是教师、学生、职员因对学校或者其他教育机构的有关职能机构或人员作出的有关处理决定不服，或认为其有关具体行为侵犯了自身的合法权益，申请学校或者其他教育机构依照规定程序进行审查处理的制度。""建立校内申诉制度，可依托校内有关部门，如学生管理部门、教师管理部门。学校申诉工作程序包括申请审查、受理、直接听取争议双方的意见和理由，进行必要的调查工作，在此基础上依多数意见形成处理意见书，经学校管理机构批准后，正式作出申诉处理决定。"

1999年《高校学生管理规定》（《第14号令》）中第5条规定了学生申诉权，"对学校给予的处分不服可向有关部门提出申诉；对学校、教师侵犯其人身权、财产权等合法权益，提出申诉或者依法提起诉讼"。（与《教育法》规定相同）此外，第78、79、81条还较详细地规定了学生违纪处理制度，包括成立院（系）级和校级违纪处理委员会及其人员构成、处理程序（允许当事学生听证、申辩）等，且如果学生对违纪处理不服，可向校级违纪处理委员会申诉。这些规定比以往笼统、原则性的规定更加详细，已具有一定的可操作性。

（三）制度的落实

在"依法治校"方针的指导下，2005年3月，教育部颁布了《第21号令》，该文件是在教育的外部环境和内部状况发生了重大历史性变化的前提下出台的，对原有《第7号令》和《第14号令》的内容进行了全面修订和制度创新，其中一项重要的制度创新就是强化与实施高校内部学生申诉制度。[1]

---

[1] 参见2005年3月29日教育部高校学生司司长林蕙菁：《在〈普通高等学校学生管理规定〉〈高等学校学生行为准则〉颁布实施新闻发布会上的讲话》。

在重申学生申诉权的基础上，规定了受理学生申诉的机构、受理事项，并对受理申诉的程序作了较详细规定，包括受理申诉的范围、时限、机构及其人员构成等（第59—64条）。具体规定如下：

第五十九条　学校对学生作出的处分决定书应当包括处分和处分事实、理由及依据，并告知学生可以提出申诉及申诉的期限。

第六十条　学校应当成立学生申诉处理委员会，受理学生对取消入学资格、退学处理或者违规、违纪处分的申诉。学生申诉处理委员会应当由学校负责人、职能部门负责人、教师代表、学生代表组成。

第六十一条　学生对处分决定有异议的，在接到学校处分决定书之日起5个工作日内，可以向学校学生申诉处理委员会提出书面申诉。

第六十二条　学生申诉处理委员会对学生提出的申诉进行复查，并在接到书面申诉之日起15个工作日内，作出复查结论并告知申诉人。需要改变原处分决定的，由学生申诉处理委员会提交学校重新研究决定。

第六十三条　学生对复查决定有异议的，在接到学校复查决定书之日起15个工作日内，可以向学校所在地省级教育行政部门提出书面申诉。省级教育行政部门在接到学生书面申诉之日起30个工作日内，应当对申诉人的问题给予处理并答复。

第六十四条　从处分决定或者复查决定送交之日起，学生在申诉期内未提出申诉的，学校或者省级教育行政部门不再受理其提出的申诉。

教育部高校学生司司长林蕙菁在《第21号令》和《高等学校学生行为准则》颁布实施新闻发布会上的讲话中指出，《第21号令》确立了一系列依法治校、维护学生权益的新规则，其中一个重要内容即为确立了学生权益救济制度。学校为维护教学秩序和教育环境，有权对于违反校规的受教育者予以处分，但在实施处分失实或失当的情况下，可能会侵害受教育者的合法权益。对此，《第21号令》增设了学生对处分享有陈述权、申辩权和申诉权的规定，体现了高校学生管理无救济就无处分的法治思想。[1] 由此，教育部加强了对校内学生申诉制度的重视，突出强调其功能在于维护学生合法权益和规范校方行为，有利于实现依法治校，同时开始在全国范围内加以落实。

---

[1] 参见2005年3月29日教育部高校学生司司长林蕙菁：《在〈普通高等学校学生管理规定〉〈高等学校学生行为准则〉颁布实施新闻发布会上的讲话》。

### （四）制度的发展

随着社会的发展与变化，高校内部学生申诉制度在落实过程中遇到新的问题。教育部于2016年对《第21号令》进行修订，并于2017年实施《第41号令》，对高校内部学生申诉制度予以修订和完善，以解决新问题。主要体现在以下几个方面：

（1）将《第21号令》中6条关于学生申诉制度的内容扩展为新的一章，设专章规定学生申诉制度的内容。

（2）增加学生申诉处理委员会的组成人员，即除原来的"学校负责人、职能部门负责人、教师代表、学生代表组成"外，增加了"负责法律事务的相关机构负责人"，并规定"可以聘请校外法律、教育等方面专家参加。"

（3）要求高校为切实实施学生申诉制度提供条件，强化了学生申诉委员会的职责，即"学校应当制定学生申诉的具体办法，健全学生申诉处理委员会的组成与工作规则，提供必要条件，保证其能够客观、公正地履行职责。"

（4）完善学生申诉制度的相关程序，包括延长提出申诉的时间、完善学校处理申诉事项的程序等，增加了教育部门对学校行为的监管措施。

# 第二节　高校内部学生申诉制度设立的背景

从高校内部学生申诉制度确立、发展的历史过程来看，从1990年的简单规定到2005年的全面推行，这一发展过程的社会背景较为复杂。在社会转型期内，既有社会问题的集中显现，也有教育、司法政策的发展与转变等。

## 一、大学生起诉高校的纠纷不断增加

1998年全国首例学生起诉高校的案件，即田某诉北京科技大学拒绝颁发毕业证与学位证案发生。1999年又发生一起学生起诉高校的案件，即刘某某诉北京大学拒绝颁发学位证案，引起一时轰动。随后的几年时间里，全国很多地方如天津、长春、武汉、广州、重庆等地陆续发生多起学生起诉高校的案件，引起社会的广泛关注。学生起诉高校的理由通常是高校拒绝颁发毕业证（学位证）、高校作出开除学籍或勒令退学等处分决定以及不予录取等方面的决定，学生认为高校侵犯了自己的受教育权、获得毕业证和学位证的权利等，这些权利涉及学生重大切身利益，关系学生是否能够入学、继续在学校读书或将来就业等，因此，学生求助司法机构维护自己的权利。

"权利要求被理解为暴露无序或障碍的机遇。"[1]学生起诉高校维护权利的案件暴露了这种纠纷存在的问题，即校方行为不规范、不适当的可能性。但是，此类案件具有特殊性，涉及的是学生与高校间的内部纠纷，此前二者很少对簿公堂，现在却在短短几年时间里，通过司法途径加以解决的数量逐渐增多，引起了教育主管部门和专家学者的思考与关切，[2]也在客观上起到了"促进团体利益和变更法律规则包括行政政策的特殊意图。"[3]

## 二、依法治校方针的贯彻

高校内部学生申诉制度得以强制推行的直接动力来自教育部"依法治校"方针的确立及要求。2003年教育部发布《教育部关于加强依法治校工作的若干意见》，突出强调"依法治校"的方针，以便"有利于保障各方的合法权益；有利于运用法律手段调整、规范和解决教育改革与发展中出现的新情况和新问题，化解矛盾，维护稳定。

"依法治校"的目标之一是"建立完善的权益救济渠道，教师和受教育者的合法权益依法得到保障，形成良好的学校育人环境"；措施之一是"要依法健全和规范申诉渠道，及时办理教师和学生申诉案件，建立面向社会的举报制度，及时发现和纠正学校的违法行为，特别是学校、教师侵犯学生合法权益的违法行为。"

在教育部《第21号令》颁布之前，上海市已经将建立高校内部学生申诉

---

[1]　［美］诺内特、塞尔兹尼克：《转变中的法律与社会——迈向回应型法》，张志铭译，中国政法大学出版社2004年版，第120页。

[2]　《专家解读〈普通高等学校学生管理规定〉——粤高校将设机构处理学生申诉》，《南方日报》2005年4月16日。

[3]　［美］诺内特、塞尔兹尼克：《转变中的法律与社会——迈向回应型法》，张志铭译，中国政法大学出版社2004年版，第120页。

制度与实现依法治校的目标联系起来，认为该制度的设立是依法治校方针的突破口。[1]

　　2005年教育部应时代发展的客观要求修订了《普通高校学校学生管理规定》(《第21号令》)，是当时依法治教的必然选择。[2]时任教育部法制办主任孙霄兵认为，《第21号令》体现了教育部在依法治国的大的方针下，如何依法治教的新进展，因此，贯彻实施这个规定很重要。学校要落实这样一个规定，作为纳入依法治校的大的环节里面考虑。[3]而《第21号令》与以往规定相比，主要修改和创新之一即是确立一系列依法治校、维护学生权利的新规则，其中很重要的一项即为建立高校学生申诉制度。从这个意义上来讲，高校学生申诉制度得以重新激活的最直接动力来自教育部"依法治校"方针的确立及要求，"设置学生申诉制度是学校和教育行政机关依法治校和依法治教的主要手段。"[4]在教育部新闻发布会上，时任教育部法制办副主任张文表示，学生申诉问题越来越受到学校的重视，教育部从2004年开展依法办校，就强调必须有学生权利的保护，而学生申诉制度是校内学生权利救济制度，因此，现在在高等学校重建起来。[5]

　　各高校在教育部的推动下，纷纷建立校内学生申诉制度，处理学生申诉事项。有些高校关于学生申诉制度的文件，在第一条中表明，制定学生申诉制度或办法目标之一就是为实现依法治校方针。

---

[1] 如上海市教委明确将探索"本市高校学生违纪违规处理申诉裁决机制"列入了2004年高等教育工作的要点；天津市教委制定的《天津市普通高校学生违纪处分条例》规定："受处分学生如对处分决定产生异议，可在规定时间内向所在学校的申诉委员会提出申诉要求，由申诉委员会进行复查并做出结论。"可见，高校内部学生申诉制度的设立成为依法治校方针的突破口，用以平衡学生与学校之间的关系。又如，2004年7月，西南政法大学曾经倡导一个学术性的"重庆市依法治校理论研讨会"，后来升格为有市人大、市政府、市政协相关部门共同参与的市级会议。研讨会上，一些法学专家和教育管理人士，就学校如何应对越来越多的诉讼进行了探讨。在这个研讨会的基础上，旨在保护学生申诉权的《学生申诉办法》草案递交重庆市政府，并被列入年度立法计划。详见《高校是否将直面行政诉讼》，《光明日报》2004年9月30日。

[2]《第21号令》第三条规定：高等学校要依法治校，从严管理，健全和完善管理制度，规范管理行为。

[3] 教育部2005年第4次新闻发布会：《育人为本，新〈普通高校学生管理规定〉颁布》。

[4]《学生申诉权：自由和权利的保障》，《中国教育报》2006年7月31日。

[5] 教育部2005年第4次新闻发布会：《育人为本，新〈普通高校学生管理规定〉颁布》。

### 三、和谐社会的构建与和谐校园的建设

2004年9月,"构建社会主义和谐社会"概念的首次完整提出,党的十六届四中全会通过的《中共中央关于加强党的执政能力建设的决定》中也将其正式列为中国共产党全面提高执政能力的五大能力之一。目前我国正进入经济社会发展的关键阶段,同时又是矛盾凸显期,各种犯罪案件、经济纠纷、民事纠纷、信访数量的增长速度很快。正是在这种社会背景下,提出了和谐社会的构建。

在高等教育领域,将坚持教育优先发展、促进教育公平作为构建和谐社会的一项重要内容。大学校园是和谐社会的一个组成部分,是直接向和谐社会培养输送高素质人才的基地,是促进和谐社会建设的一支重要力量。因此,社会主义和谐社会对大学的发展提出了新的要求,也提供了新的发展机遇和广阔舞台,[1]和谐校园的建设由此得以确立和发展。"构建和谐的高校校园环境是激发高校活力、落实科学发展观的本质要求。因此,加强高校的自身建设,不断提升构建和谐校园的能力,精心打造教育管理者与学生之间互相尊重、融洽相处,学生自由全面发展、校园环境民主宽容、高校内部各系统之间协调运行的和谐校园,也随之成为一个高校在未来发展过程中必须深入思考并予以积极实践的重要课题。"[2]

和谐社会及和谐校园建设的理念尽管是一种政治意识形态,但也是一种全新的社会治理理念,促使教育主管部门和社会各界对校园内部纠纷解决机制的问题进行更为理性地思考,开始寻求更为合理、有效、经济的途径,尤其是自治性、协商性机制。近年来,一方面,大学生因不满校方作出的学籍处理或违纪处分决定而起诉高校的纠纷不断发生;另一方面,因缺少校内自治性和专门性的机制,使得纠纷动辄升级为社会事件。这种情况不仅破坏了校园秩序,不利于校园稳定,也不利于社会的稳定与和谐。随着对社会和谐和自治的认识不断提高,高校内部学生申诉制度的功能也不断提高,它有利于实现高校内部人际关系的和谐。[3]作为一种自治性、专门性纠纷解决机制,

---

[1] 魏捷:《大学和谐校园建设探析》,《光明日报》2006年11月20日。
[2] 尹晓敏:《高等学校学生管理法治化研究》,浙江大学出版社2008年版,第59页。
[3] 人际关系的和谐是和谐校园的重要体现。魏捷在《大学和谐校园建设探析》一文指出,和谐校园包括以下几个方面:大学理念、发展战略、管理机制、人际关系、收入分配、校园文化、资源配置、校园内外的和谐。参见魏捷:《大学和谐校园建设探析》,《光明日报》2006年11月20日。

校内学生申诉制度为学生与校方在校内解决纠纷建立起平台，使双方可以沟通、对话，在内部合理解决纠纷，减少或避免纠纷升级和诉讼，这无疑有利于恢复校园秩序、保证高校稳定发展，实现和谐校园的建设。

## 四、司法机构解决校生间纠纷的弊端

实践中对于学生起诉高校的案件，法院受理与审理的过程中存在一些弊端：如有些法院受理并作为行政诉讼类案件予以处理，有些法院不予受理，理由是不属行政诉讼案件受理范围；对案件进行实质性审查还是程序性审查也没有统一的标准，有的法院既进行程序性审查又进行实质性审查，但一般均进行程序审查而非实质审查；案件审理结果具有不确定性，如有些判决高校胜诉，有些判决学生胜诉等。

法院在解决学生与高校间特殊类型的纠纷方面，更加难以处理的是深层权力冲突问题，即司法审查权与高校自主管理权之间的冲突。学生起诉高校，意味着学生对高校作出的入学、退学决定或其他处理或处分决定有异议，要求法院予以裁判。而高校对学生作出的决定属于高校自我管理的范畴，即高校作为一类特殊的社会组织在管理学生、维持秩序方面有权对其认为不符合资格或从事违规违纪行为的学生予以处理，或作出入学、退学方面的决定或给予其他处分包括开除学籍等。法院处理此类纠纷，意味着对高校作出的决定进行审查，无论是实质性审查还是程序性审查，都意味着司法机构对高校自主管理权行使的正当性与合法性进行审核，并予以判断和裁判。高校认为，法院不应当也不适合审理高校针对内部事务进行管理的行为，因为高校作为一类特殊的具有专业性与学术性的社会组织，有权对自身内外部事务进行有效管理，这也是法律赋予高校的权力。而法院认为如果高校行使自主管理权时侵犯学生权利，则必然要接受司法机构的审查，以维护学生的权利并防止高校权力的恣意与滥用。实际上，法院是在保护高校学生权利与维持高校的独立性和自主性之间进行权衡，也由此导致司法审查权与高校自主管理权之间的冲突与博弈。笔者认为，法院对高校的内部管理行为进行审查有其必要性，可以防止高校行为的恣意与专断，维护学生的权利；但法院又不能无节制地审查高校内部的管理行为，否则，有可能危及高校存在的根基，因此，有必要加以限制。但到目前为止，关于司法审查的权限问题，最高人民法院始终未给予具体的解释与说明。

由于这些弊端的存在，使得司法审查权承受新的负担，而这种负担很难通过诉讼制度本身加以化解，因此，需要寻求新的手段或途径来解决。在这种局面下，也许通过校内机制解决纠纷是一种缓解的方式。高校内部学生申诉制度将这种纠纷解决的外部途径转化为内部途径（外部冲突转化为内部交涉），缓解更为激烈的法院与高校间的矛盾。正是在这个意义上，有学者认为，司法审查学校重大管理行为是促成《第21号令》规定高校内部学生申诉制度的一个重要原因。[1]

## 五、司法政策的转变

20世纪90年代中后期至21世纪初，是我国权利话语日益强大、占据主流话语的年代。[2]在维护权利的过程中，司法权的扩张和新型诉讼的大幅增长成为这个时代的特征。在处理高校领域的教育类纠纷时，教育机关强调法院的重要作用，[3]法院以维护学生的受教育权为中心，但却对高校自治和司法权管辖等问题认识不一。其中一些判决简单认定高校的校规侵犯了学生的受教育权，根据法律否认校规的合法性及其在高校治理中的作用，裁判学校败诉，如田某诉北京科技大学案。这种处理忽略了校规的合法性和校园纠纷的特殊性，不仅实际效果差、难以执行，而且还有可能诱发学生轻率起诉，影响学校的治理和秩序。这种情况使得司法审查权与高校自治权之间的冲突凸显，纠缠于博弈过程中。[4]一方面，学校管理陷入一种两难境地，如果严格管理可能会面临被诉危险，而如果放松管理又无法维持学校的正常教学秩序。另一方面，来自学校和教育界的压力也使得一些法院面临两难境地，甚至拒绝受

[1]《专家解读〈普通高等学校学生管理规定〉——粤高校将设机构处理学生申诉》，《南方日报》2005年4月16日。

[2] 夏勇：《走向权利的时代：中国公民权利发展研究》，社会科学文献出版社2007年版，第3、43页。

[3] 如原国家教委1995年发布的《关于开展加强教育执法及监督试点工作的意见》中强调："充分发挥司法机关查处教育违法案件和解决教育纠纷的作用。"

[4] 最典型的案件，如刘某某诉北京大学和北京大学学位评定委员会不授予博士学位案。刘某某案经历了曲折的审理过程，一审法院判决原告刘某某胜诉，后经被告上诉，二审法院裁定撤销原判、发回重审。在重审过程中，一审法院以原告超过诉讼时效为由驳回原告刘某某的起诉，原告不服，上诉后二审法院也予以驳回，最终刘某某败诉。这个曲折的过程中凸显了司法审查权与高校自治权之间的冲突。

理，使案件陷入僵局，如曾被社会广泛关注的女大学生怀孕被开除案。[1]

进入21世纪之后，我国司法机关面对社会转型和纠纷解决的形势，开始反思司法的作用与能力，注重调整自身政策，开始积极支持和促进多元化纠纷解决机制的建构，[2]鼓励以自治和协商性非诉讼机制替代诉讼。

随着司法政策的整体性转变，法院在处理高校内部的纠纷时，也出现了观念的转变，开始尊重高校校规的合法性、效力及其在高校自治中的作用，在司法审查中侧重于审核高校处理或处分行为是否有事实依据、是否符合校规中相应的程序性规定，显示出对高校自主权的承认和支持，[3]明显缓解了司法审查权与高校自治权间的冲突。法院对非诉讼机制的鼓励政策也有利于促使学生与校方理性地选择更为合理、有效、便捷的途径解决纠纷，客观上有利于促进高校内部学生申诉制度的利用和发展，并减少此类纠纷的发生、升级和激化。

综上，高校内部学生申诉制度重新被关注，不是一件独立的事件，也绝不仅仅是高校系统内部维护学生权利的需要，它是与整个社会的政治、司法等环境紧密联系在一起的，是由多种社会因素共同作用而形成的。因此，不能仅从高校系统内部来观察、分析该制度，要分析来自"外面的世界"里的力量或利益需要对该制度的影响。

---

[1]《女大学生怀孕被开除案已裁定　法院驳回原告上诉》，载北方网，http://news.enorth.com.cn/system/2003/01/31/000501561.shtml，最后访问时间：2013年9月20日。女大学生怀孕被开除案一审作出行政裁定，此案不属于法院受理范围，并驳回李静、张军（均为化名）要求西南某学院撤销处分决定的起诉。重庆市南岸区人民法院审理后认为，原告李静、张军起诉西南某学院要求撤销处分决定一案，不属于人民法院受理范围。为此，根据《最高人民法院关于执行〈中华人民共和国行政诉讼法〉若干问题的解释》第四十四条（一）项的规定："请求事项不属于行政审判权限范围并且已经受理的，裁定驳回起诉"，故驳回原告的起诉。

[2] 范愉：《纠纷解决的理论与实践》，清华大学出版社2007年版，第374—377页。

[3] 如2008年"因作弊被拒授学位，大学生起诉学校被驳案"中，一位大学生因为考试作弊受到记过处分被拒绝授予学士学位，该生不服学校的决定，起诉母校河南工业大学，要求撤销不授予其学士学位的决定，颁发其学位证书。河南省郑州市中原区人民法院作出一审判决，驳回了原告的诉讼请求。中原区法院认为，国家的法律法规对学士学位的授予条件只是作出了原则性的规定，有权授予学士学位的学校在不违反上述法律法规的情况下享有一定的自主权，有权制定本校授予学位的工作细则。河南工业大学制定并执行的《关于本科毕业生授予学士学位的规定》要求，凡在校期间犯有严重错误、受到记过或记过以上处分或考试有作弊行为情况之一者，不得授予学士学位，这一规定，属于被告结合其实际情况制定的具体、量化的工作细则，是学校在教学学业管理方面的自主权的一种体现。学校作出的不授予原告学士学位的决议，符合其制定的规定。因此，原告请求缺少法律依据，不予支持。

# 第三节　高校内部学生申诉制度的运行

为了落实高校内部学生申诉制度，教育部于2005年4月底在南京召开了培训会，要求各地教育行政部门、各高校认真组织学习实施，并派出专门人员对高校实施、运行该制度的情况予以检查。教育部每年组织各地高校学习、研讨关于《第21号令》实施的具体情况和效果，包括校内学生申诉制度的实施、运行及其效果的内容。[1]通过规章、行政命令以及具体的实施措施，使得全国各地高校在极短时间内统一进入申诉制度落实阶段，各校相继建立校内学生申诉制度，成立申诉处理委员会，受理学生的申诉事项。

本书根据16所高校的调研样本，并辅之以其他未调研高校的情况，对高校内部学生申诉制度的设立、运行及其功能发挥等情况作出概括性描述。这里要说明的是，2017年9月1日实施教育部《第41号令》，但是本书作者调研时《第41号令》还未出台，因此下述内容仍以《第21号令》的规定为依据。

## 一、申诉受理机构与人员构成

根据教育部《第21号令》，各高校均必须确立和实施校内学生申诉制度，[2]因此，许多高校都修订了《学生手册》中关于学生管理规定的内容，增设校内学生申诉制度的相关条款或者专门增订具体的学生申诉处理办法。

（一）受理申诉的机构：申诉处理委员会

申诉处理委员会作为受理申诉的机构，不是一个行政机构，是区别于高

---

[1] 笔者于2009年7月参加了教育部学生司与中国高教协会在内蒙古呼和浩特市举办的第7次培训班，教育部学生司副司长、教育部政法司法制办处长都对高校内部学生申诉制度的意义及功能予以强调和深化。本书中某些被调研的高校相关人员在访谈中也表示参加过此类培训班，对校内学生申诉制度有更深入的了解和认识。

[2] 教育部法制办副主任张文在《第21号令》颁布实施的新闻发布会上强调：这个制度是强制性的，应该是法律当中的术语。同时，新闻发布会上参加阐释政策、解答疑难的张永华教授（广东外语外贸大学）强调，申诉在这里实际上是对学校原来作出的一些规定进行复查。学校没有选择性，必须设立这样一个机构，来处理学生提出的申诉。

校内部普通行政职能部门的专业机构，[1]应当独立，受理学生对学校处分有异议的事项。在校内学生申诉制度设立之前，这类事项一般都是通过学生工作部予以调查和处理的，申诉制度设立之后，将由申诉处理委员会承担这项职能。[2]

　　教育部《第21号令》规定：“学校成立学生申诉处理委员会，受理学生对退学处理或违规、违纪处分的申诉。”各高校分别把申诉处理委员会的办公室设置在不同的部门，有的高校将其设置在学生工作部（以下简称学工部），如北京A、B、C、I四所高校[3]和内蒙古A校；有的高校将其设置在纪委监察处，如北京D校和青岛的A、C两所高校；还有的高校将其设置在团委，如青岛的B校。之所以出现这种情况，主要是因为各高校受访者对《第21号令》的规定理解和认识各有不同，并根据各自学校的情况而加以实施。

　　（1）将申诉委员会设置在学工部。学工部是学校日常工作中与学生接触最多、最全面，也是最了解学生的部门，由其管理学生事务、受理学生的纠纷是比较合适的，也是最为常见的做法。但是，有些受访者认为将申诉委员会设置在学工部也有不合理之处，毕竟学工部是学校对学生进行处分的主要部门，[4]再由它来受理学生因对处分不满而提起的申诉，会出现学工部“既是运动员又是裁判员”的现象。对此，其他受访者解释为申诉处理委员会只是一个虚拟机构，不是实体，只是把它的办公室（即执行机构）设在学工部，由学工部负责召集申诉委员会委员开会，至于会议的结果是由委员们决定的，不是由学工部决定的。学工部只是一个办事机构，不是处理申诉并作出申诉复查决定的机构。

---

[1] 此为中南财经政法大学副校长陈小君的观点，参见《高校出现“学生申诉处理委员会”》，《武汉晨报》2005年5月12日。

[2] 此为上海同济大学学生工作部副部长耿政松的观点，参见《上海市高校相继建立学生申诉制度》，《新闻晨报》2005年8月23日。

[3] 需要说明的是，北京A校虽将其设在学工部，但与做出处分的科室分开了，即学工部学生事务科负责处分，而学工部思想教育科负责受理学生申诉。受访者认为，学校不能因此而扩大机构，只能在原有机构上叠加，但对学生作出处分的部门不能再受理学生对处分提出的申诉，因此，将受理申诉的机构设在思想教育科，而不是学生事务科。

[4] 各高校负责对学生作出处分的部门各有不同，有的高校所有关于学生处分的事项均由学工部负责；有的高校则分别由学工部、教务处负责；有的高校是由不同职能部门根据其职能作出对于学生的处分事项，负有处分职权的部门较多。第一、二类高校较多，第三类则很少，在此次调研的16所高校中只有2所（北京的A校和C校）属于第三类。因此，学工部还是高校中负责学生处分事项的主要部门。

（2）将申诉委员会设置在纪委监察处或团委等其他部门。有些被调研高校坚持认为作出处分的部门与受理申诉的部门一定要分开，[1] 避免出现"既是运动员又是裁判员"的现象，认为这不符合法律的精神。

（二）人员构成

《第21号令》第60条规定："学生申诉处理委员会应当由学校负责人、职能部门负责人、教师代表、学生代表组成。"至于申诉委员会成员到底应由哪些人员构成、人员构成的比例如何等则没有具体规定。如同济大学申诉处理委员会组成人员除了学校分管负责人、校长办公室负责人、学校监察处负责人以及有关职能部处负责人、学院教师代表之外，还包括学生代表，通常是1—2名相关学院的学生。[2] 据中南财经政法大学学生工作部部长周景明介绍，申诉处理委员会应当由职能部门、相关专家、教师与学生代表组成，参加申诉委员会的听证，听取各方意见，对事实进行准确认定，给申诉学生一个满意的答案。[3]

本书调研的各高校根据校方日常工作的大体情况及需要，确定申诉委员会的组成人员，人数基本是在5—15人之间，主任均由分管学生工作的副校长或副书记担任，委员一般由学校相关职能部门（如教务处、学工部、保卫处、纪委监察处等）的负责人、法律顾问、教师和学生代表等构成，但委员的具体构成、委员是否固定以及委员构成比例等情况则不尽相同。最主要的区别表现在：

（1）申诉委员会中是否包括学工部负责人。将申诉委员会设置在纪委监察处或团委的高校，在组成申诉委员会时会排除学工部的负责人，因为学工部是给学生作出处分的主要部门，如青岛A、B两所高校；将申诉委员会设置在学工部的高校，委员会人员构成中都包括学工部负责人。

（2）参加申诉委员会会议的委员是否固定。内蒙古A校设有一个申诉委员会成员的大名单，每次参加申诉委员会的委员都需要视情况而定，即申诉学生和申诉事由涉及哪些部门，学院就从大名单中选择哪些部门和学院的相

---

[1] 其中北京D校在2005年开始实施校内学生申诉制度时，将申诉处理委员会设置在学工部，但其始终认为不合适，经过3年的努力，最终将其改设在纪委监察处。

[2]《上海市高校相继建立学生申诉制度》，《新闻晨报》2005年8月23日。

[3]《高校出现"学生申诉处理委员会"》，《武汉晨报》2005年5月12日。

关人员参加，并且以当事学生所在院系的人员为主；[1] 而北京A、B校和青岛A、B校的委员都属于席位制，确定成为委员以后除非特殊原因基本上固定不变。

（3）教师代表、学生代表的比例。多数高校申诉委员会委员中教师代表和学生代表人数都不超过50%，只有极少数高校委员构成中，教师代表和学生代表的人数超过50%，如北京A校。

## 二、申诉受理事项与程序安排

（一）受理事项

各高校受理学生申诉事项的范围基本与《第21号令》第60条的规定一致，即受理学生对取消入学资格、退学处理或者违规、违纪处分的申诉。

（二）程序安排

各高校关于学生在何时可以提出申诉、受理申诉后召开会议的时间以及处理申诉案件的时限等程序方面的整体安排，基本与《第21号令》的相关规定保持一致，但在具体细节方面会存在一些差异。

1. 申诉处理时间

关于受理和处理申诉的期限，各高校基本按照教育部规章进行，即"学生对处分决定有异议的，在接到学校处分决定书之日起5个工作日内，可以向学校学生申诉处理委员会提出书面申诉。""学生申诉处理委员会对学生提出的申诉进行复查，并在接到书面申诉之日起15个工作日内，作出复查结论并告知申诉人。需要改变原处分决定的，由学生申诉处理委员会提交学校重新研究决定。"

2. 申诉处理方式

一般来讲，申诉处理委员会通过召开会议处理申诉事项，但会议召开方

---

[1] 内蒙古A校于2007年受理的1例学生申诉案件，是两个院系学生打群架，其中，甲用刀将乙捅成轻伤，学校将甲开除，甲提出申诉。当时参加申诉委员会的成员即为保卫处、学工部、甲乙所在院系的相关人员。2009年3月受理的3例学生申诉案件，是艺术学院的3名考生参加英语考试使用通信工具作弊，学校将其开除，3名学生提出申诉。参加申诉委员会的成员即为教务处、学工部、艺术学院的相关人员。

式有两种：一是书面审理，即将校方作出处分的材料与依据以及学生提出申诉的理由与依据等书面材料交给委员会成员，由成员对书面材料进行审核，无需作出处分机构与申诉学生参加并陈述观点；二是听证会审理，即申诉处理委员会召开听证会，要求双方当事人参加并陈述观点，由委员会成员基于双方观点作出最终决定。

实践中，高校根据实际情况要么采取书面审理方式，要么采取听证会方式，要么两种兼采。少数高校主要采取书面审理方式，如内蒙古A校不要求申诉学生及处分部门代表参加，只是由委员针对案件情况根据书面材料进行讨论；多数高校主要采取听证会方式进行审理，如北京A校要求申诉学生和原处理机构代表到会，双方可以陈述、举证、辩论，也可以接受委员的质询，甚至还规定委员回避的原则，又如青岛A校申诉委员会会议基本上采取听证会审理方式，但只要求作出处分的机构代表到会陈述并接受委员质询，而没有要求申诉学生到会做陈述或申辩；还有少数高校采取书面审理与听证会审理结合的方式，如北京B校的具体做法，即如果案件特别简单，事实、证据特别清楚，则采用书面审理的方式，由案件受理人报主管领导同意后，把相关材料以及委员表决票寄送给每个委员，由委员们对材料进行书面审议，并在表决票上投票后予以收回，受理人根据委员的表决结果制作申诉复查决定书，如果案件比较复杂，则采用当面审理方式，要求申诉学生到场参加，进行陈述并接受委员的提问。

3. 申诉处理决定的形成

通常情况下，申诉处理决定由委员会成员采取投票方式作出。调研中大多数高校均采用此种方式，只是具体做法略有不同而已。如北京A校申诉处理委员会会议的结果由委员们采用无记名投票方式进行表决，任何决定均需赞同票数超过投票人数的半数以上[1]才算生效。主任一般不投票，除非在其他委员票数相同时才投下决定性的一票。北京B校申诉处理结果由委员进行投票表决，制作复查决定书。青岛A校申诉委员会则由委员提问结束后各自发表意见和看法，最后投票表决，形成复查决定书并签字。但也有少数高校不采用投票方式，而只要求委员会成员达成一致意见即可。如内蒙古A校申

---

[1] 北京A校的受访者描述，开会投票的结果，有的时候是一边倒，觉得这个处分不合适或者合适；有的时候票数非常相近，会出现争执的情况，一般是少数服从多数。

诉委员会会议在由委员针对案件情况进行讨论后形成一致意见即可，不须通过投票方式产生处理结果。[1]

4. 申诉会议是否公开

申诉处理会议的召开一般为秘密进行，很少公开。本书调研的16所高校均为秘密召开方式，但也有其他院校公开进行的情况。如北师大分校规定，学生申诉处理委员会负责受理和核查申诉学生违规、违纪事件的事实、理由及证据，除涉及国家机密、个人隐私的案件外，对所受理的申诉案件举行公开的申诉听证，并且在2006年3月18日公开举行申诉会议，允许其他师生和律师旁听。[2]

## 三、制度运行的效果

高校内部学生申诉制度运行的效果，可以通过该制度设立以后实际受理的案件数量、种类以及处理结果等方面加以考察。

### （一）受理案件的数量[3]

从所调研高校受理申诉案件的数量来看均不是很多。北京A校平均每年3件，北京B校平均每年8件，北京D校平均每年1件，北京H校平均每年0.5件，北京F校平均每年2件，青岛A校平均每年2件，青岛B校和C校平均每年0.3件，内蒙古A校平均每年1件。而北京C校、G校和上海C校则没有受理过1件申诉案件。

---

[1] 内蒙古A校的受访者描述，召开申诉委员会会议一般都会形成压倒性意见，不太可能出现争执局面。

[2] 简占亮:《学生有了申诉权，怎样行使才得当》,《光明日报》2006年3月30日。

[3] 案件数量的统计时间是从设立学生申诉制度以后至2011年这一段时间。但是16所高校的调研是在2008年至2011年期间的不同时间段进行的，因此，案件数量统计截止时间并不相同。又由于各高校设立校内学生申诉制度的时间也不同，因此，案件数量统计的时间无法做到全部一致，如大部分高校都是在2005年根据《第21号令》的要求设立了校内学生申诉制度，只有少数高校是在其他时间设立该制度的。另外，关于案件数量问题，多数高校受访者均不愿意提供具体数据，因此，无法获得十分确切的数据，只有一个大概的数量统计资料，个别数据是从受访者所提供的资料中推算出来的。在案件数量统计方面，本书选用平均数计数方式，即对高校每年平均受理案件的数量进行统计，希望能在总体上反映高校受理案件数量的情况。

（二）受理案件的种类

受理案件的种类，是指申诉处理委员会受理申诉案件的具体事由，即学生是针对何种处分或处理决定提起申诉的。从调研样本来看，学生主要因受到"开除学籍"的处分而提起申诉，因其涉及学生的根本利益——受教育权。此外，学生也有因受到警告、严重警告、记过、留校察看等处分而提出申诉的。学生受到处分或处理的原因因各校性质、特点和学生构成等不同而各有差异。下文以6所高校为例，说明具体情况及其差异性。

北京A校受理的申诉案件中，学生受到处分的种类从警告到开除学籍都有。[1]根据受访者的描述，学生受到处分的原因大致有以下几类：公寓违纪行为（使用违章电器、留宿等行为）占了一多半，处分的数量是最多的；[2]学籍处理问题（学分未达要求等）提起申诉的很少；考试作弊行为也很少有人申诉；[3]还有一类是比较特殊的，即"高考移民"取消学籍问题，[4]提起申诉的也很少，至今为止就1例。

北京B校受理的申诉案件中，学生受到处分的种类包括严重警告、记过、留校察看和开除学籍。根据受访者的描述，学生受到处分的原因大致有以下几类：学籍处理问题，即学分没有达到学校要求，这类申诉案件最多，大约在70%以上；考试作弊或论文抄袭等处分问题，也有人会申诉，但数量很少；其他违纪行为，如偷盗、打架、旷课、伪造证件、冒用导师签字等，几乎不会有人提出申诉。[5]

---

[1] 根据教育部《第21号令》的规定，学生所受处分包括警告、严重警告、记过、留校察看和开除学籍五类。

[2] 北京A校原来关于公寓违纪的处分由学工部负责，力度稍微小一些。现在成立了单独的物业管理中心，管理学生公寓，他们往往从管理的角度出发，对学生公寓违纪行为加以处分，所以，有时候学生不服就提起申诉。这类案件比较多，超过一半的申诉都属于这类。

[3] 因为考试作弊被当场发现后，基本上就是事实清楚、证据确凿，学校都是公事公办，该给什么处分就给什么处分，不会留有余地。学生也知道申诉成功的可能性不大，学校作出处分时不会考虑学生的特殊困难等个人因素。

[4] 高考移民主要是指将要参加高考的高中生将户籍从高考录取分数线相对较高的地区转移到录取分数线相对较低的地区，希望以此获得进入更好高校的机会。高考移民一旦被发现，即使已被高校录取，也会被上级教育行政部门取消学籍。这种取消学籍的通知是由上级教育行政部门下发的，高校只是执行机构，因此，在高校内部进行申诉也不会取得成功。

[5] 北京B校针对违纪行为在二级学院设立了听证会制度，即在给学生做出处分决定之前，由学院的老师召开听证会，调查事实情况，受处分的学生和相关职能部门的人员都要参加。学生可以在听证会上陈述自己的观点，为自己做辩护。学院根据听证会的结果提出对学生处分的初步建议，上报学工部。据受访者描述，听证会开完以后，再提出申诉的学生就少了，基本上90%的学生都不会再提起申诉。因为通过听证会的召开，学生能够对自己的违纪行为有了进一步的认识，同时也行使了陈述、申辩的权利，因此，他会对学校在此基础上作出的处分非常认同，心服口服。听证会制度在避免学生提出申诉的方面起了很大的作用。当然，也有学生在听证会后仍然提出申诉的。

北京D校受理的申诉案件中，学生受到处分的种类主要是开除学籍。学生受到处分的原因主要有两类：一类是考试作弊，大概在80％以上；一类是喝酒或因喝酒引起的打架行为，[1]但因这类处分而提起申诉的还是少数，目前为止仅有1例，而且该生提出申诉后，经与老师沟通、交流，对自己的违纪行为有了进一步的认识，于是撤回申诉。

青岛A校受理的申诉案件中，学生所受处分种类都是开除学籍，所受处分的原因基本上都是考试作弊。[2]

青岛B校受理的1例申诉案件，是学生因为旷课多节而受到开除学籍的处分，学生认为自己有抑郁症才旷课，因此，不服学校的处分而提起申诉。

内蒙古A校受理的申诉案件中，学生受到的处分都是开除学籍，所受处分的原因主要是两类：一类是考试作弊，大概占到75％以上；一类是喝酒或打架行为。[3]


（三）处理结果

根据《第21号令》的规定，申诉委员会议处理案件的结果有两种表现形式：一是维持原处分决定，即认为原处分决定达到第55条"程序正当、证据充分、依据明确、定性准确、处分适当"的要求，予以维持；二是提交学校重新研究决定，即认为原处分决定没有达到上述要求，需要提交学校重新研究决定。

笔者调研的高校中，申诉处理结果多为第一种情况，即维持原处分决定。如北京A校维持原处分的结果与建议重新审议的结果差不多各占50％；[4]北京B校维持原处分决定的案件也在50％以上，甚至更多；北京D校对申诉案件的处理结果是100％维持原处分决定；青岛A校对申诉案件的处理结果

---

[1] 据北京D校受访者描述，该校少数民族学生较多，"民族院校就这特色，都好喝两口。不喝的时候老实着呢，喝完就不行了。"

[2] 据青岛A校受访者描述："100个处分当中99个都是违纪作弊。平常什么请假逾期不归的，都寥寥无几；盗窃、破坏公共秩序的，两年也出不了一个；打架斗殴的，10年也出不了一个。大多数不就是违纪作弊嘛。至于说因为学籍其他方面的（提起申诉的）在我们学校还没有碰到过。"

[3] 内蒙古A校地处少数民族自治区域，招收的少数民族学生较一般高校多，该校学生的一个特点是打架、酗酒的多一些。

[4] 据北京A校受访者描述："申诉（对学生来讲）成与不成，差不多是各占一半的样子，所以，如果是（学生申诉）成了的话，就是原单位重新审议，如果申诉失败了，他就可以向上级部门申诉。"

也都是维持原处分决定，到现在为止没有改变原处分决定；青岛B校对受理的1例申诉案件的处理结果是维持原处分决定；[1]内蒙古A校受理的4例申诉案件，处理结果都是维持原处分决定。

这里需要说明的是，北京B校申诉委员会的处理结果与其他高校有些不同，有三种表现形式：① 维持原处分决定，即申诉委员会认为原处分决定适当，予以维持；② 变更原处分决定，即申诉委员会认为原处分过重，变更为低一级的处分；③ 撤销原处分决定，即申诉委员会认为原处分不合适，予以撤销。变更、撤销原处分决定与《第21号令》中"提交学校重新研究决定"相比，其处理权力更大，即申诉委员会认为原处分决定不适当时，可直接予以修改，或撤销或变更，而不必再提交学校有关机构重新研究决定。但这一处理方式在此次调研的其他高校中没有出现。

16所高校中北京G校和上海C校没有实施学生申诉制度，尽管在本校的学生管理规定中均增加了关于学生申诉事务方面的内容，对学生提出申诉的条件、时间、申诉受理机构及其组成人员、受理事项范围、期限、程序等都作出了规定。

## 第四节　高校内部学生申诉制度的功能

在规范层面的表述上，高校内部学生申诉制度是一种维护学生权益的救济性制度，这种救济功能是显而易见的。由此引申出来的另一项功能，是监督高校对学生作出处理或处分权力的行使。但是，通过对16所高校内部学生申诉制度实际运行情况的调研与了解，我们发现该制度还具有一些其他功能，虽然这些功能未能在规范层面充分表达，但确实存在于该制度运行的实践过程中。下文便对各高校内部学生申诉制度运行中表现出来的各种实际功能进行归纳和分析。

---

[1] 大多数高校维持原处分决定的原因主要是事实清楚、证据充分、程序正确。但是，还有一个原因是根据青岛B校受访者的描述而得知的，即不能通过申诉轻易推翻经校长办公室研究同意的学生处分决定，否则，就是推翻校领导的意见。这一原因在其他高校调研时没有听受访者陈述过。

## 一、维护学生权利

高校内部学生申诉制度最主要的功能，也是教育部决策者最突出强调的功能，就是维护学生的权利，使得学生在认为其合法权益受到校方侵犯时可以运用该制度寻求救济。这项功能在很多法律、部门规章、教育部的实施意见等规范性文件中都有表述和强调。如在《教育法》中规定："受教育者享有下列权利：对学校给予的处分不服向有关部门提出申诉，对学校、教师侵犯其人身权、财产权等合法权益，提出申诉或者依法提起诉讼"；在《关于实施〈教育法〉若干问题的意见》中规定："各级各类学校还应建立和健全校内的申诉制度，维护教师、学生的合法权益"；在《教育部关于加强依法治校工作的若干意见》中强调："要依法健全和规范申诉渠道，及时办理教师和学生申诉案件，建立面向社会的举报制度，及时发现和纠正学校的违法行为，特别是学校、教师侵犯学生合法权益的违法行为"等；在《第21号令》中，明确规定："学生对处分决定有异议的，在接到学校处分决定书之日起5个工作日内，可以向学校学生申诉处理委员会提出书面申诉。"

《第21号令》颁布后，教育部召开新闻发布会，明确《第21号令》增设学生对处分享有陈述权、申辩权和申诉权，体现了高校学生管理无救济就无处分的法治思想。[1]媒体纷纷发表关于校内学生申诉制度的观点，认为其有利于维护学生权利。[2]

---

[1] 教育部2005年第4次新闻发布会《育人为本，新〈普通高校学生管理规定〉颁布》。

[2] "建立学生申诉制度，保障学生受处分后的申辩权利，这是我国高校学生管理理念的一次飞跃，其中最重要的就是确立学生权利的主体地位，体现对学生权利的尊重。" 参见《中国科大切实维护学生合法权益，大学生受处分有异议可申诉》，《光明日报》2005年10月7日。《中国教育报》刊载文章："学生申诉权作为申诉权的具体的一种特定形式和类型，是保障学生合法权益的民主权利，同时也是基本人权的组成部分。学生申诉权及其相应的申诉制度就是给予每一个当事学生以制度上的表达自己意志、进行申辩、陈述理由的正当途径，以充分保障学生正当权利的享有和实现。学生申诉权作为一项制度化的权利是保护学生合法权益不受侵害，或恢复、补救其合法权益的权利，是一项制度化的人权。学生申诉权及学生申诉制度的目的和宗旨，同样也是保护和救济相对弱者——学生的合法权益。"《学生申诉权：自由和权利的保障》，《中国教育报》2006年7月31日。《湖北日报》刊载文章，"新《规定》则确立了学生权益救济制度，增加较多关于学生申诉的条款，要求学校对学生的处分应当做到程序正当、证据充分、依据明确、定性准确、处分适当，并具体说明了学校作出处分应遵循的程序。同时要求学校应当成立学生申诉处理委员会，受理学生的申诉。这些新增内容以制度形式保障了学生的合法权益，把学生的申诉权落到了实处。"《行政权威VS学生权益，对高校学生申诉制度的观察》，《湖北日报》2005年8月31日。

在校内学生申诉制度运行过程中，"维护学生权利"这项功能也得到校方管理者的充分肯定和强调，并体现在高校关于校内学生申诉制度的相关规定中。[1]

另外，作为申诉制度的主要适用者一方，学生也认为该制度能够维护他们的权利。"'学生的行为是否违纪和应该受到怎样的处分，不应只由校方说了算。学生也应有申诉的权利，也需有个公开争辩的地方。'两名对处分有异议的同学向记者表示：'尽管作出处分决定的是学校职能部门和老师，但在法律法规面前，我们是平等的！凭什么受到处分的学生一方就该逆来顺受？这样的申诉听证会制度，不管最后校方是否能改变对我们的处分，它都让我们感受到了高校大学生管理中的民主与公正。'"[2]

校内学生申诉制度的实施为学生维护权利提供了合理化、正当化的途径，给学生提供维权的机会与渠道。无论申诉处理结果满足学生的要求还是驳回学生的要求，都为学生提供在校内维护权利的机会。[3]

## 二、监督高校权力的行使

当学生作为学校处理或处分的对象，认为自己权益受到校方侵犯，为维护权利而提出申诉时，本身就是对校方行为的一种监督。这种监督功能在教

---

[1] 北京A校受访者认为："学生受到处分必须有申诉的机会，他应该有一个表达意见的权利，让他有一个诉求的机会。"北京B校受访者认为："从教育的角度来说，学生他自己应该有权利的，有权利为自己，就是有这种权益。"北京C校受访者认为：该制度本着"以人为本"的办学理念，给学生更多救济的权利是有利教育发展的。因此，其最主要的功能是维护学生的权利。北京D校受访者认为："咱搞申诉制度是为了维护学生正当权益"。青岛A校受访者在谈及校内学生申诉制度的功能时，强调该制度给学生带来的变化。"（申诉制度实施）之前学生没有想走申诉，想要个说法的没有。有了（申诉制度）之后就是想申诉了，有的（学生）一处理完了之后，接着拿到通知书（意识到）以后我要申诉，接着要申诉，申诉说什么呢，给我处理重了，我想还给我轻一点儿，学生有说话的地方了。他意识到自己有这个权利，之前没有意识到。"另外，北师大珠海分校校办副主任王琳明认为，申诉制度的实质是维护大学生合法权益，给受到冤屈的学生一个救济渠道的问题。参见《学生有了申诉权，怎样行使才得当》，《光明日报》2006年3月30日。
[2] 《学生有了申诉权，怎样行使才得当》，《光明日报》2006年3月30日。
[3] 如2006年3月北师大珠海分校9名学生因对校方处分决定不满意而向校方提起申诉，申诉的结果是维持6名学生的处分决定，对其他3名学生的处分建议重新考虑。校方重新审查其他3名学生的处分决定，并最终给予答复，1名学生维持原处分决定，1名学生降低原处分决定，而另外1名学生免予处分。可见，通过申诉制度的实施，为学生提供维护自身权利的途径，尽管有些学生的请求得到满足，而有些没有得到满足。

育部规范性文件中也得到强调。如《教育部关于加强依法治校工作的若干意见》中指出："要依法健全、规范申诉制度，及时办理教师和学生申诉案件，建立面向社会的举报制度，及时发现和纠正学校的违法行为，特别是学校、教师侵犯学生合法权益的违法行为。"《〈普通高等学校学生管理规定〉解读》（以下简称《解读》）中也认为："如果学生对学校的处分或处理持有异议，可以向有关部门提出申诉。通过学生的申诉，可以监督学校的处分或处理行为，是否事实清楚、程序正当、依据明确、定性准确、处理适当。"高校内部学生申诉制度的目的，"一方面是为了保护学生的合法权益，另一方面是为了监督学校在处分或处理学生过程中是否依法办事，"[1]将高校"管理的自由裁量权限定在一定的范围之内。"[2]有些媒体也认为："学生申诉权作为学生的一种救济权，本身是一种抵抗权、监督权，它在权利结构体系中起着安全通道和反馈调节的作用。同时是对学校管理权的一种抑制和监督，有利于防止权力的滥用，抵制权力对权利的侵害。"[3]

在实践中，当北京A校的受访者被问及申诉是否具有对学校职能部门行使处分权进行监督的作用时，其回答是"会有监督作用，但不会明面上谈，那会引起处理机关的麻烦。"内蒙古A校受访者对这方面的功能也予以强调，认为校内学生申诉制度"监督学校职能部门权力的行使是否合法、合理。因为以前给学生处分还是有很大的随意性的。这个制度就是在给学生一个公平的平台基础上，监督学校职能部门权力的行使。"又如，北师大珠海分校因为学生提起申诉而重新审查校方处分行为的合理性，最终结果是改变了对两名学生的处分，说明在校方行使处分权时确实存在一些不合理的现象，同时也说明通过申诉制度能够适当监督、纠正校方行为，使其更加正当化、规范化。再如，中南财经政法大学党委副书记刘可风直言，过去在行政处分上，学生一直处于弱势；高校职能部门受理的行政处分，不排除误判、错判的可

---

[1] 教育部高校学生司编写：《〈普通高等学校学生管理规定〉解读》，北京第二外国语学院旅游教育出版社2005年版。该书是为了帮助、指导有关人员学习领会《第21号令》的精神，准确理解、把握《第21号令》的内容和要求，而由教育部高校学生司组织编写的，且该书作者都是直接参加《第21号令》起草和修订工作的人员。在高校的实践中，《〈普通高等学校学生管理规定〉解读》（以下简称《解读》）也确实为校内学生申诉制度的建立、运行起到了重要的指导意义。如青岛A校、北京D校受访者在受访过程中不止一次提到了《解读》的规定及其指导意义。

[2] 教育部2005年第4次新闻发布会：《育人为本，新〈普通高校学生管理规定〉颁布》。

[3]《学生申诉权：自由和权利的保障》，《中国教育报》2006年7月31日。

能性；成立学生申诉委员会，就是出于保障学生的权益，通过程序严谨的调查，使每一个行政处分做到准确、公正。申诉委员会主任之一、中南财经政法大学副校长陈小君表示，该委员会的成立，既是保障学生的权益，也是对高校职能部门的一种监督。[1]

## 三、规范校方行为

以往高校在处理学生时常常在依据、程序等方面存在不足，从而导致很多诉讼。高校内部学生申诉制度在监督校方权力行使的同时，也限制了学校处分权的滥用，[2]促使校方规范自身行为，尤其是行使处分权的行为，使其日益规范化、科学化，从而尽量避免纠纷的发生。[3]

在实践中，许多高校的受访者都表示，校内学生申诉制度实施以后，校方在规范处分行为方面做了很多改进，一改往日处分有些随意、不讲依据和证据的状态，提高了学生对处分的满意率，从而降低学生与校方发生纠纷的可能性，也在一定程度上减少了申诉案件。[4]

校方处分行为的日益规范化、科学化主要通过以下两个方面加以体现：

### （一）处分时做到证据充分、依据明确、程序正当

《第21号令》第55条强调："学校对学生的处分，应当做到程序正当、证据充分、依据明确、定性准确、处分适当。"《中国教育报》对《第21号令》关于处分的规定进行评价，认为"新《规定》的学生处理和违纪处分标准更加明确清晰,处理程序更加规范。取消了法律依据不明确或者行为特征不确

---

[1]《高校出现"学生申诉处理委员会"》，《武汉晨报》2005年5月12日。

[2] 晏扬：《教育应"以学生为本"》，《光明日报》2005年4月6日。

[3] 因为在多数高校中，学生提起申诉的主要原因是对学校的违纪处分不满。如果高校在作出处分决定时能够做到程序正当、依据准确、证据充分、处分适当，则在很大程度上可以减少学生对处分的不满，在一定程度上避免纠纷的发生。相反，如果高校对学生作出的处分存在瑕疵，则比较容易引发学生与高校的纠纷，在校内解决不好也容易将纠纷引向校外。如北京D校在实施校内学生申诉制度不久后，开除了11名考试作弊的学生。据受访者描述："当时学校确实也有做得不到位的地方，程序上不到位。规定有，但是程序没走全。"由此引发了学生对校方的不满，并将校方告到北京市教委，后来又起诉到地方法院。

[4] 如北京B校受访者描述："申诉这一块，比较多的，我们就尽可能地不让它发生。也不是说不让它发生，就是说尽可能把它扼杀在摇篮当中，等于说，就是处分他的时候就让他心服口服，他都签字了，觉得这档处分对我来说已经很认可了，学校都为我考虑了，我很认可了。"

定的处分规定,代之以有明确法律依据或者行为特征比较清楚的、易于判断的法律标准、纪律标准、学业标准、疾病标准。这些规定将有助于减少学校处分行为的随意性、不确定性和不可预见性。"[1]北京市教委政策研究与法制工作处处长何劲松认为"在程序上进行规范后,有利于学校在调查取证中程序的正当、公正。"[2]

在实践中,高校尤为重视处分行为是否证据充分、依据明确、程序正当,减少处分行为的随意性、不确定性和不可预见性,特别强调在作出处分时要小心谨慎,避免引发纠纷。

例如,北京B校的受访者强调学校处分学生必须有依据,而且程序要符合规定。[3]北京C校对学生进行处分是由学校的各职能部门负责做出与其职能相关的处分意见,[4]再将拟处分意见上报到学生处,再由学生处去跟学生确认事实,由此起到一个内部审核监督的作用,即审查拟处分意见是否合理,是否有依据。如果处分合理则直接上报校领导审批;如果处分不合理,就直接修改,并在学生工作委员会上进行讨论,经讨论后上报学校领导审批。"实际上很多问题在这个过程中就已经解决了。"[5]北京D校的受访者反复强调对学生的处分一定要依据明确、事实清楚、证据充分、程序完整,如此可以减少或避免与学生产生纠纷,即便是产生纠纷也可以减少或避免学生再向校外寻求解纷途径。[6]北京I校的受访者表示:"前期的处分工作必须做好,证据要

---

[1]《高校新管理规定新在哪里》,《中国教育报》2005年3月30日。

[2]《北京规范违纪学生处分程序,高校开除学生先听证》,《京华时报》2005年6月16日。

[3] "你依据哪一条?违纪处分条例的哪一条?你没有依据,万一他(学生)去告我们,一告一个准。你没有依据你随便处分人,那不行。……如果说依据,你完全没有依据,或者说在程序上怎么样,或者说你压根没跟我谈过话,一拍脑袋这个处分决定就出来了,我都不知道是怎么回事你就出来了也不行啊。所以,对这种事情(处分学生),无论如何要慎重再慎重,然后,就是把所有的依据一定要准确。"

[4] 如教务处负责考试作弊等事项的处分,保卫处负责盗窃、打架斗殴等事项的处分,后勤部还会负责其他事项的处分。

[5] 一般到那个时候,学生也都知道自己的事实是怎么样的,依据的东西是怎么样的,然后出于哪些考虑给他的这个处分,基本上都已经很清楚了。

[6] "处分的时候一定要抓准。咱们下处分决定的时候,之前的这块工作一定要做准,学生的违纪情况从手册当中套,依据哪条哪款给他什么处分,从轻怎么从轻的,从重怎么从重的,都给他说明白了。(尤其是涉及学生)切身利益问题,他就有可能申诉,这种处分一定抓准喽,证据做足喽,事实清楚、证据确凿。……把程序走到了,他没有道理去(校外)申诉。他(校外)申诉可以呀,咱们把程序走好了,只要适用条款搞好了,有依据,处分一定要有依据,违纪事实清楚,处分依据要恰当。……只要学校做的有理,我们的依据充分,你的违纪事实我掌握得非常清楚,就是凡是学生有了违纪的情况之后,采证一定有,一定把证据做足。"

充足，按照学生手册规定，该用哪条用哪条。"[1]

青岛Ａ校受访者认为，校内学生申诉制度有利于逐步完善校方的处分程序，学校还增加了"事实听证会"环节，[2]使程序没有疏漏，避免学生因为程序问题与校方产生纠纷。"应该说是有了申诉制度之后，我们在逐步地完善我们的处分程序，证据确凿、依据明晰，然后这个（处分）过程也很清晰，整个处理过程应该是没有问题的。"

内蒙古Ａ校受访者也强调校内学生申诉制度"可以促使学工部在行使处分权时更加谨慎小心，一定要在事实清楚、证据充分的基础上，按照程序行使处分权。你只要认定事实清楚，程序符合规定，学生也不会有异议而申诉。因为你至少给学生申辩、陈述的机会了。"

另外，宁波大学学生处处长严建雯表示，学校通过学生申诉这一工作还促进了其他工作，如对学生的处分流程更加规范、更加科学了；强调了对拟处分学生的告知制度，在拟处分前，既要通知学生本人，又要告知所在学院，请他们提出意见并提出是否申辩的理由；处分文件下发后，将处分文件送交学生本人并告知申诉需知；要求所在学院必须指定教师与违纪学生谈话并做记录。[3]

（二）处分决定书制作、送达的规范化

在实施校内学生申诉制度的高校，处分决定书的制作与送达都发生了一些变化，比以往更加规范和科学。

---

[1] 我们学校有特殊性，有大课小课，还有乐队、排练，等等，容易出现一些问题，但总要查清楚以事实为依据，可以查考勤记录等，总得把前期工作做足，否则很麻烦。处分做不好，学生一告，学校当然底气不足，害怕呀。如果处分做好了，学生告中级人民法院都没关系。

[2] "我们的程序做得很好，学生处分的时候，证据、学生的事实认定书，必须有事实认定书。（在处分）之前要求召开院系事实听证会，这些程序你必须都得走，一个程序都不能落，就是防止他们将来（去告）。如果学生没异议，就不召开（事实听证会）了，学生会在上面写着'以上事实属实，本人无异议，不要求召开事实听证会'。学生必须要写上，不写还不行，因为将来要走法律途径的时候，（学生）会提到，没给我召开事实听证会，那就说明这个过程还是有瑕疵的，所以说，这句话必须得有。"事实听证会结束后，将职能部门，由其对学生的违纪行为定性，再转交学生处，由学生处进行二次调查。"实际上就是防止学生在这个事情上反复。（学校）完善程序，做到了将来做出了这个处分的时候铁板一块，没有什么可挑的。我们就是要把这个东西做严密了，不给自己找麻烦。宁愿在处理过程中麻烦一点儿，也比事后被人攻击要强。事实上，这一套（程序）下来，学生基本上就没有申诉的想法了。"

[3] 《坚持学生为本，维护学生权利——宁波大学贯彻《学生管理规定》的实践与思考》，《中国教育报》2005年8月29日。

1. 处分决定书的制作

处分决定书制作方面的变化主要体现在其内容上。以往只需写明基本信息，即处分时间、被处分学生的基本情况、处分事由、处分结果即可。实施校内学生申诉制度以后，在处分决定书的结尾处特意增加一小段内容，即告知受处分学生可以行使申诉权，具体表述各校大同小异。

北京D校的受访者清晰地描述了这种变化。"2005年出的新规定，原来咱们也没做过，也没这么详细地要求过。说实在的，哪个学校都稀里糊涂。不可能把处分决定那个最后那两行（告知申诉权利的内容）写上。那一告一个准儿，你没告知，我就去闹。是不是？一告你一个准儿，所以我们这个逐渐在完善。……处分决定下了之后，处分决定当中还要给他注明他的申诉权利，如果对这个处分决定有什么异议，几个工作日之内到什么部门去申诉。这都要有，这个在处分决定中必须写上，写上给他的救助渠道。处分决定下了之后，如果在5个工作日之内他没向学校申诉，那么（处分）就成立了。"该校处分决定书末尾告知学生申诉权的表述为"受处分的学生如对本处分决定有异议，可在收到处分决定之日起5个工作日内，向学校学生申诉处理委员会提出书面申诉申请。"

北京B校的受访者也描述了处分或处理决定书内容的变化，并明确告知学生的申诉权；[1]青岛A校的受访者也认为告知学生申诉权很重要；[2]内蒙古A校处分决定书的内容也包含告知学生申诉权的内容。[3]

2. 处分决定书的送达

在实施校内学生申诉制度之前，处分决定书要么是通知学生即可，没有送达其本人；要么是送达学生本人，但没有要求其签收。目前的做法是，处

---

[1] "我们在处分或者处理决定书上会告知他的，就是你犯了什么什么错，然后按什么规定学校要给你这个处分。但是最后一段应该会写，接到这个通知多少个工作日内，你还有异议，可以向什么机关提出申诉。"具体表述为："如果你对以下处分决定有异议，在接到处分通知书之日起15个工作日内有权向北京B校申诉处理委员会提出申诉。如欲提出申诉，须在此期限内将申诉材料以书面形式递交到北京B校申诉处理委员会办公室（地址、联系电话）。"

[2] "咱有这个告知的义务，告诉你（学生）有这个申诉的权利，你要不告知的话，学生也可以来要求你告知，所以说，这一步程序还是很重要的。"该校处分决定书末尾告知学生申诉权的表述为："如果你对以上处分决定有异议，在接到处分决定书之日起5个工作日内，可以向学校学生申诉处理委员会提出书面申请，学生申诉处理委员会办公室设在监察处。若在申诉期内未提出申诉，学校将不再受理。"

[3] 具体表述为："根据《内蒙古A校学生管理规定》，受处分学生如对本处分决定有异议，可以在收到本处分决定之日起5个工作日内向学校学生申诉处理委员会提出书面申诉；逾期未提出的，视为放弃申诉权。"

分决定书由校长签发后，一定要送达学生本人，并要求其确认签收，只是各高校具体的操作方式略有差别而已。例如，北京D校的具体做法是制作一份处分决定送达通知书并附上处分决定书，一并送达学生本人并要求其签收；[1] 青岛A校的操作方式基本同于北京D校，只是对送达人也有要求。[2]

## 四、在校内解决校生间纠纷

学生对学校作出的入学、退学或其他违纪处分决定有异议，就意味着在学生与校方之间发生了纠纷。然而，这种纠纷本质上属于学校内部成员之间的纠纷，如果能够通过内部机制加以化解，就可以避免国家权力的介入和司法程序的启动，不仅可以减少风险、成本和对抗性，也有利于协调学生与学校间的关系，[3]达到更加和谐圆满的解纷效果。

20世纪90年代，我国大学校体制开始转型，原有的行政化管理体制在市场化和法制化背景下面临严峻挑战，而新型的大学自治尚未形成。此时，社会对通过司法解决高校内部纠纷寄予过高期待，而对诉讼的局限和弊端则认识不足。尽管教育部《第21号令》对校内学生申诉制度设计为行政性机制，但客观上却为纠纷双方提供了一种校内解决纠纷的渠道，有利于减少或避免直接启动行政申诉（校外申诉）和诉讼程序，从而达到维护校内自治和秩序、实现校园内有效治理的目标。

实际上，校内学生申诉制度的直接功能就是解决纠纷，进而达到维护学

---

[1] "处分决定这个正式文件下来之后，送达到每一个人，让他本人签字，不要让别人代签。所有的处分决定，学生到我这儿来签字。留下字了，你不能说我不知道这个事儿。是不是？你哪年哪月，必须得让他写清楚。然后给他本人一份，院系一份，学生处留一份。这个字学生必须签。现在好多学生都这样，到临走（毕业）时候，我不知道（学校）给我处分，谁也没通知我呀。你拿出这个来，几月几号你签的字，他没话说。这对咱们管理工作也有利，说白了，咱也是为学生负责。（处分）一牵扯（学生）切身利益了，留校察看什么的，他就开始找毛病了，我不知道啊，你学校没给我处分决定啊？（这样就容易引起纠纷）。如果给他一个警告、严重警告，他无所谓，他不在乎。"

[2] "送达人是院里至少两个老师要签字，处分学生也要在上边签字，签上时间，就是证明我给你（送达了）。有的时候说是我给你文（处分决定书）了，学生就说你没给我；我是昨天给你的，不对，你是今天给我的，那你说我怎么办，就怕这个（纠纷的发生）。"

[3] 学生与高校间的纠纷如果能够通过校内途径加以妥善解决，通过申诉进行充分的沟通，消除双方的隔阂与摩擦，有利于将来关系的发展。如山东B校有位学生因未完成学分而被学校开除，学生不服学校处分决定而提起申诉。在申诉过程中，校方人员详细说明学校的规定，分析学生的行为，最终获得学生和家长的理解，并服从了申诉处理结果。学生于退学后的第二年又以优异的成绩考进该校。

生的合法权益和学校的管理秩序、规范校方行为的作用，具有从根源上消除或减少纠纷的预防性功能。这与很多实行高校自治的国家的"校园司法（仲裁）"具有相同或类似的功能和理念。然而，制度的设计者和许多实践者未必清楚地意识到这一点。

校内学生申诉制度产生的一个现实背景是，大学生状告母校的事件层出不穷，大多是因为不服学校对其作出的学籍处理或违纪处分而引发的，表面上以"维权"和程序公正为诉求，深层原因则是教育体制转型和利益驱动。校园纠纷动辄进入诉讼，一方面，是因为当事人和社会对司法救济寄予了过高期待；另一方面，也是由于缺少有效的校内或协商性解决途径。频发的诉讼严重地挑战和影响了高校的教育体制和内部秩序，而当事人实际上也很难获得期待的结果。而校内学生申诉制度的实际功能正是要促使这类纠纷首先在校内得到解决，以减少或避免纠纷升级，启动校外行政或司法的正式处理程序。在这种意义上，它"通过和平的、规范的手段，公平地解决利益冲突，化解政府、学校与学生矛盾。"[1]

对于这一作用，有的高校有着比较清楚的认识。如南开大学教务处处长沈亚平认为，《第21号令》实际上是把学校与学生的关系调整为特定的法律关系，双方均享有各自的权利，履行各自的义务。学校的"处分自主权"与学生"申诉豁免权"并举，从内部机制上体现并健全了学校管理应"以学生为本"的核心思想，可以减少很多因为制度缺失造成的无谓诉讼，对于营造高校和谐的校园环境是非常有益的。[2]遵义医学院珠海分校管理人员认为，学生申诉处理委员会没有明辨是非的"法官"，而是开通了一条通过协商调解、妥善解决师生纷争的"消防"渠道。高校可以有个申诉听证和化解矛盾的调解机构。[3]

笔者实地调研的高校中，曾经经历过诉讼的高校对校内学生申诉制度的这一作用体会更深，如北京B校、北京D校、青岛A校、内蒙古A校的受访者都有深刻的感受。

北京B校的受访者认为，校内学生申诉制度的设立、运行与减少与避免

[1]《学生申诉权：自由和权利的保障》，《中国教育报》2006年7月31日。
[2]《大学生管理新规定，破解高校管理三大难题》，《人民日报》2005年3月31日。
[3]《学生有了申诉权，怎样行使才得当》，《光明日报》2006年3月30日。

学生起诉学校的现象相关。[1]

　　北京 D 校的受访者被问及在实施校内学生申诉制度后，学生通过校外途径解决纠纷的情况是否相对减少时，他首先叙述了一件在该校实施校内学生申诉制度后发生的学生将该校诉至北京市教委的事件，当年曾引起较大关注。他解释说，因为刚开始实施申诉制度时，很多程序还不完善，因此，导致事件的发生。在完善程序之后，学生通过校外途径解决纠纷的现象就减少了，甚至有时会发生学生提起申诉后又撤诉的事情，纠纷自然而然地得以解决。

　　青岛 A 校的受访者描述在学校经历了被学生起诉的事件后，意识到校内学生申诉制度的作用，反复强调它有利于将学生与校方的纠纷在校园内部加以解决。[2]

---

[1] 以下是笔者与北京 B 校学工部申诉事务负责人对话的部分记录。
　　问：您认为学生申诉制度与避免学生起诉学校有关系吗？ 1999 年贵校被一名学生起诉，曾经引起过广泛关注。
　　答：那个是在这之前（实施学生申诉制度之前），这个是有关系的。有时候学生他没有渠道，就是说，维权他在校内没有渠道，他肯定要找校外的渠道，找法律的途径。……不认可（学校的处分），你辩啊。但是得有个渠道啊，对不对？比如说他申诉了，那我们要组成申诉委员会，学生可以再辩论，就是说给他 5 分钟时间啊，（委员）提问这中间都有辩论的这种（情况）。你要有渠道给他。他要在校内找不到渠道的话，他要维权他上哪儿，他肯定就要到法院去走法律途径了。在这种状态下，有可能就会搞得学校声誉以及学生本人都受到伤害。然后，不光是这些，很多时间耗进去，这么多时间耗得人受不了啊，学校还要很多人陪着，打官司这个事情，有一些证据是很难取的，你又没有摄像头在那儿设置着。
　　问：那在没设申诉制度之前，学生起诉学校的事件多吗？
　　答：挺多的，都是搞得很被动的，证据也不太足，说实在的，有的时候，有些老师一拍脑袋就给人处分。
　　问：2003 年（该校 2003 年实施学生申诉制度）之前还有挺多学生起诉学校的，但是之后就不多了吧？
　　答：开始 2003 年的时候还有两起，2003 年开始做（实施校内学生申诉制度）的时候还不是那么规范，因为有的时候还摸不着头脑嘛，所以，刚开始还是有两起学生（起诉学校的）。……2003 年以后就没有那种很拗的东西，没有那种很别别扭扭的东西就很顺畅。
[2] "因为之前说实话，学校也经历过一些学生因为处分走法律途径的。然后当时（《第 21 号令》）一出来之后，我们觉得是好事儿。这样的话，就把学生有意见或者说什么程序写得很清楚了。以前说实话，学生要是有什么问题或者怎么样，他跟学校沟通，不管是因为学校的原因还是学生本身的原因，经常就没有一个对话的平台。没有对话的平台呢，学生一般都是直接就走法律途径了，反而不利于事情的处理。实际上完全不必要走那个复杂的途径。……（校内学生申诉制度使得）学生会有自己申诉的权利，大家都是站在平等的位置上，对这些事情进行辩解也好，或者说辩明是非呀什么的都可以。没有这个制度之前呢，学生要想说理或者要怎么样的话，他不跟学校说，他到上级部门或者怎么样，因为省里对咱们这种部属（教育部直属）院校它没有这种管理权力，他只能上教育部。但是你也知道，学生作为个体的话，单独一个人，你到教育部怎么怎么样（也不会引起重视）。所以说，他在那个基础上，他肯定会选择宁愿走法律途径，按照民法、按照民事诉讼法这一套来做了。在这之前，反正不管是你赢也好，你输也好，学生要主张自己权利，那学校按照程序也要去应诉，但是有时候觉得实际上是没有必要的。"

内蒙古 A 校曾经被学生起诉过，受访者对校内学生申诉制度在纠纷解决方面的功能予以明确肯定。[1]

## 五、维护校方行为的正当性及其利益

高校内部学生申诉制度在维护学生权益的同时，也规范、监督校方行为，进而也有利于保护校方利益、维护校园的治理和秩序。如果没有校内学生申诉制度对校方处分行为的事先审查与规范，可能会出现学校处分行为未履行必要、正当程序的情形，那么"一旦发生纠纷，学校会陷入被动并承担败诉风险。"[2] 因此，"学生申诉制度建立健全后，促使学校内部形成一种监督和纠错机制，将减少学生向法院提起诉讼的概率，大大降低今后'学生告母校'的案件。高校自身建设也将在此过程中日趋规范。从这种意义上来说，高校也是学生申诉制度的受益者。"[3]

关于校内学生申诉制度的这项功能，青岛 A 校的受访者描述得非常清晰，认为其在维护学生权利的同时，也保护了学校；[4] 内蒙古 A 校的受访者也明确强调校内学生申诉制度有利于维护校方行为的正当性及校方利益；[5] 北京 I 校受访者表示，如果校方处分有明确的依据，证据充分，那么，即便学生将来通过

[1]　"大概 2002 或 2003 年时，有个法学院学生起诉我们学校，因为打架受到处分而没给学位证。咱们法学院的老师去应诉的，法院判学生败诉。2005 年以后至今没有被起诉过。学生申诉制度在其中还是起到作用的，学校内部先把事情（事实、程序）做好，不怕被告。"当笔者谈及有的高校还没有实施该制度时，他笑笑说："那是没碰上事儿（学生起诉学校的事儿）。碰到过事儿就会小心了，就会发现申诉制度的好处了。"
[2]　《关注学生申诉权》，《南方周末》2003 年 3 月 18 日。
[3]　《行政权威 VS 学生权益，对高校学生申诉制度的观察》，《湖北日报》2005 年 8 月 31 日。
[4]　"有这个制度就督促你（校方）在处分的程序、依据、过程会去做得严密。……有了这个制度就是说经得起第三方（法院）的拷问。去应诉的时候，我是作为处理人，我跟我们学校的这个法律顾问一起去应的诉、出的庭，庭上他们的律师、当事人所讲的、所提到的一些异议对我们来讲的话没有任何问题，我们都会提供最直接的材料和证据，所以说，基本上整个过程你经历过了你才会对你的程序有底气，现在处理起学生这方面的问题的时候我们基本上没有任何的疑惑。……（校内学生申诉制度）就是督促你把这个过程做得尽量完善，不要给自己找麻烦。你做好的话，你就经得起别人推敲；你做不好的话，你到处都是漏洞的话，你就害怕别人问你。……（校内学生申诉制度）实际对学校有利，很有利，我很赞同这个。我做这么多年（大概七八年学生工作），我很赞同这个处分（申诉）程序，非常赞同。"
[5]　"这个制度还是有很大用处的，尤其是当学校遇到麻烦时。如果对学生处分，能够做到事实清楚、证据充分、程序合法，就不怕他告，在很大程度上是维护学校的权利。我去年（2008年）参加教育部组织的培训班时，教育部领导在那个培训班上也是这样强调的，设立学生申诉制度是对学校有好处的，因为近年来学生告学校的事情也挺多的。"

法院解决与校方的纠纷，校方也能够有理有据，一审二审也都会对学校有利。

为了有效维护校方行为的正当性和利益，各校申诉委员会通行的做法就是认真制作卷宗。如果学生对校内申诉处理结果不满而继续向上级教育部门申诉或向法院提起诉讼，校方就可以凭借卷宗中的证据和资料从容地应对。高校关于卷宗的制作方式和形式各有不同，但是内容基本相同，包括学籍处理或违纪处分的决定书及送达情况、申诉的提出、受理及申诉委员会会议的召开、申诉处理结果、证据收集的情况等，如果召开听证会的话，还涉及听证会的记录等内容。

例如，北京B校设计了申诉卷宗，一是查找方便，二是保存证据，内容包括受理人、受理时间、事由以及会议情况等。[1]青岛A校建立了完善的卷宗制度，卷宗制作一年后要存到档案馆。以前的卷宗很少，以前一个学生处理起来所有材料也就三五页纸，现在至少二十页，而且单独立卷，有利于保存证据、维护学校的权利。

综上所述，校内学生申诉制度作为救济性制度是维护学生权利的有效途径，同时，也能够监督校方行为的合法性，促使校方规范自己的行为，避免由于行为的不规范或不合法而引发纠纷与矛盾。即便是学生与校方之间发生纠纷，校内学生申诉制度也有利于纠纷在校内得以解决，增强校内自治性纠纷解决机制的作用，维护校园秩序。如果学生不满校内纠纷解决的结果，继而选择校外途径解决纠纷，那么，校内学生申诉制度的运行能够增强校方行为的正当性，使得校方有充足的证据、资料方面的准备，得以从容应对上级教育部门的核查或法院的诉讼，有利于保护校方的利益。其实，这几方面的功能都是相辅相成的。只不过由于决策者的认识，有些功能在规范层面得到强调；而有些功能尽管未得到充分表述，但在实际运行中仍得到了充分发挥，并给当事各方带来了明显的效益。

另外，有学者认为该制度的功能并没有在现实生活中加以实现，出现功能的"失落"。[2]其实不然，笔者在各高校进行调研后发现表面上可能该项制度并没有发挥多大功能，如案件数量较少，学生对此不知情等，但实际上该

---

[1] 2003年曾有学生告学校关于论文抄袭处理的问题，先是告到教委，然后又去法院起诉。当时很多证据都没有保留，大家不得不到处去取证，专门安排两个人做这个事情，一会儿传唤，一会儿出庭，很麻烦。诉讼完了以后，我们就设计了这个卷宗。如果当事学生再往上申诉，我们就把这卷宗一拿出来，证据齐备，也很方便。上学期医学部有个学生，也是因为数据抄袭的问题，一直告上去。我们只要拿这个卷宗就可以应诉了。

[2] 尹晓敏:《学生申诉制度在构建和谐高校中的价值解析》,《高教研究》2006年第7期。

制度的功能在隐性地发挥着作用，尤其是对于维护学生权利、监督和规范校方行为方面起着非常重要的作用。而且该制度实施前后校方人员对待学生处分的行为与态度发生了非常大的转变，如北京B校、D校、青岛A校等，尽管其态度的转变有其他因素的影响，但这种态度的转变直接导致了行为的转变，由此能够影响学生与校方间纠纷的解决。

## 第五节　高校内部学生申诉制度的性质和特点

高校内部学生申诉处理委员会所处理的，是学生与校方之间因处理或处分行为而发生的特定纠纷，尽管只是校园纠纷中的一小部分，但仍符合校园纠纷的一般特征。高校内部学生申诉处理机制也不是解决一般校园纠纷的综合机制，其管辖权和处理范围十分有限，但仍符合校园纠纷解决机制的基本特点。一方面，我们可以借助这一制度讨论高校治理和纠纷解决机制的一般原理；另一方面，则需要对其特殊性加以细致的规范分析。

### 一、高校内部纠纷及其处理机制的特点

高校内部学生申诉制度处理的纠纷属于高校内部纠纷，其特殊性具体表现在：

（1）纠纷的当事人是自治团体内部的成员，即在校的学生与作出处理或处分决定的校方职能部门；双方当事人之间的关系并非一般自治团体内部的平等、独立关系，而是具有不对等性、契约性、管理性等特点，即行政或准行政性特点。

（2）纠纷发生的地点是在该自治团体范围之内，即在高校管理的领域内，纠纷或争议对象属于其内部可处分的权限或事务。

（3）纠纷发生的原因是被管理方对管理方行使职权的行为不满，即学生对校方职能部门依据管理规定作出的处理或处分决定不服，类似于行政相对人与行政主体之间的关系。

（4）纠纷处理涉及的依据为自治团体内部的规定，这种规定具有授权性立法的特性，但不能排除国家主管机关和司法机关对其合法性的审查。

（5）国家主管行政机关允许将高校的内设机构——学生申诉处理委员会作为处理该纠纷的最初机构以及行政申诉的前置程序。这一方面体现了对大学自治的尊重；另一方面也体现了高效的行政职能。但由于缺少法律的授权，该程序不能排除当事人直接诉诸司法的权利。

## 二、高校内部学生申诉制度的性质和特点

高校内部学生申诉制度的性质是由行政主管机构授权、在高校内设立的、专门解决有关处理或处分争议的自治性机制及行政申诉的前置程序。其基本属性和特点是：

### （一）非正式的机制和程序

高校内部学生申诉制度依据教育部《第21号令》设立，并由教育部自上而下在全国推行的。在这个意义上说，该制度是一项正式的法定解纷机制，具有准行政机制的属性和特点，其适用范围限于特定的校内纠纷。然而，一项制度是否属于正式制度并不完全取决于是否有法律依据，而是需要根据其功能、性质、特点及其与正式制度的关系来判断，如人民调解制度有宪法和法律依据，可视为一种正式制度，但其功能和特点又是以非正式性为定位的。在这个意义上来看，高校内部学生申诉制度作为一种非诉讼机制，具有自治性、社会性和非正式性。主要体现在：第一，其并非一种法定的前置性程序，尽管教育部将其设定为行政救济的必经前置程序，但并不能排除当事学生径行提起诉讼，因此，属于一种选择性的非正式程序（ADR）；第二，其制度、人员构成和程序均具有较大的灵活性，可由各校自行设置，符合非正式制度的特点，而目前未建立或未运行该制度的学校亦不会受到强制；第三，其处理结果不具有终局性和排除司法救济的效力。

总之，高校内部学生申诉制度基本上符合非正式制度及ADR的一般特征，即通过选择性、替代性方式解决纠纷。由于尚未完全定型，在今后的运行中，如果能够更多地吸收多方人员（如学生代表等）参与，有可能能够更加凸显自治性和协商性价值，保留其自愿选择性的特征；相反，如果更多地强调其行政性和正式性，则可能通过法律授权，将其设定为法定前置程序，进一步替代诉讼。

　　（二）准行政性

　　一般而言，纠纷解决机制的性质主要取决于该机构自身的属性，因此，高校内部学生申诉制度的准行政性，首先是由于我国高校自身的性质所决定的。

　　我国高校的性质界定问题一直以来都是学界争论的焦点。在计划经济体制时期，高校被正式纳入国家计划体系之中，成为国家全民所有制事业单位，隶属于各级政权组织，成为政府的附属机构，具有不同的行政等级。[1]改革开放以后，公立高校的地位开始发生变化，《教育法》《高等教育法》明确了高校的法人地位。尽管高校在名义上不是行政机关，但实际上在一定范围内是法律、法规授权行使行政权的主体，具有行政主体资格。尤其是在学校对学生进行学籍管理、奖励、处分方面，学校行使的是行政权力。[2]也有些学者认为，高校应该完全独立于政府和国家，具有全面独立的法人资格，高校与政府不具有行政隶属关系，不是行政主体。[3]还有一些学者主张，大学在法律范围内的自主权利，是大学这个特别法人的法定权利，不在于仅仅是因政府授权而获得的权利。[4]

　　首先，本书不准备讨论高校的性质，但至少在目前，高校显然并不是一个完全的社会自治团体，它具有鲜明的行政色彩，因此，高校对学生的处理或处分也带有行政行为的特点，而司法机关在处理此类纠纷时，事实上也是将其作为具体行政行为、通过行政诉讼程序加以处理的。为了将其与完全的自治性机制和行政性机制加以区分，本书暂且根据现阶段高校的实际特性，将其界定为准行政机构，同时也承认其具有自治团体的某些特点，进而将高校内部学生申诉制度的性质界定为准行政性的自治性纠纷解决机制。

　　其次，高校内部学生申诉制度的准行政性还体现在其产生方式上，它并不是各高校基于自身管理和解决内部纠纷的需要而自发建立的，而是由教育部通过规范性法律文件（《第21号令》等）大力推进的，可以说是国家行政

---

[1] 周光礼：《教育与法律——中国教育关系的变革》，社会科学文献出版社2005年版，第24页。
[2] 陈鹏：《公立高等学校法律关系研究》，高等教育出版社2006年版，第35—40页。
[3] 申素平：《中国公立高等学校法律地位研究》，北京师范大学博士论文，2001年。
[4] 劳凯声：《变革社会中的教育权与受教育权：教育法学基本问题研究》，教育科学出版社2003年版。

主管部门出于高校治理的需要，通过行政措施推行的一种制度，既有解决学生与学校间特定纠纷的实际功能，也是一种教育行政管理的手段。但是这种形态并不会妨碍其随着高校自治的落实，进一步向自治性、民间性机制转化的可能。

最后，高校内部学生申诉制度的程序、手段也带有一定的行政色彩。教育部将其设定为行政救济的必经程序，按照行政处理——行政复议的原理进行程序设计，该程序显示出一种介于行政听证和裁决之间的、模仿司法和法庭的取向。这显然是制度设计者为了迎合主流法律意识而创造的结果。在协商式纠纷解决方式调解已成为世界趋势，法院亦在提倡调解优先的今天，该制度及程序仍显示出对裁决方式的偏好，而对协商性、参与性、民主性及平和、快速、保密等程序价值几乎并不关注，不能不说是有些落伍的，好在实践中执行者多会根据实际情况尽量减少其对抗性，追求更合理地解决方式。

（三）与行政申诉程序的区别及衔接

《第21号令》第61条规定："学生对处分决定有异议的，在接到学校处分决定书之日起5个工作日内，可以向学校学生申诉处理委员会提出书面申诉。"这说明，校内申诉只是一种选择性程序，学生可以根据自己的需要和偏好进行选择。但第62、63条又规定："学生申诉处理委员会对学生提出的申诉进行复查，并在接到书面申诉之日起15个工作日内，作出复查结论并告知申诉人。需要改变原处分决定的，由学生申诉处理委员会提交学校重新研究决定。""学生对复查决定有异议的，在接到学校复查决定书之日起15个工作日内，可以向学校所在地省级教育行政部门提出书面申诉。省级教育行政部门在接到学生书面申诉之日起30个工作日内，应当对申诉人的问题给予处理并答复。"

根据这一制度设计，学生对学校的处分决定有异议时，不能直接向学校上级教育行政部门提出校外申诉，而必须先向校方提出校内申诉，经过校内复查程序后，如果对复查结果仍有异议，才可以向学校所在地省级教育行政部门提出申诉。《解读》认为："关于学生的申诉，有两类组织负责受理，一是提出申诉的学生所在学校，二是学校所在地的省级教育行政部门。学生申诉，应当先向所在学校提出，对学校的复查决定有异议，再向学校所在地的省级教育行政部门申诉。"也就是说，校内申诉制度是行政申诉的前置程序。对此，既可以解释为自治性机制与行政性程序之间的衔接，也可视为准行政程序与行政程序之间的衔接。

（四）与司法诉讼程序的衔接

毫无疑问，作为教育部设立的一种非诉讼解纷程序，不可能排除当事人直接诉诸司法诉讼的权利。所以，学生若对校方作出的处理或处分决定有异议，可以选择直接进入司法诉讼程序，这也与我国行政争议或议（裁）或诉的基本制度设计一致。在司法实践中，这类案件也时有发生。[1]

实际上，围绕能否将高校内部学生申诉制度作为司法救济及诉讼程序的前置必经程序，研究者们始终存在不同意见。教育部设立该制度的初衷，显然希望尽可能以此替代和减少此类纠纷直接诉诸司法。《第21号令》及其《解读》将学生权利救济的途径分为两条：第一是申诉权。学生对学校给予的处分或处理进行申诉，应当先向所在学校提出，对学校的复查决定有异议，再向学校所在地的省级教育行政部门申诉。第二是起诉权。学生对学校、教职员工侵犯其人身权、财产权等民事权益的行为，可以提出申诉，也可以依法直接向法院提起诉讼。这就意味着，学生对学校作出的处理或处分决定有异议，应当先向学校申诉处理委员会提出申诉，即所谓校内救济；对申诉处理结果有异议的，可向学校所在地省级教育行政部门提出申诉，即行政救济。这样，形成内部申诉（校内救济）—行政申诉（行政救济）—行政诉讼（司法救济）的多元化处理机制，学生在选择司法程序之前应首先穷尽校内和校外两种申诉机制。应该说，这种安排显示出对诉讼的规避，但本身是合理的。

然而，尽管有一些研究者将高校内部学生申诉制度解读或推定为一种法定前置性程序，但目前无论是《教育法》《高等教育法》还是《第21号令》，都没有（也无权作出）此类明确规定，诉讼法及其他法律中更无此种制度设计，因此，这种理解是没有法律依据的。在实践中，学生对校方

---

[1] 如"大学生考试作弊未被授予学位，状告母校讨学位案"中，原告王某2006年因考试作弊被学校给予记过处分，2007年7月，原告毕业时被拒绝授予学位。王某对校方行为不满，未经过校内、校外申诉途径，而直接向石家庄市裕华区法院提起行政诉讼，将母校告上法庭。参见《大学生考试作弊未被授予学位，状告母校讨学位案》，《燕赵都市报》2008年6月4日。在"大学生考试作弊被开除，状告学校侵犯其受教育权案"中，原告汪某2006年因在大学英语四六级考试中使用通信工具作弊被学校给予开除学籍处分，原告不服，于2007年直接向江苏省镇江市京口区法院提起行政诉讼，之前未选择任何申诉程序。参见《大学生考试作弊被开除，状告学校侵犯其受教育权案》，《江南时报》2007年8月13日。

作出的处分或处理决定有异议，不选择任何申诉程序而直接通过司法途径解决的，法院不能拒绝立案，但可以主持行政调解或诉外和解。实际上，目前将高校内部学生申诉制度设置为法定前置性程序，尚不具备现实条件，不仅法律界对于任何限制诉权的制度都持否定态度，而且这一制度还没有获得法律授权和社会认同。虽然教育部强制并大力推行校内学生申诉制度的实施，但到目前为止，仍有一些高校并未建立或实施该制度。在未实行校内学生申诉制度的高校，学生若对学校作出的处分或处理决定有异议，自然无法依靠其获得救济，只能直接提起行政申诉或向法院提起行政诉讼。

在我国，目前高校内部学生申诉制度尽管只是一种选择性程序，而非进入司法诉讼程序的前置性程序，但其合理设置仍可能最大限度地替代或分流司法诉讼。实际上，在已建立该项制度的学校，作为当事人的学生绝大多数均通过理性思考，首先选择了申诉制度，在穷尽申诉制度仍未获得满意的结果时才选择诉讼。[1]

在笔者调研的16所高校中，有些高校在实施校内学生申诉制度后仍有被学生起诉的事件，但学生在进入司法程序之前都穷尽了校内申诉和校外行政申诉两种机制。例如，北京B校的受访者描述，2009年某生因论文抄袭被学校给予严重警告处分，该生在校内申诉后又到北京市教委申诉，仍不服处理结果后才寻求司法途径向法院提起行政诉讼；青岛A校的受访者描述，2007年某生因替考被学校给予开除学籍处分，该生在校内提起申诉，申诉处理委员会维持原处分决定，他又向山东省教育厅提起行政申诉，结果依然是维持原处分决定，于是他向法院起诉学校，最终法院判决校方胜诉。这说明，该制度设立的初衷已经初步实现。

总之，目前高校内部学生申诉制度已经初步发挥了替代性纠纷解决机制的作用。然而，其在实践中能否被学生及其他当事人作为第一选择，不仅取决于国家和行政主管部门的期望，更重要的是取决于高校自身的自治程度及

---

[1] 如"女大学生两次作弊被开除起诉学校案"，女大学生于丽（化名）在2007、2008年两次考试中夹带纸条均被发现，学院依据《第21号令》和学院的学生管理规定给予其开除学籍处分。于丽向学院申诉委员会提起校内申诉，结果是维持原处分决定；于丽又向市教委提起申诉，市教委也维持学院原处分决定。于是，于丽向法院提起行政诉讼，法院以学院作出处分过程中程序不合法为由，判决校方败诉。

其被社会接受的程度。

# 第六节　高校内部学生申诉制度与高校的自主管理

高校内部学生申诉制度是高校处理、解决自身内部纠纷的机制，属于高校自我管理的范畴。但是，我国高校自主管理的权限及空间非常有限，教育体制就整体而言仍属于一种行政管理体制。从该制度的设立和运作中可以反映出我国教育体制的深刻问题，尤其是国家教育行政管理与高校自主管理之间的微妙关系。

## 一、高校的自主管理权

在我国计划经济时代，高校隶属于各级政府，没有办学自主权；改革开放后，"大学不再是政府的附属部门，获得了更多的自己管理自己事务的权力，不但办学自主权得到了较好的体现，而且在一定程度上的自主管理也成为现实。"[1]1995年《教育法》第28条规定了学校享有的权利，其中，第1款即为"按照章程自主管理"，除自主管理权外，还包括教育教学权、招生权、学生管理权、教育管理权、校产管理权、财权等内容。1998年《高等教育法》对高校办学自主权有明确的规定，内容涵盖招生、学科专业建设、教学、科研、国际交流、财务及机构设置等方面。除此之外，高校还享有对受教育者进行学籍管理、实施奖励和处分的权力以及对教职员工实施奖励或处分的权力等。1999年《教育部关于实施〈中华人民共和国高等教育法〉若干问题的意见》中强调："依法治教，全面落实高等学校的办学自主权"。"教育主管部门要尽快制定有关规定，加强分类指导，采取有力措施，依法落实高等学校的办学自主权，促进各类高等学校和其他高等教育机构建立自我发展、自我约束、面向社会依法自主办学的运行机制，保障高等教育事业的健康发展。"2003年《教育部关于加强依法治校工作的若干意见》明确推进依法治校工作的目标之一是"学校建立依法决策、民主参与、自我管理、自主办学

---

[1] 唐振平：《中国当代大学自治管理体制研究》，国防科技大学出版社2006年版，第51页。

的工作机制和现代学校制度"。这些规范性法律文件对高校自主管理权的存在和发展提供了合法性与正当性。

近年来，随着教育体制的改革，高校作为一个特殊的自治团体，其自主管理权逐步受到重视。然而，由于多种因素和条件，我国的教育体制仍然保留着行政性体制的特征，高校领导人由行政任命，其权限和主要活动（包括招生、录取的方式和人数、教学体系、教学内容和方式，学生管理、硕士点、博士点的建立等）基本上均由行政方式决定，法律赋予高校的自主权非常有限，而司法对于高校内部事务的介入则相对较多，几乎不存在任何禁区。在这种背景和现实社会环境下，与自我管理内部事务相关的高校处理内部纠纷的自治性机制自然既不可能自发产生，也难以获得正当性，既有的制度设计不可避免地带有鲜明的行政色彩。但是，即使如此，高校内部学生申诉制度也开始显示出一定的自治性和积极作用，并成为体现高校自主管理权的一个缩影。

## 二、高校内部学生申诉制度与高校的自主管理

高校内部学生申诉制度作为解决校内纠纷的机制，建立在承认和尊重高校的规则（规章制度）制定权、自主处理和裁量权（包括对学籍、违纪事项的处理等）以及管理权的基础上，作为优先于行政申诉和司法救济的选择性机制得到提倡，显示出对高校及其内部纠纷的特殊性和办学规律的尊重。

《第21号令》的《解读》认为"对学生的自主管理是高校依法自主办学的重要内容。学校拥有依法自主办学和管理的权力，同时也应当履行相应的责任。学生提出申诉是学生依法享有的权利，学校应当为保护学生申诉权利履行相应责任。"由此明确了高校内部学生申诉制度是高校自主办学内容中自主管理部分的重要内容，体现了高校自身处理内部事务尤其是纠纷的能力。有学者指出："尊重高校自治权，实现高校自治是我国当前教育法制建设主要的发展方向，高校对学生申诉的处理权是高校自治权的一项重要内容，为高校提供一个反思和考虑的机会。"高校内部学生申诉制度"顺应高校自治权发展趋势，即享有对因自身管理行为而引发的纠纷进行处理的权利。"[1]

---

[1] 尹晓敏：《高校学生申诉制度研究》，《高教探索》2004年第4期；胡小进：《高校学生申诉制度法律问题研究》，西安理工大学硕士论文，2007年。

### 三、作为自治性非诉讼程序的优势

一般而言，尽管诉讼程序和司法救济是当代最权威的解纷途径，但实际上，诉讼本身存在着一些固有的局限性，而司法机制在解决校内纠纷方面则更是作用有限。相比之下，高校内部学生申诉制度作为解决特定校内纠纷的自治性机制，更具有合理性和优势，主要表现在：

（1）校内学生申诉制度是高校处理和解决内部纠纷的自治性机制。其处理的是发生在自治团体（高校）内部成员（学生与校方职能部门）间的纠纷，因而具有时间和空间上的优势，即及时、便利、经济、快速，避免纠纷升级和激化矛盾等。

（2）在程序上具有相对平和、不公开、灵活等优势，当事人不需要借助律师即可以完成申诉过程，可以最大限度地保护学生的隐私权，减少诉讼对抗性程序造成的经济成本、道德成本和其他风险。

（3）由校内各方人士组成的申诉委员会具有一定的民主性和权威性，有利于调动、培养学校各方力量的积极参与，彻底解决纠纷，维护大学的自治秩序。随着该机制的发展，还应吸收更广泛的人员参与，尤其是学生的参与，有利于实现校园民主和自治的长远发展。正如和田仁孝教授所说的那样：在共同体内的纠纷解决结果中，由于重视将引起纠纷的各种问题总括性地综合考虑，并动用各种资源和力量分别化解，因此，有可能彻底解决纠纷。[1]

（4）不仅具有在纠纷发生后维护学生权利、监督校方权力行使的作用，而且能够将纠纷解决向前延伸，即通过规范校方管理行为（包括规则的合法合理、行使处分权的行为规范、处理程序的公平、公正、公开等）而减少纠纷的发生。该制度能够促使校方规范处理或处分的整个过程及各个具体环节，使各种制度形成整体联动效应和资源整合，将处理、处分与教育紧密地结合起来，从而有助于彻底地解决纠纷，减少引起争议产生的制度和操作方面的问题，消除学生与校方之间的冲突。

（5）发挥教育作用。在处理申诉事项的同时，一方面提高了校方管理的规范性和合理性，另一方面也有利于培养学生的规则意识、程序意识、民主意识，同时通过校内各方人士的参与，在校园内弘扬民主、道德和公正的文

---

[1] 转引自范愉：《纠纷解决的理论与实践》，清华大学出版社2007年版，第72页注释①。

化氛围，树立正气，维护各方合法权益，通过平等对话、协商参与逐步完善学校的各种规章制度和规则，培养校园共同体的自治能力。

实施校内申诉制度的意义，绝不仅限于为违纪学生提供申诉的机会或者有效地维护学生的公民权益，更在于以一种"润物细无声"的方式，在点点滴滴、潜移默化中培养大学生的民主意识，强化了他们的法治观念，而民主意识和法治观念是生活在现代社会的每个人，尤其是大学生们必不可少的基本素质，同时也是我国民主与法治建设的巨大动力。[1]

## 四、行政规制与高校自主管理

高校自主权从产生那一刻起，就注定了其不可能完全游离于国家规制之外。[2]在我国，高校自主管理虽然开始得到了法律的承认和保护，但在现有国情和体制下，首先是在行政的严格规制下有限存在和运行的，任何高校的运行与经营都离不开行政规制。"高校是承担公共教育职能的具有独立地位的公法人。依照我国《高等教育法》规定，高校依法享有'按照章程自主管理'的自主权，另一方面，法律也明确规定，高校自主权的行使'要依法接受监督'。从高校自主权产生的过程和性质来看，高校的自主权不是一项民事权利，而是政府下放给高校行使的具有行政权性质的一种特殊权力。因此，高校自主权具有行政权力特性，是国家教育权的重要组成部分。"[3]

从高校与政府的关系来看，"一方面，政府作为公共事务的管理者，包括大学在内的一切社会组织必然受到政府的控制。特别是近年来，大学已经从社会的边缘走向社会中心，大学在国家、社会生活中起着越来越重要的作用。政府不可能对大学放任自流，也不可能把大学完全交给学者自己管理，必然对大学提出各种要求与规范。这也是当今世界高等教育改革中，各国政府探求的一种趋势。……另一方面，政府作为大学的举办者，为大学提供了相当的经费资助。因此，政府总是倾向于控制大学。……中国大学由于长期

---

[1]《校内申诉制度，依法治校的突破口》，载新华网，http://news.xinhuanet.com/comments/2005-03/10/content_2674044.htm，最后访问时间：2013年5月20日。

[2] 李永林：《自治基础上的"他治"——略论高等教育纠纷司法审查的有限介入》，《法治论坛》2006年第四辑。

[3] 湛中乐主编：《高等教育与行政诉讼》，北京大学出版社2003年版，第5页。

处于计划经济管理之下，政府控制大学的色彩表现得尤为明显。"[1]虽然改革开放以来，高校自治的地位、内容都在很大程度上发生了变化，但是政府与高校间的这种控制关系仍然在某些方面微妙地得以维系。"一方面政府在处理与公立高校关系时，仍然视公立高校为自己的下级机构。如政府在推动公立高校扩大招生规模及公立高校合并重组时，仍然强调这是政府行为，是行政领导，而不是行政指导。另一方面，基于公立高校的法人地位，政府又承认公立高校有自主决定本校事务的自治权，并逐步淡化对公立高校的行政领导关系，确立行政指导性关系。……总体看来，我国政府与公立高校的关系尚处于政府主导下的领导——指导关系，在大学的管理中政府的影响居主导地位。"[2]这种关系就决定了"当政府依法对大学进行行政管理、行政干预和施加影响的时候，大学必须服从这种行政管理和干预，这时政府与大学之间的关系体现为管理与被管理的关系。它主要以权力服从为基本原则……关系是不对等的，政府作为关系的一方，占据着重要的地位。"[3]

由此可见，我国当前的高校自主管理仍然处于严格的行政规制之下，强调国家通过行政主管机构教育部以及各级教育委员会对高校进行的管理和规制。高校内部学生申诉制度是高校自主管理的重要内容，同样不可避免地受制于国家的行政规制。如前所述，该制度并非高校自治的自发产物，而是教育部为适应新的社会发展与变化，通过规范性法律文件加以确立，并自上而下在全国高校内广泛推行的。这种现实反映出，一方面，我国大学的自主管理本身是自上而下地通过国家规制和体制改革逐步建立的，其权限和边界由国家控制，但正在不断扩大；另一方面，这种自主管理自始就与校园治理的需要以及行政主管部门对高校的规制密不可分，自主管理与行政管理的关系和界限在很长一个发展时期内都将是十分模糊的。因此，校方与学生及其他校园主体对校内学生申诉制度的自治功能和意义缺少明确的认知。

在调研过程中，受访者们都毫不犹豫且理所当然地承认校内学生申诉制度的设立与运行是贯彻落实教育部《第21号令》的要求和结果，高校必须服从教育部的管理。教育部要求"各地教育行政部门、高校要高度重视，认真

[1] 陈永明、朱浩、李昱辉：《大学理念、组织与人事》，中国人民大学出版社2007年版，第19页。
[2] 周光礼：《教育与法律——中国教育关系的变革》，社会科学文献出版社2005年版，第25—26、29页。
[3] 唐振平：《中国当代大学自治管理体制研究》，国防科技大学出版社2006年版，第49—50页。

组织学习实施；所有高校都要正确理解把握规定的精神和要求。系统清理以往规定，全面修订、完善新的学校学生管理规章制度；要逐级举办培训班，高校学生管理队伍要参加系统培训，提高科学管理、依法管理、服务管理的意识和水平；各级教育行政管理部门要准确履行职责，切实加强对本地区高校学生管理工作的指导和督促。"[1]

　　但是，《第21号令》对高校内部学生申诉制度的规定都是原则性的，如学校应当设立学生申诉处理委员会，明确学生提起申诉的期限、申诉受理的事项、期限等，却没有规定具体操作方面的内容，如申诉处理委员会应当设置在高校的哪个机构、人员构成情况、具体组成人员的人数和比例、申诉处理委员会会议的方式、申诉处理结果的产生方式、送达方式等。可见，国家规制仅限于总体性的原则控制，行政主管部门通常会把该制度的落实与实施放权给各高校，由其根据本校实际情况进行操作。笔者调研的16所高校均按照教育部《第21号令》的要求建立了校内学生申诉制度，但具体的机构设置、人员构成、程序安排都是由本校具体负责人员根据自己的认知与理解，结合本校的具体情况进行操作的，因此，具体运行情况会有差别，受理案件的数量、种类及处理结果也会有差别。正是通过对高校内部学生申诉制度运行的实践进行调研，一方面，反映出国家规制与高校自主管理间的微妙关系；但另一方面，教育行政机构不仅会通过对该制度实施的情况进行监督加以规制，更重要的是可以通过此后的复议程序对其合法性进行程序和实体两方面的具体制约。

---

[1] 教育部2005年第4次新闻发布会：《育人为本，新〈普通高校学生管理规定〉颁布》。

# 第二章
# 荷兰高校内部学生申诉制度

由于本书着重研究的是学生与学校间因入学、退学或其他违规违纪处分问题而引发的纠纷，而此类特定纠纷的制度性解决途径在荷兰高校内部也主要体现为学生申诉制度，其受理纠纷的类型主要涉及因入学、考试有关的决定而引发的学生与学校间的纠纷。关于荷兰高校内部学生申诉制度的设立与运行，首先是由国家法律加以明确规定，然后高校根据法律规定制定适用本校具体情况的规则和制度。在实践中，荷兰还设置了非正式的纠纷解决方式并予以鼓励和推荐，使得校内学生申诉制度的运行及其功能呈现出多种样态。

本章以荷兰研究型高校[1]——格罗宁根大学[2]为研究样本，在了解相关法律规定以及学校内部规定的基础上，主要通过实证调研的方法，描述了荷兰高校内部学生申诉制度的设立、目的、实施及其效果，以便读者能够深入了解该制度在实践中运行及其功能的多样性。

---

[1] 本书的研究侧重比较研究方法，因此，选择英美法系国家的美国与大陆法系国家的荷兰为研究样本。本章主要介绍荷兰高校的情况。荷兰高校分为两大类：一类为研究型高校（U类）；另一类为应用技术型高校（H类）。两类高校的办学目的与教学重点均有差异，前者侧重学术研究、知识的传授，后者侧重职业技能的培训与规划。参见 Ben Jongbloed, Maarja Soo:《国家报告：荷兰》，高等教育政策研究中心。

[2] 本书仅以荷兰U类高校为研究样本，因为笔者曾在格罗宁根大学访学，可以对此类高校内部学生制度的设立、实施及其效果进行实地调查与研究。荷兰共有13所研究型高校，均为公立高校，基本结构设置与经费来源基本相同，因此，以格罗宁根大学为研究样本具有一定的代表性。

# 第一节　高校内部学生申诉
制度的相关规定

荷兰高校内部学生申诉制度的相关规定主要体现在《高等教育与研究法案》及各高校的具体规定中，包括申诉的提出、受理、适用程序、处理结果等内容。另外，有些关于处理申诉事项的程序性规定还体现在《普通行政法案》中。格罗宁根大学根据两部法案及自身情况制定了该校相关规定。

## 一、《高等教育与研究法案》和《普通行政法案》的相关规定

《高等教育与研究法案》（Higher Education and Research Act，荷兰文缩写为WHW，以下简称WHW）是荷兰教育部于1993年颁布并适用于荷兰境内所有高校的法案。其中关于校内学生申诉制度的规定主要集中于第7.59、7.60、7.61和7.62部分。有些处理申诉事项的程序规定主要集中于《普通行政法案》（General Administrative Law Act,荷兰文缩写为AWB，以下简称AWB）中第7.3部分。

### （一）申诉的提出

如果学生对校方作出的决定有异议，则应当在决定作出之日起6周内提出书面申诉。[1]

### （二）受理机构

高校应当设置便于学生接近的机构，处理学生提出的针对高等教育机构作出的决定而进行的申诉。此类机构将确认申诉的相关当事人，并尽快将材料转给有权处理的机构。[2]

每个高等院校均需设置申诉委员会。申诉委员会由3—5名委员组成，替补成员不能超过正式成员的人数。委员会主席、副主席以及其他由高校委员会任命的成员和替补成员任期3—5年。学生成员的任期1—2年。成员和替补

---

[1] WHW第7.59a第4款规定。
[2] WHW第7.59a第1、2、5款规定。

成员不是校方行政机构或监察机构的组成人员。除了主席团成员外，至少一半成员应当由教师，特别是学术委员会成员组成。委员会主席、副主席必须满足司法人员的任用条件，即《司法人员法案》第5条的规定。委员会所有成员均可自愿请求辞去职务。如果成员年龄达到70周岁，则可自动解除职务。如果成员生病不能胜任或被处刑罚，也可解除其职务。[1]

（三）受理事项

申诉委员会有权处理学生基于下列决定而提出的申诉事项：[2]

　　a. 与学分有关的决定，即学生是否通过最后的考试；

　　b. 是否允许学生免考的决定；

　　c. 是否允许学生参加考试的决定；

　　d. 学生能否参加补考的决定；

　　e. 主考人员的决定；

　　f. 考试委员会的决定；

　　g. 是否允许学生参与培训的决定。

可见，申诉受理的事项绝大多数都是高校作出的与考试有关的决定。

（四）适用程序

处理校内申诉事项的程序既体现在《高等教育与研究法案》中，也体现在《普通行政法案》中。只是前者规定较为粗略，后者规定更为详细。

1.《高等教育与研究法案》中处理申诉事项的程序

（1）和解前置。申诉委员会在接到申诉事项后，将申诉转交至争议决定的作出机构或人员，使其与利害关系人进行沟通，双方是否能够达成和解。如果引起申诉的争议决定是由主考人员作出的，则应将争议转至考试委员会处理。如果主考人员为考试委员会成员之一，则不得参与和解过程。相关机构应在3个星期内向申诉委员会提交关于商讨结果的材料。如果不能达成和解，则由申诉委员会对申诉进行处理。[3]

（2）申诉委员会会处理。申诉委员会应在申诉提交之日起10个星期内处

---

[1] WHW第7.60条第1、2、4、5、6款规定。

[2] WHW第7.61条第1款规定。

[3] WHW第7.61条第3款规定。

理申诉案件。[1]

申诉委员会应当制定程序性规则处理申诉案件：

a. 申诉委员会的规模及构成；

b. 如果有必要，可以设置多个不同的小组，负责不同的工作；

c. 申诉委员会的成员和替补成员的选任；

d. 申诉委员会的成员和替补成员的任期；

e. 免于适用该程序的情况；

f. 申诉委员会秘书选任的方式；

g. 申诉委员会主席的替代。

程序的制定与修改应当经由组织的同意。[2]

由上可知，《高等教育与研究法案》中关于处理申诉事项的程序性规定比较粗略，更为详细、具体的申诉委员会处理程序参见《普通行政法案》第7.3部分的规定。

2.《普通行政法案》中处理申诉事项的程序

《普通行政法案》中关于申诉事项的程序性规定侧重于申诉委员会处理程序，主要体现在以下方面：

（1）给予当事人听证的机会。申诉受理机构处理申诉事项前应当给予当事人听证的机会，并通知申诉申请人、作出决定的行政机构和陈述观点的当事人（AWB第7、16条）。如果存在下列情况，则无须召开听证会：（a）申诉被明确驳回，或者；（b）申诉申请没有明确的理由，或者；（c）当事人声明其放弃听证权（AWB第7、17条）。

（2）听证会材料的提交、保存与查阅。当事人可以在听证会召开前10日提交其他材料。申诉受理机构应当保存申诉通知和其他所有与申诉事项有关的材料，便于当事人在听证会召开前至少一个星期内查看。参加听证会的通知应当提醒当事人提交材料并告知查阅材料的时间和地点。当事人可以免费获得这些材料的复印件。另外，只要当事人同意，可以禁止查阅材料，或者根据当事人的申请或其他原因，只要有充分的理由需要保密，申诉受理机构也可以限制查阅材料（AWB第7、18）。

---

[1] WHW第7.61条第4款规定。

[2] WHW第7.62条规定。

（3）听证会的召开。听证会应当由申诉受理机构安排，但其具体活动可以参照议会法案的准则，由咨询委员会负责。咨询委员会由1名或多名成员组成，且不能在申诉受理机构任职或受雇于申诉受理机构。听证会应当公开进行，除非因当事人的申请或有其他充足的理由，申诉受理机构决定秘密进行（AWB第7、19条）。

（4）当事人的出席。当事人应当轮流出席听证会。根据行政机构的要求，或者其他方面的要求，如果共同参加听证会将导致程序方面有失偏颇或者导致应当保密的事实或文件将被泄露，那么，当事人可以分别参加听证会。如果当事人分别参加听证会，则应告知其未参加部分的听证会内容。因当事人请求或其他确需保密的原因，申诉受理机构也可以限制告知其未参加部分的听证会内容（AWB第7、20条）。

听证会应当有记录（AWB第7、21条）。

（5）证人和专家的出席。应当事人请求，证人和专家可以出席听证会，费用应由当事人自行负担（AWB第7、22条）。

（五）处理结果

如果申诉委员会认为申诉理由成立，可以宣布有争议的决定全部或部分无效。申诉委员会的处理决定是一项新的决定，原争议决定作出机构必须据此对争议事项重新作出决定。[1]

如果学生对申诉委员会做出的决定仍有异议，可以在收到决定之日起6周内向设在海牙的高等教育申诉特别法庭（Higher Education Appeal Tribunal in Hague，荷兰文缩写为CBHO，以下简称CBHO）提出申诉，但是，对特别法庭的决定仍有异议则不能再申诉。[2]CBHO对高校学生而言是高等教育领域的司法机构，其主要职能就是受理个人因对高校申诉委员会的决定不满而提出的申诉案件。CBHO对申诉案件的处理结果体现在三个方面：[3] ① 不受理申诉，即申诉不符程序要求，CBHO不予受理。② 申诉有效，即撤销或部分撤销高校申诉委员会的决定。如果学生提出赔偿，则要求高校对其造成的损失予以赔偿。CBHO可以就撤销原决定的结果进行安排，即可以要求高

---

[1] WHW第7.61条第5款规定：AWB第7、25条也有如此规定。
[2] WHW第7.66条第1款规定。
[3] ABW第8.2.6部分的规定。

校重新作出决定，也可以自己作出新决定。③ 申诉不成立，即支持高校申诉委员会的决定，认为其有充足理由。关于CBHO的成员构成与任命、工作程序、费用等内容可见于WHW第7.64—7.67条的规则和其他官方文件。[1]

## 二、格罗宁根大学的相关规定

格罗宁根大学关于学生申诉制度的规定，是依照荷兰《高等教育和研究法案》和《普通行政法案》而制定的，[2]既体现在校方制定且适用于全体学生的《学生章程》中，也体现在校方主管部门制定且适用于所有学院的相关规定，以及由二级学院制定并仅适用于本院学生的相关规定中，逐级实施，层层细化。

（一）《学生章程》中关于学生申诉制度的规定

根据WHW的规定，高校应当制定行政管理规则以处理学生申诉事项。[3]格罗宁根大学关于学生申诉制度的规定首先体现在《学生章程》中。《学生章程》（Student Charter）是基于国家法律，特别是《高等教育和研究法案》（WHW第7.59条[4]）而制定的，适用于格罗宁根大学的补充性规章，规定了学生与高校双方的总体权利和义务，[5]其中包括学生申诉权利方面的规定。

1. 申诉的提出

学生申诉权利属于学生的法律权利，是WHW对高校学生权利的保护。学生有权对学校基于《学生章程》形成的决定提出申诉，但要在争议决定公

---

[1] 关于CBHO工作的具体程序性规定，可参见CBHO公共信息交流部门于2010年发布的《高等教育申诉特别法庭手册》（Appeals to Higher Education Appeals Tribunal）。手册是根据公共信息交流部门在实践中遇到的问题和积累的经验而制定的，主要涉及申请人是否能够提出申诉、如何提起申诉（包括提出申诉的时间和所需材料等）以及提出申诉后的程序（包括听证程序以及作出裁决的程序等）与信息等内容，具有很强的指导性与操作性。

[2] 这不仅体现在WHW和AWB的规定中，而且在笔者实地调研的过程中，无论是格罗宁根大学的学生申诉事项主管机构人员，还是二级学院的负责处理学生申诉事务的人员都提及他们的具体规定是参照WHW和AWB而制定的。

[3] WHW第7.59a第1款规定。

[4] WHW第7.59条第1、5款规定：高校委员会负责制定并公布《学生章程》，其中包括学生的权利和义务、保护学生的权利、处理学生提出的抱怨和纠纷的程序以及处理纠纷过程中学生参与、申诉的程序，还有其他保护学生免受行政管理妨碍的程序等。

[5] 参见http：//www.rug.nl/studenten/regelingen/studentenstatuut/2012-2013/index。

布之日起的6周内提出。[1]

2. 受理机构

如果学生不同意学校的决定，可以向学生权利法律保护中心（Central Portal for the Legal Protection of Student Rights，CLRS[2]）进行申诉，CLRS将申诉转交至考试申诉委员会（the Board of Appeal for Examinations，CBE）进行受理。[3]

考试申诉委员会是高校的独立机构，负责受理学生提出的关于特定事项的申诉。学生如果不同意二级学院主考人员、考试委员会[4]或入学委员会[5]根据WHW第7.60条作出的书面决定，可以向CLRS提出申诉。CLRS确保将学生的申诉转交到考试申诉委员会进行处理。[6]

3. 受理事项

考试申诉委员会（以下简称CBE）受理申诉的事项在WHW法案第7.61条中已有规定，但具体到格罗宁根大学，与WHW法案规定略有不同，主要受理学生对以下几方面决定提出的申诉：[7]

a. 考试分数和最终评估的分数；

b. 参加考试的资格；

c. 参加学位项目的资格；

d. 对参加学术讨论会资格的评审；

e. 对免除考试的审核。

---

[1] 参见http://www.rug.nl/studenten/regelingen/studentenstatuut/2012—2013/rechtsbescherming/index。

[2] CLRS是格罗宁根大学设置的学生权利保护中心，学生有任何问题都可以向中心人员咨询或反映，非常便利。

[3] 参见http://www.rug.nl/studenten/regelingen/studentenstatuut/2012—2013/rechtsbescherming/cbe。

[4] WHW第7.12条规定：考试委员会负责每一个学位项目以及组织、协调与考试相关的事务。格罗宁根大学下设的9个二级学院均根据WHW规定设立考试委员会，具体负责学院内部与考试相关的组织与协调工作，如任命主考人员负责考试题目、评价学生是否具备考试资格、制定规则以维持考试秩序并作出相关决定、设立教育项目及相关课程并对申请者进行审批等。另外，如果学生考试作弊，考试委员会有权剥夺其参加考试的资格，时间最长为一年。参见《学生章程》中关于"考试委员会"的规定。

[5] 格罗宁根大学9个二级学院还设立了入学委员会，负责审查本科或硕士的入学申请。如果学生符合条件，则同意其参加本科或硕士学习项目，否则，将予以拒绝。

[6] 参见http://www.rug.nl/bureau/expertisecentra/abjz/cbe/index?lang=en。

[7] 参见http://www.rug.nl/bureau/expertisecentra/abjz/cbe/index?lang=en。

4. 适用程序

申诉学生必须在有争议的决定公布之日起的6周内提出书面申诉。延期提出的申诉，如果没有正当理由，考试申诉委员会（CBE）将不予受理。

CBE受理申诉后不会立刻进入听证程序，而是将申诉事项转交至作出决定或拒绝作出决定的机构。该机构必须首先努力与当事学生达成协议（和解），并在3周内将此程序的结果立即通知CBE。只有当无法达成协议进行和解时，CBE才会启动申诉程序，安排听证。[1]听证程序依照WHW第7.61部分以及AWB第7.3部分的规定进行。

5. 处理结果[2]

CBE应当在提出申诉期限届满后的10周内进行申诉程序。申诉审查的结果有以下三种：

a. 不受理申诉：CBE不会就申诉问题进行裁决，例如已经超过申诉期限；

b. 申诉没有事实根据：决定或拒绝作出的决定是不存在的；

c. 申诉有效：决定将被取消。涉事机构可以在遵守CBE决定的基础上作出决定或作出一个新的决定。CBE可以设定作出决定的时间。另外，在CBE规定的情况下，考试、最终评定、入学考试或者额外的调查必须重新进行。

如果学生对CBE作出的最终决定仍有异议，可以在收到决定之日起的6周内向海牙高等教育申诉特别法庭（CBHO）提出申诉，但要支付特别法庭的注册费用。[3]

（二）校方主管部门关于学生申诉制度的规定

格罗宁根大学主管学生申诉事务的部门主要是学生权利法律保护中心（CLRS）和考试申诉委员会（CBE）。CLRS是受理学生申诉事务的部门，并不处理具体的学生申诉事务，只是将受理的学生申诉事项转交至CBE，因此，不制定具体的规则。CBE是校方负责处理学生申诉事务的主管部门，由

---

[1] 参见http：//www.rug.nl/studenten/regelingen/studentenstatuut/2012–2013/rechtsbescherming/cbe。

[2] 参见http：//www.rug.nl/studenten/regelingen/studentenstatuut/2012–2013/rechtsbescherming/cbe。

[3] 参见http：//www.rug.nl/studenten/regelingen/studentenstatuut/2012–2013/rechtsbescherming/cbho。

其制定学生申诉的相关规定，主要涉及申诉处理的程序问题，即《格罗宁根大学考试申诉委员会程序规则》。这些规则是在参照WHW第7.60、7.61部分以及AWB第7.3部分的基础上制定的，但比法律规定更详细和具体，操作性更强，便于在格罗宁根大学适用。有些内容与《学生章程》重合，但更侧重于细节方面的程序性规定。

1. 申诉委员会人员构成

委员会一般由14名成员组成，例如：

9名成员由教师组成，分别来自不同学院；4名成员由学生组成，分别来自上述学院；1名成员为主席，不是学校人员，必须满足地方法院法官的任职资格并隶属于司法部。

学校董事会任命其中至少一名成员为副主席。他必须满足地方法院法官的任职资格。学校董事会、学院委员会的成员与监察员不能成为申诉委员会的成员或副主席。申诉委员会成员及董事会任命的替补成员任期3年，学生成员任期为1年。

申诉委员会一般会任命一位秘书，在主席指导下工作。应主席要求并由学校董事会与主席商讨后，可以任命1位或多位副秘书。秘书和副秘书应当符合地方法院法官的任职资格。

应主席和秘书的要求并与之商讨后，可以任命1名或多名办公室工作人员。

2. 受理申诉的事项

此处规定受理申诉事项的范围与WHW第7.61条的规定几乎一致，即与学分有关的决定以及是否通过最后的考试的决定；是否免考的决定；是否允许学生参加考试的决定；是否允许学生进行补充研究的决定；主考人员的决定；考试委员会的决定；是否允许学生参加培训课程的决定。

3. 申诉的提出与驳回

当事人可以基于正当理由提出申诉，也可以针对违反法律的决定提出申诉，但应当在相关决定公布之日或拒绝接受相关决定之日起的6周内提出。超过6周提出申诉且无正当理由的，申诉不予受理。

当事人应当向学生法权利律保护中心（CLRS）提出申诉。如若在申诉期限内向主考人员或其他校方机构提出申诉的，一般不予受理。

当事人应当提出书面申诉，申诉申请书应当签名并包括下列内容：

a. 申请人姓名、地址、住址；

b. 申诉日期；

c. 明确描述引起申诉的决定内容，如果可能的话提交关于决定的复印件，或者描述申诉所针对的决定的内容并明确说明申诉申请人的观点；

d. 申诉的理由。

申诉委员会主席应当在秘书的协助下审查申诉申请是否符合程序性规则。如果主席认为申诉申请书不符合上述规定要求，秘书应当立即通知申诉申请人，说明缺漏之处并要求其在指定期限内予以补充或修正，否则，暂停计算申诉处理的期限。

4. 和解

如果申诉针对的是学院作出的决定，申诉委员会秘书将代表主席，根据WHW第7.61部分的规定，向学院考试委员会主席发出通知，要求相关机构与当事人进行协商，是否能够就纠纷达成和解。如果申诉直接针对的是主考人员作出的决定，则要求考试委员会迅速处理，是否能促成双方和解。如果申诉针对的主考人员是考试委员会成员，则不能参与评议过程。

要求和解的通知应当包括具体要求，秘书应当确保该通知立即送达申诉申请人。和解的期限为3周，并提交和解的结果与相关文件资料。

如果不存在和解的可能，考试委员会主席应当自收到和解要求通知之日起的3周内要求相关机构或主考人员说明情况。秘书应当确保将情况说明的复印件送达申诉申请人。

申诉委员会主席认为如果有必要了解相关材料，相关机构、人员以及主考人员应当予以配合。

如果进行和解的意图无效或者将严重损害申诉申请人利益，申诉委员会主席可以决定停止和解，并说明原因。

5. 申诉的简单处理

下列情况，无须召开听证会：

a. 申诉没有正当理由；

b. 申诉不予受理；

c. 当事人放弃听证权利。

6. 听证会的准备

如果无法达成和解，申诉委员会主席将与两名成员组成议事小组（听证小组）共同审查申诉案件。对于复杂案件，主席将与4名成员组成议事小组（听证小组）共同审查申诉案件。在每个案件中，都必须有学生成员参与审查。主席缺席，应由副主席代替履职。如果由主席任命的成员无法参加审查，则由主席另选他人代为参加。秘书应当将上述人员构成情况立即通知当事人。

任何一方当事人基于事实或材料，认为议事小组（听证小组）组成人员可能作出不公正的裁决，可以自接到听证会通知后3日内提出质疑或者要求更换组成人员。其他委员会成员应尽快决定是否接受质疑或更换成员。如果需要，还可以通过投票方式进行决定。如果决定接受质疑或更换组成人员，则由申诉委员会主席选任其他成员。如果质疑申诉委员会主席或者要求更换主席，则由副主席替代。

组建议事小组（听证小组）后，主席将立即决定对申诉案件开始进行初步调查，秘书全程协助工作。

申诉委员会在初步调查期间，可以从事下列活动：

a. 为初步了解情况，要求一方或双方当事人进一步提供信息；

b. 可以要求双方当事人在指定期限内提供书面信息；

c. 可以要求专家提供意见；也可以要求专家提供书面的专业意见或报告；

d. 如果当事人一方为机构或其他组织，可以要求其进一步提供书面信息。

申诉委员会当然可以或应当事人请求，要求受到纠纷直接影响的第三方当事人参与申诉程序，并予以通知。任何有利害关系的当事人均可向申诉委员会请求介入或加入一方当事人。如果申诉委员会批准其请求，则申请人可被视为一方当事人。申诉委员会可以决定合并审查案件或分别审查案件。

一旦申诉委员会认为通过初步调查掌握的事实已经足够解决问题并且决定有必要告知这些事实信息，主席即可决定听证会的召开时间和地点。秘书应当在听证会召开前10日立即通知所有与会的当事人。

听证会召开前10日，当事人可以提交更多的信息。秘书应当确保将一方当事人提供的任何新信息的复印件送达另一方当事人。

所有与程序有关的资料均须存放在申诉委员会秘书处至少一个星期以供所有人查阅。秘书在听证会上将资料提供给当事人。经任何一方当事人请求，主席可以决定将非常个人化的信息仅提供给当事人查阅，因为这些信息需要保密。

7. 听证会的召开

听证会应当公开进行。在特殊的案件中，出于重要原因的考虑，可以全部或部分地秘密进行。在不违反既有规则的前提下，主席有权最终决定听证会召开与进行的方式。

主席宣布听证会的召开、结束，并主持听证会的进行。主席应当确保听证会能够正确、有效地处理事务，直至作出决定。秘书应当全程记录程序的进行。

在听证会召开期间，各方当事人在主席允许的情况下有机会陈述自己的观点，并可以通过主席向对方提问。当事人在听证会期间可以改变申诉的内容、观点、理由，除非听证小组认为这种改变对另一方当事人明显不利。当事人参加听证会时可以聘请律师或顾问，以代替当事人（提问或回答）。申诉委员会当然可以应当事人请求，要求证人和专家出席听证会。

如果一方当事人已被通知参加听证会，但却未出席听证会，或者双方均未出席听证会，听证会依然可以继续进行。如果听证小组成员无法全部出席听证会，则听证会无法召开。主席将决定推迟至其他时间召开。秘书应当尽快通知当事人另行召开的时间。

申诉委员会当然可以或应任何一方当事人请求，延长、暂停处理期限或者由主席决定在另一特殊时间进行。如果主席决定暂停会议至某一特定时间再召开，秘书应尽快通知当事人召开时间。

在作出处理决定前，如果听证会结果显示调查不充分，则申诉委员会可以决定延长听证会期限，可以引导当事人提供相关证据。如果延长听证会期限，秘书应尽快通知当事人具体时间。

听证会期间，听证小组的正式书面文件要提交给申诉委员会和双方当事人，因此这些文件及文件中载明的各方观点和态度均可能被知晓。

8. 决定的做出

在听证会结束前，主席应宣告作出决定的时间。决定应当自听证会结束后的两周内作出，即在接到申诉之日起10周内作出。申诉委员会最多可将这段期限延长4周。秘书应确保及时通知当事人。

听证小组应秘密讨论并作出决定。听证小组的决定只能基于这样一些资料，即可供查阅并在听证会上出示的材料，或者双方当事人提供的对对方不利的材料以及听证小组在听证会期间形成的正式书面材料。在所有案件中，听证小组成员应在主席主持下各自发表意见，从最年轻的成员开始，主席最后发表意见，然后投票作出决定。秘书将听证小组成员的观点和态度转达给申诉委员会成员。

如果申诉委员会认为申诉理由充分，则全部或部分撤销引起申诉的原决定。做出原决定的机构或主考人员有必要在限定期限内依据申诉委员会的决定重新作出决定。

申诉委员会的决定要注明日期且包括以下内容：

a. 当事人的姓名和住址以及律师的姓名；

b. 做出决定的理由；

c. 决定的内容，和；

d. 申诉委员会成员的姓名。

申诉委员会主席和秘书应当签署声明，如果当事人对申诉处理决定有异议，可以再次提出申诉。

处理决定应当复印后送达双方当事人、学院院长、学院考试委员会、学院董事会以及利害关系人。秘书应当确保申诉委员会签署的声明以及相关文件在申诉委员会档案室存档。

（三）二级学院关于学生申诉制度的规定

格罗宁根大学下设9个二级学院，每个学院均根据学院情况、专业特点等制定相应的学生规则，适用于本学院的特殊情况，其中包括申诉制度方面的规定。关于学生申诉的提出、申诉受理机构、处理程序等方面的规定都比较简单、粗略，因为详细的规定均已体现在法律和学校的规则中。但是，关于受理申诉的事项范围则规定得比较详细、具体，一般都体现本学院的特点，便于在学院内部具体操作和有效实行。

本书以格罗宁根大学法学院[1]为例予以说明。法学院根据自身情况制定《格罗宁根大学法学院本科与硕士学习项目学习与信息导览》，为每位学生提

---

[1] 法学院拥有400多年的历史，目前在荷兰所有法学院中排名第3，能够提供高水平的国际教育与研究，是现代国际化的法学院。法学院有3700多名学生和将近350名教职员工，是格罗宁根大学较大的学院之一。参见http：//www.rug.nl/rechten/。

供必要且详细的信息。

1. 申诉程序

关于学生申诉程序方面的规定非常简单，即学生如果因为教育性事务即对主考人员或考试委员会的决定有异议，可以向学校的考试申诉委员会提出申诉，此项规定的目的在于处理学生对于学院职员不遵守学院安排、不履行合同规定的标准、不礼貌对待学生等行为产生的不满，具体程序可以参照《学生章程》中的相关规定。[1]

2. 申诉事项

关于受理申诉事项范围的规定却相对详细、具体得多，即主考人员或考试委员会或入学委员会的决定涉及以下方面的，[2]学生均可申诉：

（1）学生入学的决定。学生入学的决定，即入学委员会有权决定是否批准学生要求进入本科或硕士学习项目进行学习的申请；入学委员会负责对申请人的知识和技能进行评定，判断其是否具备入学条件。委员会由5名学术成员组成，其中1名为主席，均由学院董事会任命。委员会可以依据申请人提交的书面材料进行评定，也可以请校内或校外专家对申请人的知识和技能进行验证。[3]

（2）学生参加课程学习及课程成绩的决定。学生参加课程学习的决定，即考试委员会有权决定是否批准学生参加某课程学习的申请；课程成绩的决定，即主考人员对学生某课程成绩的评定结果；主考人员有权决定学生的考试成绩并尽快予以书面通知。书面通知中应明确学生查阅试卷和提出申诉的权利，即主考人员应当在笔试成绩公布后一周内或补考前4个工作日将考试答案告知学生，并允许学生在指定地点查阅考卷和讨论成绩。如果学生不同意主考人员对其成绩的评定，可以向考试申诉委员会提出申诉。[4]

（3）免考或不允许参加考试的决定。免考的决定，即学生提出免考申请，

[1] 参见《格罗宁根大学法学院本科与硕士学习项目学习与信息导览（2011—2012）》，第127、129页。此信息导览每个法学院本科生和硕士生都有一份，或者在法学院的网站上也可以查询。
[2] 参见《格罗宁根大学法学院本科与硕士学习项目学习与信息导览（2011—2012）》，第29、30、73、74、77、78、80、81、100页。
[3] 参见《格罗宁根大学法学院本科与硕士学习项目学习与信息导览（2011—2012）》，第100页。
[4] 参见《格罗宁根大学法学院本科与硕士学习项目学习与信息导览（2011—2012）》，第77、78页。另外，《高等教育与研究法案》第7.11条也有相关规定。

并且获得主考人员的同意，则考试委员会可以审查其是否符合免考条件并做出决定；不允许学生参加考试的决定，即学生不符合考试规则的要求，主考人员可以取消其参加考试的资格；学生如果在开考后半个小时以后到达考场或开考后不足半个小时离开考场、未携带注册证明文件，或者具备其他破坏考试规则的行为，主考人员有权取消其考试资格。学生可以向考试委员会申诉，如果对考试委员会的决定仍不满意，可以向考试申诉委员会提出申诉。[1]

（4）考试作弊的决定。学生考试作弊的决定，即学生在考试期间被怀疑或被认定有作弊行为，考试委员会将给予休学一年的处分决定；考试作弊是学生部分或全部阻碍学院对其知识、观点和技能进行正确评定的作为与不作为。如果在考试期间学生作弊，主考人员或监考人员有权将其驱逐出考场。主考人员将及时向考试委员会递交一份完整的关于学生被认定或被怀疑作弊的报告，并附带其作弊的资料，同时将复印件送达给学生。学生有权向考试委员会提出异议。如果认定学生在考试期间作弊或在与考试有关的事项上作弊，考试委员会可以取消学生进一步参加同门课程考试的资格，最长时间为一年。但考试委员会作出此项决定之前，必须听取学生和主考人员或监考人员的意见或者至少给予双方听证的机会。[2]

（5）一门课程额外考试次数的决定。一门课程额外考试次数的决定，即考试委员会有权决定是否给予学生同一课程额外考试的机会；每门课程每学年均有两次考试机会，即初始考试和补考。如果学生两次考试均未通过，原则上，同一学年不可能再通过这门课程的考试。考试委员会在同一学年很少会给学生同一门课程额外的考试机会（第三次考试机会）。因此，学术委员会成员不会批准学生要求额外参加考试的申请。[3]

（6）特殊考试形式与成绩公布的决定。特殊考试形式与成绩公布的决定，即考试委员会有权决定以特殊方式进行考试并公布成绩；考试一般分为笔试和口试两种，并于考试结束后特定期限内公布考试成绩。如果考试采取非笔试或口试的方式，则考试委员会有权决定以何种方式进行考试以及学生在何时能够收到书面考试成绩单。书面成绩单告知学生如何以及何时查阅考卷和

---

[1] 参见《格罗宁根大学法学院本科与硕士学习项目学习与信息导览（2011—2012）》，第30页。
[2] 参见《格罗宁根大学法学院本科与硕士学习项目学习与信息导览（2011—2012）》，第32—33页。
[3] 参见《格罗宁根大学法学院本科与硕士学习项目学习与信息导览（2011—2012）》，第29页。

成绩，以及针对结果向考试申诉委员会进行申诉的权利。[1]

（7）学生进入下一学年学习的决定。学生进入下一学年学习的决定，即考试委员会审查学生是否通过第一学年或第二学年的考试并具有足够的学分，据此决定其是否能够进行第二学年或第三学年的学习；学生成绩的最终评价，即学生是否最终通过所有考试；学位的授予，即如果学生成绩的最终评价为合格，则考试委员会必须授予其相应学位等。

综上可知，关于荷兰高校内部学生申诉制度，首先是由国家法律加以明确规定，包括学生提出申诉的权利、申诉的时间、受理申诉的机构及其构成、受理申诉的范围、处理申诉的程序以及处理结果等多个方面；其次是各个高校根据法律规定并结合本校情况制定更加细化的具体规定，便于在本校内部适用与执行；最后由高校下设的二级学院根据上述规定制定适合本院具体情况的规定。

（四）特别规定

特别规定，此处指通过非正式途径解决学生与学校间特定类型纠纷的规定。这类规定没有体现在法律中，但是，荷兰高校在制定本校具体规则时，鼓励学生通过非正式[2]的途径来处理纠纷，即通过与引发纠纷的人员进行协商与沟通来解决问题。这一点需要特别加以注意。

1. 学校的特别规定

格罗宁根大学在其网站上为学生提供各种"实用信息"，其中一部分内容为"法律保护、规章与规则"，开篇即为"程序的开始"，明确推荐学生通过"非正式途径"解决与校方的纠纷。[3]

如果学生有不满或不同意学校作出的决定，可以采取多种方式予以解决：

正式途径，即学生可以直接采取正式途径向学生权利法律保护中心（CLRS）提出申诉；

非正式途径，推荐通过这种方式解决纠纷，即学生与引起纠纷的人

[1] 参见《格罗宁根大学法学院本科与硕士学习项目学习与信息导览（2011—2012）》，第33页。
[2] 此处关于解决纠纷的正式途径与非正式途径的区分，没有严格意义上的科学界定，只是格罗宁根大学的规则中对两类纠纷解决方式所做的简单区分。
[3] 参见http：//www.rug.nl/education/laws-regulations-complaints/。

员（校方人员）进行简单的沟通，尽力找到令人满意的解决方案，毕竟学生是要尽快解决纠纷，而通过官方的正式途径解决纠纷将花费很长时间。如果学生与引起纠纷的人员之间的关系或环境影响你们之间进行非正式的对话，学生可以向学生辅导员或学生服务中心（Student Service Centre，SSC）的顾问进行咨询。

2. 二级学院的特别规定

格罗宁根大学的二级学院在解决此类特定纠纷的过程中，也有特殊的规定，即推荐学生通过非正式途径解决纠纷。此处仍以法学院为例加以说明。法学院规定：如果学生有纠纷，解决的程序分为三步，前两步为非正式途径，最后一步为正式途径。具体规定如下：[1]

第一步，原则上学生应与引发纠纷的人员（可能是教师、秘书处或学院服务部门的人员）进行协商。

第二步，如果学生认为协商结果并不令人满意或者对协商解决纠纷没有信心，可以向学院董事会的学生辅导员提出意见。纠纷将被秘密处理。受理纠纷的学生辅导员将尽力与学生共同解决问题。如果学生辅导员认为有必要，可以在征求学生同意后将纠纷上报给学院的教学负责人——如果纠纷涉及教学负责人，则上报给学院董事会。

第三步，如果学生认为非正式途径解决纠纷的结果仍然不令人满意，可以通过正式途径加以解决，即向教学负责人提交书面表格并签名。如果纠纷涉及教学负责人，则可向学院董事会提交表格。教学负责人或学院董事会在作出决定前给予双方当事人听证的机会，除非双方当事人均表示放弃。教学负责人或学院董事会将在收到纠纷之日起的6周内作出书面决定并送达双方当事人。

由上述规定可知，在正式的纠纷解决途径之外，学校又规定了非正式的纠纷解决途径，强调且鼓励学生通过非正式途径解决其与学校间的纠纷，获得令双方都满意的结果。

---

[1]《格罗宁根大学法学院本科与硕士学习项目学习与信息导览（2011—2012）》，第128页。

## 第二节　高校内部学生申诉制度的运行

上述各种关于学生申诉制度的规定在实践中如何得以运行、发挥哪些作用、解决纠纷的效果如何等均为笔者关注的重点。为此，笔者在格罗宁根大学访学期间注重采取实证调研的方法，对学校主管学生申诉的机构和相关部门与人员、9个二级学院的主管机构与人员[1]以及个别经历此类纠纷的教师与学生进行了深度访谈，在获得相关案例、文件资料的同时了解这些人员对学生申诉事务的真实观点和态度，从而深入掌握并总结学生申诉制度在实践中的运行状况。

### 一、两个典型案例

此处以两个典型案件来说明学生申诉制度在实践中的运行情况。之所以说是典型案例，因为案例一能够说明学校的考试申诉委员会从受理案件到处理案件的过程，且申诉缘由是考试作弊这个在高校较易引发纠纷的问题；案例二不仅局限在考试申诉委员会处理案件的过程，而且展示了解决特定类型纠纷的全过程，从申诉处理前端的非正式途径直至申诉处理程序的全过程。另外，从考试申诉委员会仅有的两份正式报告[2]（2008年和2009年报告）中展示的案件情况[3]来看，均与案例二解决的过程相似。

案例一：[4]2011年12月14日，在数学与自然科学学院的逻辑学考试中，监考教师怀疑申诉人与其同学存在考试作弊的行为，因为他们在试卷第1、3a、3b、3c部分的答案均一样，并上报给学院的考试委员会。12月19日，学院考试委员会与申诉人就考试作弊行为进行沟通，并作出决定，禁止其参加

---

[1] 学校主管机构与人员主要有考试申诉委员会（CBE）秘书、法律部门（ABJZ）主管、学生权利法律保护中心（CLRS）主管、学生服务中心（SSC）的学生辅导员；二级学院主管机构与人员主要是二级学院的学生辅导员、考试委员会秘书、教学负责人等。

[2] 两份正式报告仅能在格罗宁根大学法律事务部的荷兰文网站上查到，没有英文版本。至于为何只有两份年度报告，笔者在调研过程中问及此问题时，相关人员也未给出具有说服力的原因。

[3] 如2009年度报告中说明考试申诉委员会此年度共受理79件案件，但报告中只列出13件典型案件，而这13件典型案件中除1件解决程序略有不同外，其他12件均类似。

[4] 案例一的描述主要是根据考试申诉委员会在其网站上公布的典型案例的报告之一，编号为CBE07-2012。考试申诉委员会一般根据处理案件的时间或案件所涉学院对报告进行编号。

2011—2012学年此门课程的考试和补考，以示惩戒。申诉人于2012年1月19日向学生权利法律保护中心（CLRS）提出申诉。CLRS将之转交至学校的考试申诉委员会（CBE）。CBE于2012年2月13日试图促使双方和解，但未达成和解协议，便于3月23日公开召开听证会，听证小组由主席和两名成员、1名秘书组成，申诉人与被申诉人（考试委员会的主席和秘书）均出席。听证会上，申诉人不否认有作弊行为，也知道考试规则，他与同学一起商量着答题，并且最后一部分试卷内容是他们一起做的，因为他们住得很近且经常在一起学习，但他否认答案是由同学代写的。申诉人认为惩戒决定不公平，因为还有几起考试作弊的案件，处理结果是考试分数为零，而不是在一年内禁止参加考试。被申诉人即学院考试委员会认为，申诉人明知考试过程中禁止合作答题以及由此产生的后果，而且在试卷中可以清楚地看到两份试卷答案几乎一样，错处也一样。作弊行为被发现后，申诉人及其同学均承认作弊。考试委员会还请专家对答案进行鉴定，结果依然为作弊。而其他几起考试作弊的案件，可以证明学生间不是故意合作，而只是通过社交软件"skype"对问题进行讨论，且答案几乎没有相似性。CBE发现，申诉人知道合作答题是被禁止的且惩戒后果是成绩为零或者禁止参加本学年本门课程的考试。鉴于申诉人及其同学合作的程度，CBE认为学院考试委员会作出的惩戒决定是正确的，不违反公平原则，申诉人承认作弊，应当予以严厉处罚。基于上述事实，CBE于2012年4月23日作出最终决定，支持学院考试委员会的决定，申诉不能成立，并在决定的末尾写明，根据《普通行政法案》和《高等教育与研究法案》第7.66条的规定，当事人可以在收到决定之日起的6周内向海牙的高等教育申诉特别法庭（CBHO）提出申诉，并附上了CBHO的地址。

　　案例二：[1]2009年7月，格罗宁根大学法学院1名学生考试不及格，成绩为5分。她对成绩有异议，因为只差0.5分就可以通过考试了。因此，她首先通过电子邮件与任课教师进行沟通，声称自己没有想到未通过考试，并想在

---

[1] 这个案例是一方当事人（法学院1名任课教师）向笔者详细口述其经过，并辅之以案件所有书面材料，包括当事人之间、当事人与学院考试委员会和学校考试申诉委员会之间的电子邮件以及考试申诉委员会的最终决定等。同时，笔者在查阅考试申诉委员会2009年的报告时，也发现了对此案处理的书面报告（编号为CBE Law 56-09 November 24 2009）。因此，对此案的描述是将两者结合起来。与案例一相比，案例二的内容与过程更为详尽和具体。

7月6日前查阅试卷。任课教师同意其要求，约好在办公室查阅试卷并进行讨论。试卷共有7个部分，该生在第4、5部分失分过多。学生查阅试卷后认为她已经完全回答了第4、5部分的问题，应该得到更多的分数，试卷总得分应该在7分左右。但是任课教师认为学生第4部分答对一点儿，而第5部分则完全没有答对，因此拒绝学生加分的要求。7月17日，该名学生向法学院的考试委员会提出书面申诉。暑假结束后，9月16日，法学院考试委员会通过电子邮件询问教师能否在9月24日到考试委员会与学生就此问题进行进一步的沟通。任课教师予以拒绝，认为没有必要，因为两人已经讨论过成绩问题，结论依然是学生未通过考试。学生又写信给法学院考试委员会，声称其已经回答了试卷第4、5部分，应该得到足够的分数。任课教师在回应考试委员会时提交了一份非常详细的评分标准和给分依据，并且仍然坚持认为学生未通过考试。考试委员会在无法促成双方达成一致意见后询问学生是否继续向学校主管部门如考试申诉委员会（CBE）提出申诉，学生选择继续申诉。CBE受理学生申诉后，试图促成双方和解，但终因申诉学生未回复任何信息而无果。CBE确认双方无法达成和解后决定于11月4日召开听证会，并将听证会通知予以公示。当日，双方当事人均出席，且申诉学生邀请其哥哥共同参加听证会，但没有其他人旁听。听证小组由8人组成，分别来自格罗宁根大学法学院、医学院、数学院以及经济与商学院，其中1人为学生成员，另外还有1名秘书在旁边负责记录。听证会进行过程中，有人向双方当事人提问，双方当事人予以回答，而且学生陈述自己的观点，任课教师予以回应并陈述观点。[1]听证会结束后，12月3日，考试申诉委员会作出最终裁决并送达双方当事人。CBE认为，根据WHW7.61的规定，学生有权对违反法律的决定或行为进行申诉，CBE有权对其进行审理，但无权对试卷标准答案的正确性以及学生的答题情况等问题进行实质性审查。虽然不能进行实质审查，但是可以审查主考人员作出决定的程序。基于听证会上获得的资料，CBE认为任课教师在程序上非常认真、仔细，由此给出的分数是合理的，学生的申诉不能成立。

---

[1] 任课教师认为听证会的形式有点类似法庭，听证小组成员坐在桌子后面，而双方当事人坐在桌子前面，且进行的程序也有点类似法庭审理的过程。

## 二、通过申诉制度解决纠纷的过程

上述两个典型案例说明了通过申诉制度解决纠纷的全过程，既包括非正式途径的运用，也包括正式途径的运用，并显示出两者之间的关系。

（一）非正式途径

当事人首先寻求非正式途径解决纠纷，试图与引起争端的另一方当事人进行对话与协商，以尽快解决纠纷。如在案例二中，学生首先选择与主考人员就分数问题时行沟通，尝试解决问题。

（二）正式途径

当非正式途径无法解决纠纷时，当事人转而寻求正式途径——申诉制度解决纠纷。

1. 申诉的受理

格罗宁根大学《学生章程》规定：学生不同意学校的决定，可以向学生权利法律保护中心（CLRS）进行申诉，CLRS将申诉转至考试申诉委员会（CBE）进行处理。

在案例二中，学生与主考人员未能达成和解后，向学校的考试申诉委员会提出正式申诉。而在案例一中，申诉学生未经非正式程序，直接向CLRS提出申诉，认为学院考试委员会对其作出的惩戒决定不合理，由CLRS再将申诉转交到有权处理的机构CBE。

2. 受理申诉后的和解

在申诉事项处理过程中，突出强调和解的重要性，将和解视为申诉听证会的前置必经程序。格罗宁根大学《学生章程》规定：CBE受理申诉后不会立刻进行听证程序，而是将申诉案件转交至作出决定的机构，要求该机构必须首先努力与当事学生达成和解协议。CBE制定的规则中也规定：如果申诉针对的是学院作出的决定，CBE秘书代表主席，根据WHW7.61部分的规定，向学院考试委员会主席发出通知，要求相关机构与当事人进行协商，努力就纠纷达成和解；如果申诉直接针对的是主考人员作出的决定，则要求学院的考试委员会迅速作出处理，促成双方和解。

在案例一中，CBE受理申诉后，试图促成双方和解，但未成功。在案例二中，学生将纠纷提交至法学院考试委员会加以解决，法学院的考试委员会再次尝试促成双方和解，但主考人员予以拒绝。在此情况下，学生继续向CBE申诉，CBE再次尝试促成双方当事人和解，但因未收到学生的回复而失败。

3. 听证会的召开

在无法达成和解的情况下，CBE将召开听证会[1]解决纠纷。在案例一中，CBE在未能促成双方和解后公开召开听证会，组成听证小组，由主席、2名成员和1名秘书组成，双方当事人在听证会过程中均有机会陈述自己的观点；在案例二中，CBE确认无法促成双方当事人和解后决定召开听证会，公布听证会时间和地点等信息，由不同学院的教师和1名学生组成听证小组，双方当事人出席听证会，听证会期间双方当事人陈述自己观点并回答小组成员的提问，听证会全程由秘书记录。

4. 决定的作出

听证会结束后，听证小组秘密讨论并投票作出决定，再由秘书转达给CBE，由CBE作出最终决定。在案例一和案例二中，CBE基于听证会上的资料以及听证小组的决定，最终确认学生申诉不成立，并在决定的末尾处告知当事人，可以在收到决定之日起的6周内向海牙高等教育申诉特别法庭（CBHO）提出申诉。

另外，值得注意的是，在处理由考试分数引发的纠纷过程中，只能进行程序性审查，不能进行实质性审查，否则，就超出考试申诉委员会（CBE）的审理范围，即只能对主考人员评定考试分数的程序进行审查，而不能对试卷标准答案以及学生答题情况是否符合标准答案的情况进行实质审查，因为必须尊重主考人员对专业知识的掌握与判断能力。在案例二中，CBE最终声明其无权对试卷标准答案的正确性以及学生的答题情况等问题进行实质性审查，并认为主考人员在评定分数的程序方面非常仔细和认真，因此，学生申诉不能成立。

在通过申诉制度解决纠纷的过程中，有些实践中的做法与法律等书面规定不一致。比如，在受理学生申诉的程序方面，格罗宁根大学的实践做法与法律及大学的规定有不同的地方。根据WHW法案及大学的相关规定，学生

---

[1] 格罗宁根大学《学生章程》规定：只有无法达成和解协议时，CBE才会进行听证程序。CBE会进一步细化听证程序，包括听证会的召开方式、听证小组人员构成、各方当事人在主席允许情况下陈述自己观点，并可以通过主席向对方提问。当事人可以聘请律师或顾问、听证会全程记录等。

可以向CLRS提出申诉，由CLRS将申诉转交至CBE处理。[1]但是，在案例二中，学生并未向CLRS提出申诉，也未向CBE直接提出申诉，而是直接向法学院考试委员会提出，在法学院考试委员会试图促使双方和解无果的情况下，学生也未经CLRS直接向CBE提出申诉要求。这种做法在许多其他申诉案件处理过程中十分常见。[2]

<h2 style="text-align:center">第三节  高校内部学生申诉制度的<br>功能及效果</h2>

荷兰高校内部学生申诉制度的作用及其在实践中的效果主要体现为维护学生权利、规范校方及其人员的行为、有助于在校内解决纠纷等。

## 一、维护学生权利

从国家法律到高校的学生章程，再到高校主管学生申诉的部门规定，均赋予了学生提出申诉的权利，即学生对校方作出的决定（包括主考人员、学院考试委员会或入学委员会的决定）有异议时，可以自收到决定之日起6周内向有关部门提出申诉。更具体的规定体现为，如果学生对主考人员的分数评定或考试委员会的决定有异议，有要求其对分数或决定作出解释的权利，如果经解释后仍有异议，可以向学生权利法律保护中心（CLRS）提出申诉。[3]可见，学生申诉制度维护学生的申诉权，为学生提供了平台与机

---

[1] 荷兰法律WHW规定，高校应当设置便于学生接近的机构，受理学生提出的申诉，并在确认相关当事人后尽快将材料转给有权机构进行处理。具体到格罗宁根大学，则细化至在《学生章程》中规定：如果学生不同意学校的决定，可以向学生权利法律保护中心（CLRS）进行申诉，CLRS将申诉转交至考试申诉委员会（CBE）进行处理。更具体的规定体现在，如果学生对主考人员的分数评定或考试委员会的决定有异议，可以向CLRS提出申诉，只有CLRS有权将申诉事项转交至CBE。二级学院如法学院也规定，学生如果因为教育性事务即对主考人员或考试委员会的决定有异议，可以向学校的考试申诉委员会提出申诉。

[2] 如CBE处理其他案件的报告（编号为CBE-78 2011）中说明，2011年7月28日，医学院女生接到补考笔试成绩5.4分的通知，并于同年8月5日向医学院考试委员会提出申诉。8月24日，医学院考试委员会决定维持原分数，该女生于9月22日向CBE提出申诉。再如CBE2009年正式报告中罗列的16件典型案件中，14件学生申诉的受理程序均与此案类似。

[3] 参见http：//www.rug.nl/education/laws-regulations-complaints/2012-2013/tentamensexamens/。

会，使其能够与校方机构或人员就其作出的决定进行商讨或辩论，以表明自己的观点和态度，争取实现自身利益。在实践中，与笔者进行沟通的所有人员，无论是二级学院的教师、学生辅导员、考试委员会的秘书或主席，还是学校主管部门的工作人员，如学生权利法律保护中心的负责人、学生服务中心的工作人员、考试申诉委员会的秘书以及法律部门的负责人等，均对学生申诉制度发挥的维护学生权利的作用予以明确肯定。比如，法学院考试委员会秘书指出，有时学生向考试委员会提出不满，就是获得一次机会表达自己的要求，希望考试委员会能够再次考虑或审查相关的决定，维护自己的利益。因此，对于学生来说，这个机会非常重要，是他们表达利益要求的重要渠道。

为确保学生知道自己的权利，学校的学生章程以及二级学院的学生手册都会对此加以明确规定，并公布在网站上或通知学生获取纸质版规定。如果学生仍然不知道自己的申诉权，则校方作出决定时均会在末尾处写明，如果对此决定仍有异议，可以向哪个机构进行申诉等。例如，主考人员在成绩通知单上明确告知学生享有查阅试卷和提出申诉的权利，即允许学生在指定时间和地点查阅考卷和讨论成绩，如果学生对成绩有异议，可以向CBE提出申诉。又如，CBE在其作出的每一份决定末尾处均告知学生申诉权利，即根据《普通行政法案》和《高等教育与研究法案》第7.66条的规定，当事人可以在收到决定之日起的6周内向海牙的高等教育申诉特别法庭（CBHO）提出申诉，并附上CBHO的地址。

如果学生在行使权利方面有任何疑问，可以向学院的学生辅导员进行咨询，[1]也可以向学校的学生事务部门进行咨询，如学生权利法律保护中心（CLRS）或学生服务中心（SSC）。[2]另外，在特殊情况下，这些部门及其人员认为必要时会帮助学生与决定作出机构或人员进行沟通与协商。[3]

---

[1] 如艺术学院规定学生有任何问题（无论是个人问题还是学习问题）均可以向学生辅导员咨询，他们会提供各种建议和帮助。

[2] 《学生章程》中规定：在学生服务中心可以获得所有与申诉有关的程序性规定。学生服务中心是格罗宁根大学的学生顾问专家中心，这里的专家包括法律专家、心理学专家以及培训人员，为学生提供各方面的服务，包括提供咨询和建议、私人交流、短期治疗以及各种广泛的专题研讨会和培训课程。参见http：//www.rug.nl/education/find-out-more/other-student-facilities/student-service-centre。

[3] 如SSC一位工作人员曾谈起他帮助一位学生与学院考试委员会就其作出的决定进行沟通，帮助学生实现权利，但这种情况毕竟非常少见。

## 二、规范校方及其人员的行为

对学生权利进行保护，赋予其申诉权的同时，也是对校方行为进行规范，规范其非理性的行为，如滥用权力或任意作出决定的行为，使其符合程序，尽量避免出现错误。在实践中，考试申诉委员会（CBE）的秘书[1]认为，处理申诉案件保护学生权利，从另一个角度来看，也是对校方员工行为进行审查，防止或纠正其错误行为，但这种审查多半是程序性审查，即侧重于行为是否符合程序，而不是实质审查。例如，在编号为CBE Law 07-2009的案件报告中，教师在评定分数时删去两道题目，[2]1名学生因此没有通过考试，如果不删除这两道题目，学生即可通过考试，因此，学生申诉至CBE。尽管CBE不能审查教师评定分数的合理性，但可以审查其删除题目程序的合理性。于是，CBE请相关系部的其他4名教师对该教师的行为进行审查，以降低其任意行为或滥用权力的风险。再如，案例二中CBE对任课老师成绩评定的审查也仅局限于程序性审查。

另外，二级学院的某些规定中也体现了这一功能。如法学院根据自身情况，专门制定了学生提出异议的规则，包括规则的目的、实施与程序三个部分。其中在规则的目的部分明确阐述，法学院制定此规则以处理学院员工不遵守学院安排、破坏约定的标准以及不礼貌对待学生的行为等。如果学生对学院考试委员会的决定有异议，可以向学校考试申诉委员会提出申诉。[3]实践中，一位法学院教师[4]认为制定这样的规则既有利于维护学生利益，也有利于对教师工作进行审查。如果学生对分数有异议并与教师进行讨论，实际上也给教师一个审查自己的行为是否存在错误或缺漏的机会，如可以审查分数是否多给、少给或存在计算错误等。

---

[1]《高等教育与研究法案》规定：考试申诉委员会秘书在主席指导下工作。但实践情况与法律规定差距很大。实践中，秘书对申诉事项的受理、处理及其程序等全过程掌握得更全面和细致，因为主席不是校内人员，各成员又来自不同学院，平时忙于各自事务，而且主席和成员均有任期，一般为3年。因此，委员会的日常事务均由秘书一人负责处理，只有遇到特殊情况时，秘书才会征求主席的意见。有时关于申诉处理的结果也是秘书拟定的，因为其了解、接触的申诉案件比较多，也积累了丰富的经验。

[2] 格罗宁根大学考试规则中有一条规定，在选择题考试中，教师在学生考试结束后评分之前可以删除部分选择题，如根据成绩最好学生的答案删除部分普通得分较高的题目，在此基础上对所有学生的成绩再进行评定。这是一项评分制度。

[3] 参见《格罗宁根大学法学院本科与硕士学习项目学习与信息导览（2011—2012）》，第127页。

[4] 前文案例二中的当事人。

值得注意的是，和解程序的设置在规范或审查校方行为方面也发挥了重要作用。通过和解程序，为争议决定（引发申诉的决定）作出机构或人员提供机会审查自身行为的正确性。实践中，考试申诉委员会（CBE）秘书认为，CBE受理案件后一般不会进入听证程序，而是先将案件转交至当事学生所在学院的考试委员会，看是否能促成双方当事人和解，这意味着考试委员会对主考人员的决定或对自己作出的决定要重新进行审查，是否存在错误，是否存在和解的可能性。

## 三、有助于在校内解决纠纷

在荷兰高校，学生与学校因入学资格或考试问题产生的纠纷是一种多发且常见的纠纷类型，这类纠纷处理的效果涉及学生的切身利益以及高校的管理秩序。格罗宁根大学这类纠纷几乎是在学校内部解决的，效果较好，既有利于维护学生利益，也有利于维持学校的管理秩序。

### （一）大多数纠纷在二级学院得以解决

学生与校方发生纠纷后，首先通过非正式途径加以解决，这也是学校推荐的首选解决方式，即与作出决定的人员或机构进行对话与沟通。在实践中，有些纠纷能够通过协商在二级学院内部得以解决。[1]如果无法通过非正式途径解决纠纷，学生则选择正式途径，通过学院内部第三方予以解决。[2]如果学生对通过以上途径解决纠纷的结果仍不满意，可以向学校考试申诉委员会（CBE）提出申诉。[3]

另外，如果纠纷无法在二级学院解决或者未经二级学院而直接申诉至CBE，看似纠纷能通过学校机构加以解决，但是CBE受理学生申诉后不是直

[1] 如法学院一位教师根据其经验描述，有些学生在考试结束后对成绩有异议，便在指定时间和地点查阅试卷并与教师讨论，有时教师因计算错误或其他原因而修改成绩，有时却坚持原有成绩，但经双方充分讨论与说明后，一般都能够接受最后的结果从而化解纠纷。
[2] 如法学院考试委员会秘书举例说明，有学生不服学院入学委员会禁止其进入硕士研究生项目学习的决定，因为其本科阶段所修学分只差3分，必须等到其学分修满后才能开始硕士阶段的学习，但会因此导致学生延误学习时间且交纳更多学费。因此，学生要求学院考试委员会处理纠纷，考试委员会一般能够考虑其特殊情况而予以同意，重新作出决定，从而解决双方纠纷。
[3] 再如，根据经济与商业学院考试委员会2010年的报告，共受理纠纷1 218件，但99%的案件均在学院内部得以解决，只有20件（1%）申诉至学校考试申诉委员会（CBE），而且20件中7件被CBE驳回。

接召开听证会，而是将案件转交回二级学院，要求其促成双方当事人和解。在这个过程中，大部分案件在二级学院内部得以解决，并将结果上报CBE。

从CBE公布的两份年度报告可以看出，2008年申诉至CBE的案件有64件，50件（78%）转回二级学院通过和解处理；2009年申诉至CBE的案件有79件，64件（81%）转回二级学院通过和解处理。

### （二）部分纠纷由学校考试申诉委员会（CBE）解决

有些学生与校方发生纠纷后未经二级学院处理程序，直接申诉至CBE，而有些学生对二级学院的处理意见仍有异议再向CBE提出申诉。CBE受理申诉后一般会将案件发回二级学院，尽量促成双方和解。但如果双方无法达成和解，CBE将召开听证会，按照听证程序对纠纷进行处理。

根据CBE公布的两份年度报告可知，2008年申诉至CBE的案件64件，2件未予受理，50件转回二级学院通过和解处理，其余12件在CBE通过召开听证会处理；2009年申诉至CBE的案件79件，2件未予受理，64件转回二级学院通过和解处理，其余13件通过听证会处理。

### （三）很少有纠纷通过校外机构解决

通过上述两种途径，已经为学生在校内解决纠纷提供不同层面、不同种类的途径，因此，纠纷基本在高校内部加以解决，很少有学生继续向海牙的高等教育申诉特别法庭（CBHO）提出申诉，也鲜见有学生向地方法院起诉学校。如学校考试申诉委员会（CBE）现任秘书在此职位上已工作了5年，未曾有学生就CBE的决定向CBHO提出申诉，虽然在特殊情况下有学生向地方法院提起过诉讼，但比例也很小。

这一点从考试申诉委员会（CBE）2008年和2009年报告中也能够加以印证，两年内申诉至CBE的案件共143件，没有一件经处理后申诉至CBHO，2008年有4件（6%）起诉至地方法院，2009年只有2件（2.5%）起诉至地方法院。

## 第四节　正式制度与非正式途径的结合

通过上述对荷兰高校内部学生申诉制度的规范、实践运行情况以及学生与学校间特定类型纠纷解决全部过程的描述，我们可以发现校内学生申诉制度的运行呈现出丰富性，即正式制度与非正式途径相结合。

## 一、鼓励非正式途径解决纠纷

当学生与学校发生纠纷时，学校鼓励学生首先通过非正式途径加以解决，如果在此过程中遇到障碍或问题，还可向校方其他人员或机构寻求帮助，他们可以为学生提供信息、建议甚至支持，帮助其解决问题。这种模式虽然没有体现在法律（WHW和AWB）中，但在高校《学生章程》以及二级学院的规定中都有明确体现。

格罗宁根大学《学生章程》中关于纠纷解决程序的规定，当学生对学校作出的决定有不满或异议时，推荐学生通过非正式途径解决纠纷，即推荐学生与引起纠纷的人员进行沟通，尽量找到令人满意的解决方案。如果学生与引起纠纷的人员之间的关系或环境影响其进行非正式的对话，学生还可以向学生辅导员或学生服务中心（SSC）进行咨询。格罗宁根大学的二级学院也有类似规定。例如，法学院规定，原则上学生应与引发纠纷的人员（可能是教师、秘书处或学院服务部门的人员）进行协商。如果对协商结果不满意或者对协商解决纠纷没有信心，还可以向学院董事会的学生辅导员提出不满，学生辅导员将尽力与其共同解决问题。艺术学院国际关系与国际组织系规定，在学生要求学院考试委员会解决纠纷前，强烈建议学生先与学生辅导员进行沟通与交流。数学与自然科学学院考试委员会也有类似规定。[1]

（一）非正式途径解决纠纷的优势

通过非正式途径解决纠纷受到校方推荐与鼓励，因其在实践中具有明显的优势。

1. 有利于快速解决纠纷

非正式的纠纷解决方式相对比较简单、直接，没有烦琐的程序与规则要求当事人提供证据或书面文件等，而只是要求当事人之间进行简单的对话与

---

[1] 该学院学生辅导员认为，在她的工作经验中，会建议学生考虑双方当事人之间的关系，考虑通过正式途径公开解决纠纷可能得到的结果以及由此产生的后果。听取她的建议后，大部分学生都会选择通过非正式途径解决纠纷。

直接的沟通，因此，有利于快速解决纠纷。这一点几乎所有被访人员均予以承认。[1]

2. 有利于化解纠纷

当事人是自愿而非被强迫、私下而非公开地解决纠纷，有利于彼此沟通、交流，增强对彼此观点的了解，有利于化解纠纷。毕竟纠纷发生在双方当事人之间，如果能够通过讨论与协商更好地认识问题本身从而化解矛盾与纠纷，则是一种非常有效且易于接受的纠纷解决方式。[2]

3. 为双方提供和平商讨的氛围与空间

尽管双方当事人利益要求不同，但都希望能够坐下来，说明自己的观点，对问题进行讨论与协商，试图寻求对双方均有利的解决方案，从而通过和平的方式解决纠纷。[3]

4. 有利于维持双方当事人之间的关系

通过对话与沟通解决彼此之间的问题，有利于在解决纠纷后维持双方长久的关系，毕竟学生与校方机构或人员是高校内部的两大主体，有着共同的利益基础，因此，这种关系存在着"复合"多次博弈的可能性，而非"单纯"的一次性博弈，[4]故在学生学习期间能够与校方维持和睦的关系对双方来讲均有益。另外，对于那些处于某种持续性关系的各方来说，法律可能不是很重要。[5]因此，对学生与学校间的纠纷通过非正式途径解决更有利于维持彼此的关系。[6]

---

[1] 如艺术学院考试委员会秘书和数学与自然科学学院考试委员会秘书均认为，非正式途径能够快速解决纠纷，如果通过正式途径解决，学生可能至少要等几周时间。学生服务中心一位咨询顾问也有同样观点。

[2] 如数学与自然科学学院学生辅导员认为，学生与教师愿意通过非正式途径解决问题。比如，学生对考试成绩有异议，可以直接与教师进行商讨，表达自己的想法；也可以先向学生辅导员咨询，学生辅导员总是建议其先与教师进行讨论，学生在接受学生辅导员的意见后再跟教师进行讨论。教师在检查试卷后向学生解释评分的标准和依据。根据学生辅导员自己的工作经验，一般通过交流后，无论是否修改成绩，学生能够理解成绩的评定过程，而教师也很高兴从学生那里获得反馈意见，从而解决问题，避免纠纷进一步激化。

[3] 比如，空间与发展科学学院的一位教师提到，有名学生直接到办公室跟他讨论调换考试时间问题，因为学生是国家级运动员，在预定的考试时间要参加比赛。教师考虑到学生的特殊情况，并检查自己的日程安排，最后为其重新安排考试时间，问题便得以解决了。

[4] ［美］罗伯特·C·埃里克森：《无须法律的秩序——邻人如何解决纠纷》，苏力译，中国政法大学出版社2003年版，第66页。

[5] ［美］罗伯特·C·埃里克森：《无须法律的秩序——邻人如何解决纠纷》，苏力译，中国政法大学出版社2003年版，第66页。

[6] 如空间与发展科学学院考试委员会秘书认为，学生与教师或学院机构之间的关系非常密切，如果有纠纷或问题，首先应当互相沟通，尽量通过非正式途径解决问题，有利于将来彼此关系的维系。

5. 有利于在正式途径启动前解决问题

在非正式途径解决纠纷的过程中，辅导员的作用非常重要，几乎所有受访的辅导员都对此持有相同的观点，认为当学生发生纠纷并向其咨询时，他们可以为学生提供建议、信息和帮助，使学生充分认识到问题所在，帮助学生分析利害关系和结果，并使学生认识到通过非正式途径解决问题是比较快速且易被接受的方式，大多数情况下没有必要通过正式途径解决纠纷。在提供信息、分析利害的基础上，他们会建议学生首先与教师进行沟通，并说明这是最好的首选方式，从而可以提前解决很多问题。[1]

二级学院的许多辅导员以及考试委员会的秘书认为，大多数纠纷都是通过非正式途径在学院内部加以解决的。比如，哲学院、神学与宗教学院的学生辅导员表示，几乎所有的纠纷均是在学院内部解决的。[2]

（二）正式制度解决纠纷的劣势

与非正式途径相比，通过正式途径解决纠纷就显露出了相对的劣势，体现在以下几个方面：

1. 浪费时间和精力

正式途径解决纠纷须遵循严格且烦琐的程序规则，比较浪费时间，在二级学院至少需要6周，而在学校至少需要8—10周才能解决问题。另外，对当事人而言，也比较耗费精力。

比如，前文案例二中的法学院教师描述，在正式程序中尽管她认为学生的申诉毫无道理，但是她却不得不多次向有关机构通过口头或书面形式详细陈述自己评分的标准和过程。而且在她出席CBE召开的听证会前，必须了解相关的法律与程序规定，以便做出应对。她认为不应当在已经非常明确的问题上不断地浪费时间与精力，毕竟还有很多更重要的工作去完成，但这是程

---

[1] 比如，空间与发展科学学院学生辅导员认为，根据自身11年的工作经验，大部分的纠纷均在学生与教师间通过沟通与对话得以解决。当然，这可能取决于很多因素，其中很重要的一点是这个学院规模较小，师生总人数加起来不足100人，大部分都彼此熟悉，因此，在纠纷解决的过程中很可能愿意通过非正式途径解决问题。

[2] 神学与宗教学院是格罗宁根大学中最小的学院，师生人数总共不足200人，哲学院的规模也很小，师生人数总共不足400人。这两个学院的辅导员表示，因为规模很小，教师与学生之间的关系非常紧密，一般通过平时上课与组织活动，几乎彼此都认识。在这样规模的学院里，学生与教师或学院间的纠纷非常适合通过非正式途径加以处理，因此，双方均能够通过沟通与对话的方式解决彼此之间的矛盾。

序要求，她不得不遵守。又如，格罗宁根大学一名在学校学生会工作的学生成员表示，他曾经对学院作出的推迟其进入硕士研究生阶段学习的决定有异议，但在查看相关申诉制度的规定后决定放弃申诉，因为申诉的处理时间比较长，而且还要准备各种资料以说明情况，而他个人不愿意为此浪费过多的时间和精力。

2. 对抗氛围不利于当事人之间的关系维系

通过正式途径解决纠纷，说明当事人之间彼此缺乏信任与沟通的基础，从合作关系转为对抗关系，破坏了彼此的感情与将来可能持续的关系，可能的结果是没有最终的赢家。

比如，法学院一位教师坦言，曾经有学生对考试分数有异议，在双方协商未果后学生向考试申诉委员会（CBE）提出申诉。他认为学生最好不要就分数问题寻求正式的解决途径，因为教师很不喜欢作为被申诉人的角色，也不喜欢CBE听证会的氛围，使双方处于对抗状态，毕竟CBE不会对分数问题进行实质审查，只是程序性审查而已，因此，关于分数问题的最终决定权依然在教师手中，学校尊重教师对专业知识的判断与掌握。通过正式方式解决问题后，也破坏了师生间的感情与未来可能持续产生的教学关系。又如，艺术学院考试委员会秘书同时也是一位教师，曾经有位硕士生对论文评定结果不满要求他修改，而他认为学生论文在专业上存在明显问题，完全没必要也不可能就此问题进行商讨，因为他对学生从收集资料到撰写论文的整个过程有绝对清楚而正确地判断和认知，进而坚持原来的评定结果，于是学生向CBE进行申诉。申诉的结果是支持教师的决定，但此后教师表示不愿再成为学生的导师，并要求学院为学生更换其他导师，因为彼此的师生关系已经完全被破坏，不可能再维持，不利于未来论文的指导与撰写工作。

3. 不一定能够获得期望的结果

一般说来，学生寻求正式途径解决问题，就是想通过相对严谨的程序审查争议决定的合理性与正当性，从而获得有利于自身的结论。但是，这种期望在实践中往往落空。当然，也有学生通过正式途径获得了自己期望的结果，只是成功的概率较小。

比如，考试申诉委员会（CBE）秘书根据其工作5年的经验总结，大部分学生在CBE处理其申诉案件的过程中都放弃自己最初的要求而服从CBE最终作出的决定，而这个决定往往认定学生申诉不成立。根据CBE 2008年和 2009年的报告可知，2008年64件案件中54件（89%）最终认定学生申诉不能成立，学生没有获得有利于自身的结果；2009年79件案件中74件（94%）维持了原争议决定，即学生申诉没有合理根据。

## 二、正式途径作为解决纠纷的制度保障

尽管非正式途径受到高校的推荐和鼓励，在实践中对于解决纠纷确实具有明显的优势并且发挥重要作用，但正式途径是保护当事人权利的法律制度和最有力的防线，必不可少。当学生对非正式途径解决纠纷结果有异议时，还可以通过正式途径加以解决，或者如果学生不愿意通过非正式途径解决纠纷，可以直接寻求正式途径加以解决。

（一）正式途径解决纠纷的优势

正式途径在解决纠纷过程中所具有的优势体现在以下几个方面：

1. 保护当事人权利的法律制度

《高等教育与研究法案》（WHW）第7.61条明确规定学生的申诉权。实践中，每个高校均按法律规定通过《学生章程》及其他具体规则设置考试申诉委员会，处理学生因申诉事项与校方产生的纠纷，保障学生申诉权的行使。如格罗宁根大学考试申诉委员会（CBE）根据法律制定具体实施细则，规定学生对校方作出的决定有异议有权向CBE提出申诉。CBE希望通过处理申诉的活动为格罗宁根大学的学生提供有益的法律保护。

2. 程序规定具体、详细、清晰且公开

《普通行政法案》（AWB）第7.3部分规定了具体、详细的申诉受理及处理程序，每个高校均按法律规定通过了《学生章程》及其他具体规则予以细化，使之能够明确指引本校学生的申诉行为。如格罗宁根大学考试申诉委员会（CBE）的《程序规则》详细告知了学生如何提出申诉、需要准备的资料、受理申诉的机构以及处理申诉的程序等，因此，学生能够获知关于申诉各个环节的程序与信息。

3. 注重和解

即便是通过正式途径解决纠纷，也非常重视和解的作用。法律（WHW）、

高校《学生章程》及其他具体规则对此均有明确规定，都将和解设置为解决纠纷的必经程序，即和解不成再召开听证会。

例如，在格罗宁根大学考试申诉委员会（CBE）2009年报告中，13件通过听证会解决纠纷的案件全部要求二级学院先进行和解，和解无果后再召开听证会。如编号为CBE07b-2009的案件中，法学院1名学生对考试成绩有异议，在与教师沟通失败后于2009年1月15日向CBE提出申诉。1月21日CBE要求法学院考试委员会促成双方当事人和解，但未能达成和解协议。CBE决定于3月9日召开听证会解决纠纷（参见CBE2009年报告，第10—11页）。编号为CBE06-2009的案件中，经济与商业学院1名学生要求CBE撤销学院考试委员会作出的决定。2009年2月2日，CBE要求经济与商业学院考试委员会与学生进行和解。双方试图进行和解但最终未达成一致意见，于是CBE于3月9日召开听证会，最终认为学生申诉成立，要求经济与商业学院考试委员会重作做出决定（参见CBE2009年报告，第11—12页）。

4.确保公平解决纠纷

通过正式途径解决纠纷，均有复杂且烦琐的规则与程序要求，按照程序解决纠纷不仅能够规范纠纷解决机构的行为，[1]而且能够对同样案件作出同样处理，尽量做到公平、公正地处理纠纷。

比如，医学院考试委员会秘书在其工作的8年时间里，主张尽量通过正式途径处理纠纷，因为学生总是不同的，但只要纠纷事由与情节相同就应当按照程序给予同样的处理和结果。如果通过沟通与对话的非正式途径解决纠纷，处理人员本人很可能会受到其他因素（如学生哭述其特殊原因或者家里发生重大事情等）影响，考虑学生的特殊情况进而予以不同对待，如此对其他学生是不公平的。因此，在其处理纠纷过程中，始终与学生保持距离，不允许学生与他面谈，只通过邮件就纠纷进行沟通，以保证公平处理。

5.第三方参与，推进纠纷解决

正式途径解决纠纷是由第三方根据事实和规定对纠纷作出裁决。那么，拥有裁决权的第三方有权要求被申诉人参加纠纷解决的程序，有责任推动程序的运行以解决纠纷。

---

[1] 例如，考试申诉委员会（CBE）制定的《程序规则》包括12个部分39条，涉及总体介绍、专业术语、管辖范围、申诉的提出、听证会的准备与召开、最后的决定等内容，从而规范CBE对纠纷的受理、审查与决定等各个环节的行为。

例如，医学院考试委员会秘书举例，在一件学生向考试申诉委员会（CBE）申诉医学院考试委员会的纠纷中，CBE要求医学院考试委员会秘书出席听证会讨论申诉事项，尽管他非常不愿意出席但还是于指定时间参加了听证会。在听证会上，他没有就申诉事项进行实质性讨论，而是建议CBE审查学生提出申诉的时间是否符合规定。CBE接受其建议而暂停听证会，调查结束后仍然召开听证会并要求其出席，在第二次听证会上告知学生提出申诉的时间已经超出期限且无正当理由，因此，驳回其申诉请求，使纠纷得以解决。

6. 可能获得预期利益

尽管通过正式途径解决纠纷，耗费时间和精力，也有可能破坏双方当事人之间的关系，但是却有可能争取到自身利益，实现期望的结果。

例如，在编号为CBE 42—09的案件报告中显示，艺术学院大二学生没有满足部分条件，但想要继续第三年的学习。而满足条件才能进行第3年学习的要求，在2008—2009年的学生手册中没有规定，但在2009—2010年的学生手册中却有相关规定。学生与教师沟通失败后向考试申诉委员会（CBE）提出申诉。CBE召开听证会，认为艺术学院在不同学年应当明确相关信息，最后决定由艺术学院在4周内重新作出决定。尽管全部纠纷解决过程耗时2个月，但学生最后获得机会，开始第3年的学习。

根据CBE2008年报告，64件案件中最终认定学生申诉成立的案件为8件（12%）；2009年报告，79件案件中最终认定学生申诉成立的案件为5件（6%）。

（二）非正式途径解决纠纷的劣势

与正式途径相比，非正式途径解决纠纷存在一个最显著的缺陷，即无法公平地处理纠纷，无法对同样案件予以同样处理。许多学生辅导员和考试委员会秘书都承认这点。如医学院考试委员会秘书认为，通过正式途径解决纠纷能够公平对待学生，而如果通过非正式途径解决纠纷，考试委员会成员也许会受个人情感、个性以及学生个人情况等因素的影响，可能会对同样案件作出不同处理，从而无法公平对待每个学生。因此，应当按照正式途径解决纠纷，只依据规则和程序，而不考虑其他因素。另外，非正式途径非常简单，没有复杂的程序与规则，不同人员通过非正式途径解决纠纷时其行为不受约束，即便是同一人员对待同样案件，也有可能因为受到其他因素影响而予以不同对待，因此，无法保证公平解决纠纷。

## 第五节　高校内部学生申诉制度与<br>高校的自主管理

荷兰高校内部学生申诉制度是根据《高等教育与研究法案》和《普通行政法案》设立的，法律关于校内学生申诉制度设置与实施的规定非常详细，各高校也按照法律规定予以实施。但是，各高校也具有较大的自主管理空间，结合自身组织结构的特点，在校内学生申诉制度的运行过程中也充分发挥自主管理权，鼓励学生通过非正式途径解决与校方间的纠纷，从而使该制度的运行与实践呈现出丰富的多样性。

### 一、高校的自主管理

荷兰高等教育机构的自治程度非常高。荷兰研究型高校的主要功能在于学术研究、讲授知识和为社会提供知识服务。《高等教育与研究法案》（WHW）规定了高等教育与研究管理方面的主要条款，主要原则是赋予高校在政府限定的范围内享有高度自治权，不仅促进高校自身发展，也促进高等教育系统能够更加有效地满足社会变化的需求。WHW赋予高校在教学与研究项目设置方面充分的自由，但要求高校首先必须对其教学质量负责，提供充足且广泛的教学与研究项目并保证学生能够接受高等教育。

尽管荷兰高校充分享有自治权，但这并不意味着不受国家影响和干预。在高校自治的基础上建立与国家的良好关系，是高等教育运作和管理成功的前提之一。[1]国家通过《高等教育与研究法案》明确规定，期望能够促进中央政府与大学之间保持可能的合作与行政管理关系，政府主要是为高校提供资金支持，只具有"选择性控制"的权力，即只在必要时才对高校进行干预，而且这种干预仅限于弥补高校管理中的缺陷。

---

[1] 1998年世界教育大会：《21世纪的高等教育：展望和行动世界宣言》。参见和震：《美国大学自治制度的形成与发展》，北京师范大学出版社2008年版，第3页。

## 二、高校内部学生申诉制度与高校自主管理

尽管荷兰高校自治程度比较高，但由于国家通过法律和集中的教育政策对高校进行间接管理，因此，高校也必然服从法律和政策的要求。《高等教育与研究法案》（WHW）明确规定了高校必须设立校内学生申诉制度，详细规定了该制度的内容，包括学生提出申诉的权利和时间、高校受理学生申诉的机构、受理事项、处理程序和处理结果等，《普通行政法案》对处理学生申诉事务的程序予以更加详细的规定。因此，荷兰13所研究型高校均根据WHW的规定，设立了校内学生申诉制度，具体规定体现在学校的《学生章程》中，并在实践中加以运行。

但是，在实施该制度的过程中，高校结合自身利益的考量，对其进行一定程度的调试与发展，有些细节与法律规定不一致，或者采取其他替代性手段或措施解决制度意欲解决的问题，使得制度的运行呈现出多样性。

## 三、鼓励非正式纠纷解决方式

学生因对高校作出的与考试相关的决定不满而与校方产生的纠纷属于高校内部纠纷，具有特殊性。通过非正式途径加以解决，能够给学生带来最小的伤害，有利于恢复和维持校内成员之间的关系，也有利于校园的稳定与和谐。因此，高校在正式的纠纷解决制度之外，推荐并鼓励学生通过非正式途径解决纠纷，包括学生与校方之间的协商与调解等形式。在实践中，非正式纠纷解决途径也确实发挥了重要作用，很多学生与校方的纠纷都是通过非正式途径在二级学院加以解决。

格罗宁根大学不仅在其官方网站上推荐学生通过非正式途径解决纠纷，而且在二级学院的规定中也鼓励学生先与引发纠纷的人员进行协商。在正式的校内学生申诉制度之外，寻求一种平和、宽松且快速的替代性措施解决纠纷成为高校突出的重点，并加以推荐。当然，这种非正式途径只是一种选择性而非强制性的措施。当学生对校方决定有异议时，可以首先通过非正式途径（沟通与协商）加以解决，如果对结果仍不满意再通过正式途径（校内学生申诉制度）解决问题，也可以不经协商直接寻求正式途径解决问题。

# 第三章
# 美国高校内部学生申诉制度

美国公立高校是一类特殊的自治体，[1]以教学、科研、学生管理为日常的主要事务，不同于一般的社会组织。但高校内的成员与其他社会成员也没有多大的区别，他们既有合作关系，也会产生冲突与纠纷。在高校内部产生的纠纷与冲突中，因学生对校方作出的惩戒或处分决定不满而产生的纠纷较为突出，具有特殊性，它们无论大小、轻重，都会引起校方的重视，[2]因为这涉及高校内部的自我管理与秩序维护。那么，如何有效地解决这类纠纷，尽最大努力实现高校与学生的双赢，就是值得深入思考与探讨的问题。

美国公立高校在校内设置了学生申诉制度，当学生对校方作出的惩戒或处分决定有异议时，可以向校内有关机构提出申诉，要求其审查校方作出决定行为的合法性与正当性。本章以美国爱荷华大学、明尼苏达大学、威斯康星大学麦迪逊分校、马萨诸塞大学和加州大学伯克利分校为研究样本，辅之以其他学校的资料，试图描述美国高校内部学生申诉制度在实践中的运行样态及其功能。

---

[1] 在美国的高校体系中，公立高校的比例约为70%，私立高校约为15%，公私混合型高校为5%，其余的教会大学、军事学院等约为10%。本书重点讨论公立高校内部学生申诉制度的实践。

[2] 如美国明尼苏达大学《关于惩戒程序的相关信息》中表明，被指控的违反学生行为守则的行为，无论轻重，都是学校担心的事情。

# 第一节　高校内部学生申诉制度的设立与构成

　　根据联邦和州宪法关于正当程序条款的要求，美国公立高校几乎都设有某种形式的内部申诉程序，[1]即校内学生申诉制度，应学生的申请而审查校方惩戒或处分行为是否符合程序规定或是否具有合理性与正当性。但是，美国公立高校享有高度自主权，有权对校内外事务进行自主管理，因此，在校内学生申诉制度的设置与实施方面，它们均根据各自的组织结构特点分别进行，在具体细节方面存在很大差异。

## 一、设立的依据

　　当学生因违反《学生行为守则》[2]受到高校惩戒或处分后，如果有异议，有权向校内有关机构提出申诉，要求对校方惩戒或处分行为进行审查。学生获得申诉的权利，源自联邦或州宪法中的正当程序条款。[3]该条款的基本内容大致为，联邦或州不得不经过正当法律程序而剥夺任何人的生命、自由或财产。虽然联邦宪法或州宪法中正当程序条款的规定是为了限制政府及其机构的权力，但也可以适用于高校惩戒学生的情况。也就是说，正当程序条款是公立高校在惩戒或处分学生时必须遵循的，这是学生享有的宪法上的正当程序权利。"正当程序必须提供给高校学生，它要求给学生足够的通知、告知明确的指控内容以及为学生召开听证会，让学生有机会利用所有必要的保护措施来陈述己方观点。"[4]

---

[1] Raoph D. Mawdsley, Plagiarism Problems in Higher Education, Journal of College and University Law Summer, 1986.

[2] 《学生行为守则》一般是由高校的董事会或管理委员会与学生共同制定的规则，是高校内部非常重要的文件，对于学校治理而言发挥着非常重要的作用。它既能够教育学生应当如何行为，又能够引导高校管理者更好地进行治理，这是对双方均有益的一种书面规定。《学生行为守则》目前已在全美各高校普遍通行，大多数高校都称之为《学生行为守则》，只是在有些高校名称有所不同而已。

[3] 《美国法律报告》第2版中更进一步地解释了这个问题，即公立教育机构中，学生获得听证或司法性质的正式听证的权利，源自联邦或州宪法中的正当程序条款。

[4] Jones v. Snead, 431 F.2d 1115 (8th Cir. 1970). American Law Reports ALR2d, 58 A.L.R 2d 903 序言中的总体原则部分。

　　作为一种正当程序，高校内部学生申诉制度能够维护学生权利，防止高校任意、武断的惩戒行为。[1]但在这一点上，公立高校与私立高校间存在差异，美国法律仅要求公立高校必须为学生提供正当程序保护，而对私立高校没有做此种强制性要求。[2]"高校要在总体上遵循最低限度正当程序要求（minimal procedural due process）。最高法院指出，这项要求可以根据各校情况予以适当调整，但至少都要设立某种形式的通知和听证制度。如果是公立高校，则要设立最低限度正当程序制度。如果是私立高校，不要求它设立宪法上的最低限度正当程序制度，但是如果它为学生提供了在公立高校实施的最低限度正当程序制度的话，其校方行为无论对法院还是对全体师生而言，都是更为公平、合理的。"[3]

　　高校内部学生申诉制度作为正当程序的一种表现形式，赋予学生申诉的权利，但这种正当程序并不意味着正式的司法性质的程序，[4]高校可以根据具体情况而采取比较灵活的实施方式。

---

[1] 高校提供正当程序，以平衡教育环境、教育任务以及学生权利之间的关系。Albert S. Miles, *The Due Process Rights of Students in Public School or College Disciplinary Hearings.* 48 ALA. LAW. 144, 146 (1987)。

[2] 肯塔基州最高法院审理的中心大学诉学生案中，法院认为私立高校不必像公立大学一样，必须为被开除学生提供正当程序。高校资格认定法（College Licensing Statute）中并没有要求私立高校在处理纪律事件中（惩戒学生时）给学生提供正当程序，因此，不能要求私立高校与公立大学或机构具有同样的规则和标准。历史上，肯塔基州的法院不愿意限制私立大学在惩戒、管理或者约束学生行为等方面的权力。可参见Kentucky Military Inst. v. Bramblet, 158 Ky. 205. 164 S.W. 808. 809-810 (1914). Gott v. Berea College, 156 Ky. 376. 161 S.W. 204. 206 (1913): Lexington Theological Seminary v. Vance, Ky.App., 596 S.W.2d 11 (1979)。即便是私立高校明确表示为学生提供正当程序，也并不意味着它受制于正当程序的所有规定，也没有必要像公立教育机构那样，实施一整套的正当程序。即便是私立高校与学生的合同中写明，校方在处理纪律事件时为学生提供正当程序保护，学生违反校方政策的行为也是违反合同的，也就不能进一步使用校方提供的措施。另外，私立教育机构中，学生在被停学或开除前获得听证或司法性质的正式听证的任何权利源自于特定、默示的入学合同条款。参见E. H. Schopler, Right of student to hearing on charges before suspension or expulsion from educational institution。

[3] Edward N. Stoner, John Wesly Lowery, Navigation Past the "Spirit of Insubordination": A Twenty-first Century Model Student Conduct Code With a Model Hearing Script, Journal of College and University Law (2004).

[4] Esteban v. Cent. Mo. State Coll., 277 F. Supp.649, 651 (W.D. Mo. 1967).

## 二、制度的构成

美国公立高校内部学生申诉制度的构成具体包括申诉的提出、受理、处理程序及处理结果等内容。

（一）申诉的提出

1. 提出申诉的主体

提出申诉的主体一般为受到高校惩戒处分的学生，[1]但高校规定的指控人[2]和受害人[3]也可以提出申诉。

2. 提出申诉的时间

在处分决定作出后的一段时间内，申诉人可以向申诉委员会提出申诉，申诉申请要以书面形式提交给学生行为管理人员或其指定人员。提出申诉的具体时间可以由各高校根据自己的情况来确定，大致在申诉主体收到惩戒或处分决定之日起的5—15个工作日。

例如，爱荷华大学规定，提出申诉必须在学生或学生团体/校园组织自收到处分通知之日起5个工作日内。特殊情况下，可以向受理申诉的机构提出书面申请，延长申诉期限，但要说明延期的适当理由。一般情况下，如果在申诉期限截止日前提出申请都会被允许。明尼苏达大学规定，如果要对学校的惩戒决定提出申诉，申诉学生必须在收到惩戒决定之日起10个工作日内向秘书提交书面申请。马萨诸塞大学规定，被指控学生在接到听证会决定后，5个工作日内可以向校园申诉委员会提出申诉。威斯康星大学麦迪逊分校规定，学生可以在接到书面处分决定之日起14日内向主要行政人员提起申诉。

3. 提出申诉的理由

申诉人提起申诉必须具备合理的理由，并予以简短说明。申诉理由大致

---

[1] 如爱荷华大学规定，违反学生行为守则的学生或学生团体/校园组织有权对处分决定提起申诉，申诉人必须向受理申诉的机构提交申诉申请。明尼苏达大学规定，任何被指控违反守则的学生或学生组织应当享有在所有校区进行申诉的机会。

[2] 指控人一般为对违反《学生行为守则》的学生提出指控的人，不仅包括受害人，也包括其他人员，可以是高校内部的任何一个人。

[3] 宾夕法尼亚大学规定："受害人"也有权对惩戒程序的结果提出申诉，即使他不是学生。Pa. State Univ. Div. of Student Affairs, Judicial Affairs, Victim's Right, *available at* http：//www.sa.psu.edu/ja/rights.shtml.

为两种：一种涉及实体方面的问题，如校方处分依据违反法律或学校政策、处分与违规情节不符等；另一种涉及程序方面的问题，如校方处分程序不当、证据不足或出现新的证据等。

例如，爱荷华大学规定，申诉书必须陈述申诉理由，大致如下：在听证程序中，学生或学生团体/校园组织的权利被大量侵犯；程序或处分决定违反法律或学校政策；处分决定没有充足的证据；出现了在听证过程中未被发现的新证据；处分太过严厉或者与违规情节不符。明尼苏达大学规定，申诉理由包括最初的处分决定缺乏重要证据、程序中存在不公平现象（如没有通知学生有机会听证和/或有机会提问问题）、惩罚与违规情节不符、处分决定与听证会上提供的信息不符，和/或处分决定与其他受影响的学校部门产生利益冲突。马萨诸塞大学规定，申诉申请应当详细说明并确实提供下列一项或多项申诉理由：程序错误或不当，对决定产生重要影响；出现新的证据、将对决定产生重要影响；决定没有充分的证据；决定与被指控事实和/或学生的行为不符。

（二）申诉的受理

1. 受理申诉的机构与人员

受理申诉的机构与作出处分决定的机构不同，一般为作出处分决定机构的上级机构或专门机构。申诉受理机构一般会组成申诉委员会，具体负责处理相关申诉事宜，但申诉委员会人员组成情况又各有不同。

例如，爱荷华大学规定，住校司法事务处的协调人员作出的处理决定应当向学生处提出申诉，司法事务办公室（OJA）官员作出的处理决定应当向学生处申诉，学生处作出的处理决定应当向负责学生事务的副校长提出申诉，但关于申诉受理委员会的组成情况，并没有详细规定。明尼苏达大学规定，教务长申诉委员会作为申诉受理机构，受理学生对学院或行政机构作出的惩戒决定提出的申诉。教务长申诉委员会由教务长从大学理事会推荐的名单中选任，成员包括6名老师/专业学术人员，其中，1名选作主席，4名本科学生以及4名专业学生/研究生。教务长办公室任命1名秘书，提供服务，但没有投票权。申诉小组委员会由4名成员组成：2名老师/专业学术人员，其中，1名将被任命为主席；2名学生，1名本科生，1名研究生。成员如果与纠纷或冲突有直接的利害关系应当主动要求退出小组委员会。各方当事人均可以此为由质疑小组委员会成员并要求未受质疑的小组委员会成员在经过听证会讨论后进行投票。马萨诸塞大学规定，学校应当设立校园申诉委员会（University Appeals Board，简称UAB），包括学校的员工和学生，可以由校长或其指派人任命。UAB将由3名员工和/或学生组成。

2.受理申诉的范围

申诉受理机构受理的申诉范围非常广泛，凡是对高校关于违纪行为的各种处分决定不满意的案件均在受理之列。学生可能因为各种原因而受到处分，如不当使用酒精饮料或可控物质、袭击、伤害或威胁他人、侵犯他人权利、破坏公共秩序、群体性暴力和聚众闹事、赌博、骚扰、性骚扰、种族骚扰等。如果对处分有异议，均可提出申诉。发生在校外的违规行为，如果明显、直接地影响到了学校的利益，也应当受到惩戒。如爱荷华大学规定，对《校园学生纪律条例》中规定的各种行政决定或行政性听证会结果不服的都可以提起申诉。又如加州大学伯克利分校将近90%的纪律案件涉及作弊、偷盗、妨碍治安的行为。

（三）申诉处理的方式与程序

申诉处理的方式主要有两类：一是书面审理，即申诉委员会主要根据对校方作出处分行为时召开的听证会相关记录进行书面审理；二是召开听证会进行审理，即申诉委员会召开听证会，允许双方当事人陈述并申辩己方观点。多数高校以书面审理为主，辅之以听证会审理方式，但也有高校以听证会审理方式为主。下文以2所高校为例，说明两种申诉处理方式及其程序。

1.书面审理及其程序

爱荷华大学主要以书面审理为主，其处理程序大致如下：

（1）在提出申诉的5个工作日内，申诉人必须提交一份关于申诉理由的书面陈述，同时向学校的司法事务办公室递交一份复印件。书面陈述必须包括下列信息：申诉理由、听证会上证据的相关论据和引用说明的情况。如果申诉是基于获得新证据而提出的，则应当包括对新证据的陈述，并说明在听证期间该证据为何未被发现。

（2）在提交申诉申请后7个工作日内，司法事务办公室将对其作出书面答复，复印件必须同时送达学生或学生组织，同时还要将听证会的记录送交受理申诉的人员。

（3）在司法事务办公室作出答复后的3个工作日内，学生或学生/校园组织可以提供一份补充说明。

（4）所有证据均需提交到申诉受理机构，便于其审理案件。未经受理申诉人员的特别许可，在申诉程序进行期间，证据不能被提走。以申诉为目的，学生、校方人员或学生组织可以有充足的机会在司法事务办公室查看听证会过程中的官方记录和文件，但仅限于翻阅和查看，不能复印。

（5）在接到所有的书面陈述后，申诉受理机构主要进行书面审查，特殊情况下也可以规定或者要求各方进行简短的口头辩论。

2. 听证会审理及其程序

明尼苏达大学以听证会审理方式为主，其处理程序主要如下：

（1）当事人提出申诉后，教务长申诉委员会秘书安排听证会时间。如果有一方当事人不能按照计划出席或者提供可接受的听证会召开时间，申诉委员会主席将决定会议召开日期，并要求各方出席。

（2）主席负责维持有秩序的、公平的、有礼的申诉听证会，但听证会对公众不公开。

（3）主席宣布程序开始，并介绍下列事项：

a. 确认参与申诉听证会的各方当事人身份；

b. 告知申诉听证会正在进行录音；

c. 审核证据标准。如果有证人在场的话，要求离开听证会房间直到主席叫他再进来为止。

主席宣布听证会程序，包括下列事项：

a. 陈述申诉请求；

b. 小组委员会审查为申诉听证会准备的材料；

c. 调查小组委员会是否存在偏见、歧视或先入为主的观点；

d. 允许双方当事人对任何小组委员会成员提出质疑；

e. 介绍在座的参与投票的成员（礼貌要求）；

f. 考虑双方当事人提出的问题。

（4）申诉开始，首先由申诉人陈述申诉理由并表达希望撤销原来的决定，然后，由被申诉人向申诉人提问，接着由小组委员会向申诉人提问。但是，如果申诉人（或顾问/律师）没有出席，小组委员会审查书面申诉材料。

（5）被申诉人对申诉事项进行答复，首先由被申诉人对申诉进行抗辩，然后由申诉人向被申诉人提问，最后由小组委员会向被申诉人提问。

（6）总结陈词阶段，先由被申诉人陈词，然后由申诉人陈词。

（7）主席宣布申诉听证会结束，由小组委员会进行讨论，不能进行录音。讨论结束后，宣布小组委员会的结论：

a. 小组委员会认为申诉有效或无效；

b. 小组委员会向教务长做出的建议。

（8）教务长对申诉小组委员会的建议可以采纳、修改或拒绝并作出最后的决定，送达各方当事人、最初听证机构和其他与申诉结果有利益关系的机构。

### （四）申诉审查的内容

在申诉处理过程中，主要是对校方作出处分行为的程序是否正当、处分决定是否有充分的事实依据、处分决定本身是否适当以及新提供的信息、证据等进行审查。

申诉委员会主要对校方作出处分决定时的书面记录进行审查，内容具体包括以下几点：[1]

（1）审查校方作出处分决定时是否依据指控和提供的信息公平行事，是否按照规定程序给予指控方准备和提供信息的合理机会，是否按照规定程序给予被指控方准备和提供回应指控的合理机会。偏离指定的程序并不能作为支持申诉的理由，除非这种偏离导致严重的偏见。

（2）审查校方作出处分决定时是否基于充分的信息，即案件中的事实部分是否充分，足够证明存在违反学生守则的行为。如果信息支持"合理推断"，认为学生违反校规，那么，即便没有直接目击被指控行为的证人证据，也可以认定他对此行为负责。申诉委员会应当尊重作出处分决定的机构，不能用自己的判断代替作出处分决定机构的判断。它审查的只是处分决定作出机构在作出结论时是否有信息作为支撑。

（3）审查校方对已经发现的违反学生守则的行为是否处以适当的处分。

（4）考虑新提供的信息，这些信息足以改变校方的处分决定，或者考虑其他未提供的相关事实，因为这些信息和事实最初并不为人所知。如明尼苏达大学规定，主席和小组委员会在一方当事人及时请求并通知另一方当事人

---

[1] Edward N. Stoner, John Wesly Lowery, Navigation Past the "Spirit of Insubordination": A Twenty-first Century Model Student Conduct Code With a Model Hearing Script, Journal of College and University Law (2004).

的情况下，有权允许当事人提供新的证人和材料，以便自己作出建议决定。

（五）申诉处理的结果

1. 申诉决定的作出

申诉委员会一般采用投票方式作出决定，以少数服从多数为原则。

例如，明尼苏达大学规定，申诉小组委员会基于最初程序的记录以及申诉听证会上各方当事人提供的信息和论据，提出处理建议。每个小组委员会成员（包括主席）将进行投票，以少数服从多数为原则。申诉小组委员会的建议在申诉听证会结束后最多一个星期内交给教务长。教务长根据《学生行为守则》作出最后的惩戒决定，对申诉小组委员会的建议有广泛的自由裁量权，可以接受、修改或拒绝这些建议。

2. 申诉处理的时间

申诉受理机构在接到申诉申请后，在特定时间内安排会议并处理申诉事项，以保护当事人的权利，解决纠纷。

例如，明尼苏达大学规定，申诉小组委员会将尽量在接到学生申诉之日起1个月内完成听证，但不包括学校的假期。马萨诸塞大学规定，校方人员应当在接到申诉申请后15个工作日内对案件作出书面决定。威斯康星大学规定，主要行政人员受理学生申诉后在30日内予以答复。

3. 申诉处理结果及其通知

申诉受理机构的处理结果大致分为两类：驳回申诉请求，维持原处分决定；支持申诉请求，改变原处分决定。改变原处分决定具体又分为四种情况，即撤销原处分决定、减轻原处分决定、要求重新召开听证会、要求重新审理案件。申诉处理结果要通知各方当事人。

例如，爱荷华大学规定，申诉受理机构可以作出下列结论：维持下级机构的处分决定；撤销下级机构的处分决定，因为没有发现违反行为守则的行为；要求重新举办听证会；要求重新审理案件，因为有新的证据出现；减轻处分。如果申诉处理机构没有维持原处分决定，则要通知申诉人。学生处负责告知学生或学生组织关于申诉案件的结果。明尼苏达大学规定，教务长的决定可能包括但不限于：驳回申诉；修改或推翻原来的决定；将案件发回最初机构重新听证；或者交给从未接触过案件的委员会进行听证。威斯康星大学规定，受理申诉的主要行政人员应当维持原处分决定，除非发现有下列情形：记录中的信息不能支持关于事实方面的认定；没有遵循适当程序，导致对学生产生重大偏见；处分决定是基于州或联邦法律的规定而作出的。如果校长认为存在上述情形，可以要求不同的委员会重新审理案件，或者自己做出适当的补救措施。

4.申诉处理结果的效力

如果对申诉委员会的处理结果感到满意，则其处理决定为校内最终决定。如果不满意，则还涉及对其结果进行校内审查甚至校外审查的问题。

（1）校内审查。如果对申诉委员会的处理结果不满意，有些高校允许学生或学生组织向校长或其他最高机构（如高校董事会）再提出申诉。这种情况下，校长或其他最高机构的决定为校内最终决定。

例如，爱荷华大学规定，申诉处理的决定及其理由要报送司法事务办公室、听证委员会主席和学生处审核。经审核后，申诉处理决定将成为校内的终局裁决，除非受到审查。对申诉决定的校内审查大致包括两种：① 校长审查。学生或学生组织可以请求校长审查申诉处理机构作出的裁决。校长有权决定是否同意学生或学生组织的要求。当校长决定审查申诉处理机构作出的裁决时，则校长的决定成为校内具有终局效力的裁决。② 董事会审查。董事会也可以审查校内终局裁决，但必须遵循其制定的规则和程序。马萨诸塞大学规定，在特殊案件中，如果校长认为学校的安全或财产受到影响，那么校长或其指派人可以根据自由裁量权或受一方当事人的请求，审查校方人员作出的最终决定。校长或其指派人可以将案件发回给任何一级机构进行进一步的审查，确认决定或者推翻决定。校长或其指派人的决定应当是最终的决定。威斯康星大学规定，高校董事会可以根据自由裁量权，对校内机构作出的具有终局效力的决定进行审查。

（2）校外审查。如果对校内作出的最终决定仍不满意，学生或学生组织可以向法院提起诉讼，要求法院对校内最终决定进行裁决。但这里必须注意一点，即校外审查的前提条件是，学生或学生组织必须穷尽校内的救济程序。也就是说，只有在校内程序仍然解决不了问题的情况下，才允许通过诉讼解决纠纷。[1]在实践中，明尼苏达大学Karon教授认为："在诉讼前校内这些程

[1] Raoph D. Mawdsley, Litigation Involving Higher Education Employee and Student Handbooks, West's Education Law Reporter, August, (1996).

序是必须先经历的，必须穷尽的。"马萨诸塞大学教授Di Mare教授强调：如果没有这些（校内）程序，也许会有诉讼，因为如果缺少正当程序，或者校方人员有任意或武断的行为，就可能会引发更为严重的冲突或纠纷。如果设置这些（校内）程序，校方人员必须遵守，换句话说，解决校内纠纷必须适用这些程序。

### （六）关于记录

申诉处理程序及其结果应当有记录。记录应当由高校根据《子女教育权和隐私权法案》（FERPA）、各州法律以及各校规章和政策进行保管并保密，未经学生或未成年学生的父母或法定监护人的书面同意，不能将其透露给任何人或机构，除非根据法律要求。

## 第二节　高校内部学生申诉制度的延伸

高校内部学生申诉制度是解决学生因对校方作出的惩戒或处分决定不满而产生的纠纷。如果校方行使处分权的行为做到规范化，并且给予学生陈述观点、进行辩护的机会，将有利于提前化解双方可能产生的纠纷。因此，公立高校在校内学生申诉制度的前端设置学生听证制度，对因学生违规行为引发的纠纷进行事实调查，确保学生与高校间至少有沟通的机会，[1]从而降低或防止双方发生纠纷的可能性。

另外，校内学生听证制度的建立也是正当程序条款的要求，即公立高校应提供最低限度的正当程序制度，包括"当学生因违纪而受到学校处罚时，基本的正当程序要求是通知他并给他听证的机会。为公正起见，听证会必须给受不利影响的当事人以回应、解释、辩护的机会。如果校方要开除学生，正当程序则要求在学生与处分方之间有正式的交流，学生可以有机会解释其对于事实的看法。正当程序也要求学校在作出开除学生处分时必须有充分的证据。"[2]

---

[1] Goss v. Lopez案中，最高法院认为"在学生与实施纪律者之间至少应当有正式的沟通。"419 U.S. 584 (1975)。

[2] 印第安那州上诉法院对此作出的在当代具有典型意义的解释。Gagne v. Indiana Univ., 692 N.E.2d 489, 493 (Ind. Ct. App.1998)。

美国公立高校实施自主管理权的范围非常广泛，因此，它们根据各自情况设置并运行校内学生听证制度，下文将对学生听证制度的设置与运行情况做大体描述。

## 一、不当行为的报告与区分

### （一）不当行为的报告

当发生违反《学生行为守则》的行为时，任何发现、知道不当行为或者受到不当行为侵害的主体都可以向学校相关机构报告。一般说来，报告人或指控人是受到不当行为伤害的学生，但事实上，高校里的任何一个成员都可以报告或指控不当行为，保护那些相信他人受到伤害的人员享有与指控人同等的指控权。比如，当一个学生认为另一个学生的不当行为使其受害，那么相信他的学生也可以提出指控，即使已经有指控人。又如，安全员在撰写安全报告时，也可以成为技术上的报告人。[1]

例如，明尼苏达大学规定，学校的警察局、学校的部门或其他学生、员工或校园访客发现有不当行为，均可以向学生行为和学术诚实办公室（OSCAI）提出指控。[2]爱荷华大学规定，受害人或发现、知道不当行为的人均可以书面形式向司法事务办公室（OJA）提出报告。马萨诸塞大学规定，根据任何学生、员工或独立个人的请求，学校可以对被指控学生提出适当的指控。

### （二）不当行为的区分

相关机构受理后，将案件区分为轻微案件和重要案件，并因此决定具体适用的程序。区分的标准在于可能获得的制裁程度不同，这将导致轻微案件与重要案件的处理程序不同，尤其在是否召开正式的听证会程序方面。重要案件必须召开正式的听证会，而轻微案件可以不召开听证会或者召开非正式

---

[1] 参见Edward N. Stoner, John Wesly Lowery, Navigation Past the "Spirit of Insubordination"：A Twenty-first Century Model Student Conduct Code with a Model Hearing Script, Journal of College and University Law (2004)。

[2] OSCAI是明尼苏达大学负责执行《学生行为守则》的机构，实施惩戒程序，以公平、便宜的方式，利用教育、发展的政策解决因违反《学生行为守则》引起的学生事务。

的听证会，通过非正式途径解决问题。

例如，爱荷华大学司法事务办公室（OJA）接到对不当行为的报告后可以对案件进行初步调查，安排与被指控学生或学生组织的最初会面，为他们提供关于申辩、可能举行的听证程序、学生或学生组织权益、程序可能产生的结果等方面的信息。如果确实存在不当行为，则根据轻重程度分为轻微案件与重要案件，并决定是否召开正式的听证会。如果应当召开正式的听证会，则交由适当的听证机构受理案件。马萨诸塞大学规定，如果是轻微案件，可以由学生行为会议在听证会召开前直接作出处分决定，而且不能对此处分决定进行申诉，或者也可以由指控人撤销指控；如果是严重违规行为，可以由校方人员与学生就指控事实和处分进行协商后达成协调并签署，也可以不经协商直接进行听证会程序。

## 二、正式听证会的程序

如果是轻微案件且对事实部分没有争议，那么可以通过非正式途径解决纠纷。但如果是重要案件，出现下列情形，则需要召开正式的听证会：需要对事实部分加以充分印证，且在有可能处以比较严重的处分时；[1]或者，在学生拒绝通过非正式途径解决问题并要求校方召开正式听证会时；或者，双方当事人无法通过非正式途径达成协议时，高校须为学生提供听证的机会。

### （一）受理案件的范围

一般来说，听证会受理案件的范围非常广泛，既包括各种违反《学生行为守则》的行为，也包括违反州法律和本地法律的行为。无论这些行为发生在校园内部还是校园外部，只要它们影响到学校的重要利益、构成刑事犯罪、对本人或他人的健康或安全构成危险或威胁，都在听证会的受理范围之内。

例如，爱荷华大学规定，任何对不当学术行为、其他各种违反《学生

---

[1] 重要案件中要运用正式的程序措施保护学生免于受到不公平的严重惩罚的对待。而程序的非正式性必然会威胁公平的事实发现、规则制定以及实施惩罚的程序。Ira Michael Heyma, Some Thoughts on University Disciplinary Proceedings, California Law Review, Vol. 54, No. 1. (Mar., 1966).

行为守则》行为、违反各种州法律和本地法律的行为的指控，均在听证会受理范围之内，包括：作弊、抄袭等不诚实行为；破坏或阻止教学、研究、管理、惩戒等其他学校活动；身体伤害、语言伤害、威胁、恐吓、骚扰、胁迫或其他威胁或危及任何他人健康或安全的行为；企图或事实上已经侵害到学校、学校员工或其他个人或公共的校内或校外财产安全；侮辱他人；没有履行校方或法律要求学生履行的义务；未经允许拥有、复制或使用校方建筑的钥匙或未经允许进入或使用校方建筑；其他违反校方政策、规则或规章的行为等。明尼苏达大学规定，发生于校园内部或学校资助的活动中的，或者发生在校外的违反《学生行为守则》的行为，只要影响到学校的重要利益和构成州法律或联邦法律规定的刑事犯罪或可能对本人或其他人的健康或安全构成危险或威胁，都在听证会受理范围之内。

（二）受理机构

听证会的受理机构一般根据案件性质、轻重程度不同，分别由不同的机构予以受理。各校根据各自情况和特定需求制定规则，差异较大。

例如，爱荷华大学规定，听证会的受理机构由司法事务办公室（OJA）决定分配。如果OJA负责人认为案件是轻微案件，且涉及校园住宿问题，则交由住校司法事务协助员校园住宿总办公室（ARJ）处理；如果涉及联谊会问题，则交由联谊会司法事务总部（AGJ）处理；也可能交由OJA行政听证会处理。对于所有这些案件，OJA负责人都有权决定是否交由校园司法事务总办公室（AUJ）来裁决。重要案件的听证会由OJA交由AUJ受理。AUJ受理的案件是严重违反《学生行为守则》的可能导致停学或退学处分的行为，也可受理由OJA提交的轻微案件。明尼苏达大学规定，对不当行为的指控应当提交到学生行为与学术诚实办公室（OSCAI），再由OSCAI把案件转交给适当的听证委员会。听证委员会可能是校园学生行为委员会（CCSB，处理大部分违规行为的机构）或其他在学院或特定行政部门设置的听证机构。

（三）受理人员及其公正性

1.受理人员

通常情况下，受理人员要组成听证委员会来处理案件，委员会是独立的处理机构，确保其公正性。[1]委员会成员包括学生、教职员工或管理人员，人数在3—5人之间，也可能更多。委员会成员的构成比例各校均有不同规定，但要确保多样性和代表性。在组建委员会时，慎重考虑其成员构成，以确保其作出公正的决定。[2]

　　例如，爱荷华大学对轻微案件的受理人员没有明确规定，但对重要案件的受理人员则有详细规定。司法事务总办公室（AUJ）组成人员共30名，均由校长任命。其中10名教师由学校或教师评议委员会提名，5名行政人员由负责学生事务的副校长提名，5名研究生由研究生会提名，10名学生由学生管理中心提名。所有提名均需经校长批准，任期为2学年。任期届满，成员还愿意继续服务，则可延长或被重新任命。从30名成员中任意选择5名成员组成听证委员会处理案件，其中1名主席（教师或行政人员），2名教师或行政人员，2名学生。明尼苏达大学规定，校园学生行为委员会（CCSB）成员由大学理事会指派教职员工和学生组成。听证小组委员会成员将从中选任，包括主席和5名成员或更多具有投票权的成员。尽力让学生成为主要成员，除非这样做会延误听证会的召开。被指控的学生所在学院院长指派1名教师、职员或学生列席听证会。如果案件涉及学院之间的问题，则每个学院都可以选任1名代表参加听证小组委员会，成为5名成员之一，拥有投票权。如果被指控的是学生组织，学院不能派代表出席。马萨诸塞大学规定，学校应当设立适当的听证委员会，受理被指控违反《学生行为守则》的事项。惩戒听证委员会（Disciplinary Hearing Board）应当包括学校的雇员和学生，确保成员的多样性和代表性，最少3个，最多5人。

---

[1] 加州大学伯克利分校规定，听证委员会要独立于学生处主任办公室。首先，它能够通过更正式（因此也是更保护性）的程序发现事实真相。而学生处主任办公室一般是避免对抗性的。其次，它允许学生处主任办公室维持其支持、鼓励的性质，委员会（不是主任）对案件的严重性以及适当的惩罚进行裁断。再次，委员会独立于行政机构，这使得它能够调整总的规则以便更符合校园舆论（campus consensus），而不是只对规则进行比较孤立的行政性解释而已。最后，委员会能够使违规的学生免于受到额外的惩罚。因为在那样一些少数案件中，学校的行政人员迫于压力可能会出于"校方利益"而考虑校外因素的影响。参见Ira Michael Heyma, Some Thoughts on University Disciplinary Proceedings, California Law Review, Vol. 54, No. 1. (Mar., 1966), pp.73—87。

[2] Henry J. Friendly, Some Kind of Hearing, 123U.PA.L. REV.1267,1279 (1975).

2. 公正性

听证委员会成员应当公正，不能私自卷入被指控的行为。为此，高校还就委员会成员的回避事项作出相关规定，即学生或学生组织可以对持有偏见的听证委员会委员提出回避申请。如果委员会成员与被指控事项有利益关系或存在偏见，可予以撤换。至于申请回避的时间、成员是否回避等规定，各校均有不同。

例如，爱荷华大学规定，被指控学生或学生组织可以对持有偏见的听证委员会委员提出回避申请。回避申请及回避原因应尽快向司法事务办公室（OJA）负责人提出，不得晚于听证会召开前一个工作日的下午五点。如果听证会的通知已经公布，而听证会成员有所变动，则被指控学生或学生组织可以在听证会开始时要求新成员回避。听证委员会主席有权决定成员的回避。如果学生要求主席回避，则由学生办公室作出决定。明尼苏达大学规定，任何一方当事人若认为听证委员会主席、成员和/或学院代表与案件有利益关系或存在偏见，均可请示予以撤换。

关于委员会的公正性，还涉及另外一个较为突出的问题，即委员会成员可能身兼多职，因而破坏委员会的公正性。例如，委员会成员参加了听证会前的非正式调查与调解活动，事先就了解待审议的案件及相关当事人，之后又成为听证委员会成员，对违规行为是否发生以及作出何种处分提出建议，这非常有可能破坏委员会决定的公正性。因此，有学者建议，如果有足够的员工，应尽量做到适当分工，将非正式调查和/或调解的职能与作出处分的职能分开，各司其职，避免一人多职的现象，保持权力运作的灵活性。[1]但是，如果无法避免一人多职，也不应就此认为一定会影响委员会活动的公正性。正如有些法院认为，高校是一类特殊的自治体，很难组建一个委员会，它既没听说过相应指控，也不认识任何一方当事人。[2]在高校惩戒程序中，很难避免一个人同时扮演多个角色的情况，即便是在作出暂令停学或开除学籍处分时也避免不了。因此，即使存在一人多职现象，这也并不说明委员会

---

[1] Edward N. Stoner, John Wesly Lowery, Navigation Past the "Spirit of Insubordination": A Twenty-first Century Model Student Conduct Code with a Model Hearing Script, Journal of College and University Law (2004).

[2] Holert v. Univ. of Chi. 751 F. Supp.1294,1301 (N.D.III.1990); Henderson State Univ. v. Spadoni, 848 S.W.2d 951, 954 (Ark. Ct. App.1993)以及Nash v. Auburn Univ., 812 F. 2d 655, 666(11th Cir.1987)案中，法院均有此观点。

是不公正的，法院一般对高校的这种做法予以支持。[1]

（四）听证通知及听证会时间

针对学生的所有指控必须以书面形式通知被指控学生，确保其全面知悉违反校规的行为。在公立高校系统中，通知和听证的机会在所有学生惩戒程序中是非常重要的，[2]应当"在任何情况下，都能合理地通知未决事项的利害关系人，告知其有机会陈述"。[3]至于听证通知的内容、送达以及听证会的时间安排等，各校规定各有不同。

例如，爱荷华大学规定，如果是轻微案件，司法事务办公室（OJA）至少在听证日期前4个工作日将正式控告书送达被指控学生或学生组织，但没有明确规定听证会时间。如果是重要案件，则至少在听证日期前7个工作日将正式控告书送达被指控学生或学生组织。通知要送达本人或其住所。司法事务总办公室（AUJ）将在接到正式指控之日起20个工作日内召开听证会，除非司法事务办公室（OJA）或听证委员会主席同意由被指控学生或学生组织、或其代理人提出的其他时间。被指控学生或学生组织将有至少7个工作日的时间准备答辩和听证。马萨诸塞大学规定，听证会召开前至少5个工作日内要通知被指控学生。通知应当是书面的，包括被指控的行为、违反的规章、听证会召开时间、地点以及程序等。校园学生行为委员会（CCSB）在接到学生请求后，将尽力在1个月内完成听证会，不包括放假期间。威斯康星大学规定，调查人员在与被指控学生取得联系并讨论被指控事项后，应当

---

[1] 在 Gorman v. University of Rhode Island, 837 F.2d 7, 15 (1st Cir. 1987) 案中，法院认为，学校的程序设置是为学生提供一个机会，使其对被指控的行为作出回应和辩护。不能因为听证委员会成员 Weisinger 身兼数职就断定其会对案件进行不公平的处理。在 Nash v. Auburn Univ., 812 F.2d, at 666 (11th Cir. 1987) 案中，杜克大学拒绝制定这样一种规则，即仅仅因为有些人员参加了对事件的初始调查并且开始调查事件的原因，就认定他们不适合成为行政听证或受理机构的成员。在 Winnick v. Manning, 460 F.2d 545, 548 (2d Cir. 1972) 案中，法院认为被指控学生的正当程序权利要求公平的决策者，但并不排除由确定违规行为发生的机构人员最终作为决策者作出处分决定。Hillman v. Elliott, 436 F. Supp.812, 816 (W.D. Va. 1977) 案中，法院认为大学校长可以作为案件听证或受理人员，即便他事先已经参与违纪事件的调查活动。

[2] Goss v. Lopez, 419 U.S. 565 (1975); Dixon v. Ala. Bd. of Educ., 294 F.2d 150 (5th Cir. 1961).

[3] Memphis Light, Gas & Water Div. v. Craft, 436 U.S. 1, 13 (1978)。另外，Goss v. Ala. Bd. of Educ. 419 U.S. at 582 案中的法官认为：学校必须通知学生"被指控的行为以及指控理由。"Dixon v. Ala. Bd. of Educ., 294 F.2d 158 (5th Cir. 1961) 案中，法院要求"明确的指控及其理由。"

书面通知学生有听证的权利。学生事务人员在接到学生请求后15日内安排听证会日程。听证会应当在接到学生请求或书面报告后45日内进行，除非学生与调查人员双方同意，或者听证委员会允许，才能在其他时间召开。

（五）被指控人的权利

被指控人在听证过程中享有的权利，主要包括邀请顾问出席、查阅案件资料、出席听证会等。

1. 查阅案件材料

被指控人在听证会召开前有权查阅与被指控行为有关的材料。如爱荷华大学规定，在正式提交报告或司法事务总办公室（AUJ）的听证会通知正式通告后，被指控学生或学生组织可以查阅司法事务办公室（OJA）提供的材料和由其准备的案件总结情况，包括以下内容：证人；使用的材料；提交到AUJ的简短的信息总结等。

2. 邀请顾问出席的权利

关于顾问的作用，一个法院引用前普林斯特大学校长Dr. William G. Bowen的观点：高校是一个充满自由、合作的场所。我们有一系列的规则、规章尽最大努力维持高校秩序。但是，关于作伪证或者引导、保证法律程序进行等事项我们没有一整套的安排。因此希望顾问（作为同辈人而不是作为律师）能为我们提供直接、清晰的帮助，而不是故意误导其与高校间的关系。

顾问通常是高校成员，也可以是校外人员，但不能是律师，[1]除非出现特殊情况，[2]这是符合公立高校正当程序要求的。[3]理由是：第一，宪法没有

---

[1] 爱荷华大学规定：校内教职工、行政人员、学生或者校外的任意两个人可以作为顾问。明尼苏达大学规定：学生可以请顾问（父母或其他人）参加会议，但不能是律师马萨诸塞大学规定，被指控学生和指控人可以要求在校园团体内请顾问协助，但是顾问不是律师。

[2] 如公立高校惩戒委员会在某些情况下被看作是政府的专门机构，可能要执行特定的政府行政机构法律，而这些法律允许律师代理。又如，对学生不当行为同时提出刑事指控，则有些法庭要求高校允许学生有自己的代理律师。然而，即使是在这些情况下，律师的角色可以被限定为沉默的建议者，不能影响惩戒听证会的结果。律师的职责是建议被告是否回答问题以及不能说什么，以使其避免自证其罪；观察听证程序的进行，从其中收集证据，以便为更好地应对日后的刑事诉讼程序做准备。为完成这些职责，律师只能与被告进行交流，而不能与任何人进行沟通。参见Edward N. Stoner, John Wesly Lowery, Navigation Past the "Spirit of Insubordination"：A Twenty-first Century Model Student Conduct Code With a Model Hearing Script，Journal of College and University Law (2004)。

[3] 在公立高校，一般不需要律师出席或参加听证会，除非少数情况。Fedorov v. Univ. of Ga., 194 F. Supp.2d 1378, 1393 (S.D. Ga. 2002)案中，法院认为，虽然禁止学生请律师，（转下页）

规定学生在高校惩戒程序中有聘请律师的权利，[1]宪法的正当程序条款没有明确规定要求律师的出席。第二，法院认为"学校司法程序"没有什么神秘难懂之处，都写在学生手册里，对于拥有一般智力水平的高校学生而言，这都是能理解的。[2]第三，高校的程序本质上不是刑事程序，听证会只是调查而不是对抗。如果承认学生有请求律师代理的权利，则会使学生惩戒程序变为一种对抗的诉讼模式，相应的费用和复杂性将会增加，这对程序本身以及学校财力都会造成损害。[3]第四，法院也拒绝扩大高校律师事务所及律师的业务，因为"不能无理由地限制学术共同体对自己事务的控制。"[4]

顾问的职责是帮助被指控人准备听证事项，为被指控人提供建议，陪同其参加听证程序，并在其准备申诉时给予指导。但是，顾问不能直接参与程序、代为陈述案件、直接或间接询问证人、打断或推迟程序的进行，否则可能被听证委员会主席取消顾问资格。根据听证会的教育目的，学生应当自己参与程序、表达观点、回答问题。例如，明尼苏达大学规定，顾问只是学生的支持者，并不能直接参与程序，学校还是直接与学生进行沟通，因为学生是当事人。

3. 出席听证的权利

被指控的学生或学生组织有权出席听证会，表达自己的观点，质疑对方的观点，并为自己辩护。如果无法出席，听证会可能暂停，也可能继续召开，作出缺席处分决定。

例如，爱荷华大学规定，被指控学生或学生/校园组织的负责人有权出

---

（接上页）但学校依然符合正当程序要求。在 Garshman v. Pa. State Univ., 395 F. Supp.912, 914 (M.D. Pa. 1975)案件中，法院认为，面临被开除危险的学生可以向"自己选择的校内成员而不是律师"请求帮助，这是符合公立高校最低限度正当程序原则的，而这项原则是已经尽最大努力确保公平的结果。在 Woodard v. Univ. of Pittsburgh, No. 95—1299, at 4—5 (W.D. Pa. 1995)案件中，法院认为，高校学生在学校惩戒听证会上无权请律师。该案原告学生因学校只允许他请二年级法律系学生作为顾问，而不允许自己的私人律师做顾问，向法庭主张其被剥夺了正当程序权利，法庭最终不予支持。

[1] Brown v. W. Conn. State Univ., 204 F. Supp.2d 355 (D. Conn. 2002).

[2] Jaksa v. Univ. of Mich., 597 F. Supp.1245, 1251–1252 (E.D. Mich. 1984), and Bleicker v. Ohio State Univ., Coll. of Veterinary Med., 485 F. Supp.1381, 1387–1388 (S.D. Ohio.1980), and Haynes v. Dallas County Jr. Coll. Dist., 386 F. Supp.208, 211–212 (N.D. Tex. 1974), and Barker v. Hardway, 283 F. Supp.228, 236–238 (S.D. W.Va. 1968).

[3] 第七巡回法院在 Gabrilowitz v. Newman, 582 F.2d 100, 106 (1st Cir. 1978)案中的观点。参见 Edward N. Stoner, John Wesly Lowery, Navigation Past the "Spirit of Insubordination": A Twenty-first Century Model Student Conduct Code With a Model Hearing Script, Journal of College and University Law (2004).

[4] Napolitano v. Princeton Univ. Trustees, 186 N.J. Super. 575, 453 A.2d 282 (1982).

席听证会，在听证会上有权陈述自己的观点并质疑对方的观点。如果无法出席，那么听证委员会主席若发现学生或学生/校园组织对案件负有责任，则可以提出适当的制裁建议。明尼苏达大学规定，如果被指控学生不能亲自参加听证会，可以向小组委员会提交书面声明并签字。小组委员会可以选择以下处理方式：投票决定给予其停学处分，直到听证会能够举行；或投票决定在学生缺席的情况下继续召开听证会。

（六）听证会的召开

听证会召开的具体方式和步骤，各高校规定差异不大。

1. 召开方式：原则上秘密进行

尽管法律对听证会的形式没有特殊要求，但听证会应当秘密召开，不需要对公众公开。[1]在关于学生违纪事务的处理中，程序很少公开进行。如果公开，有可能导致指控人不愿意参加听证会以致校方无法查明事实或者听证会只能发挥有限作用等不利后果。[2]秘密召开听证会不仅有助于保护被指控人和指控人的隐私、声誉以及特殊的利益，也有助于保护证人，还有利于稳定秩序。[3]因此，听证会秘密召开是原则性规定，但在少数特殊情况下也可以公开进行。

例如，爱荷华大学规定，听证会原则上秘密进行，但也可以公开进行，即被指控人有权在听证会召开前至少3个工作日提交书面请求，要求公开召开听证会。如果出现下列情形，听证会主席也有权决定不公开召开听证会或不公开召开部分听证会：指控所涉及的个人不当行为可能会使当事人、被害人或证人感到尴尬；可能会使被害人或证人受到伤害；证人不同意公开证据；《子女教育和权利法案》（FERPA）规定的不能公开的学生个人记录或者

[1] Hart v. Ferris State Coll., 557 F. Supp.1379, 1389 (W.D. Mich. 1983).

[2] William Bracewell博士，佐治亚大学前任司法事务负责人，描述了佐治亚大学公开召开听证会的一些问题：第一，原告方不愿意参加听证会。报告人向学校报告违规行为，但当被告知需要参加听证会时却拒绝参加，导致校方无法根据清楚、足够的证据来证明是否有违规行为的发生。第二，听证会的作用也有限。听证会专家成员或者行政听证会人员不愿意问及个人事务，担心个人信息会被媒体公开。很多与案件有关的细节问题和导致正确的、有利于学生个人发展的决定的细节问题均未经讨论。参见Edward N. Stoner, John Wesly Lowery, Navigation Past the "Spirit of Insubordination": A Twenty-first Century Model Student Conduct Code With a Model Hearing Script, Journal of College and University Law (2004).

[3] Sarah Ann Bassler, Public Access to Law School Honor Code Proceedings, Notre Dame Journal of Law, Ethics and Public Policy (2001).

其他令人信服的原因。明尼苏达大学规定，校园学生行为委员会受理的纠纷、召开的听证会均不对公众公开。但如果有人想参加，经过双方当事人同意和小组委员会主席的允许，可以参加。马萨诸塞大学规定，听证会应当只对指控人、被指控学生、听证委员会成员及证人公开。其他人如果想参加，除非获得被指控学生和指控人的同意。

尽管美国公立高校在实践中的通常做法是秘密召开听证会，但是，仍有学者坚持认为，公开召开听证会有更重要的价值。公开召开听证会，一是更符合高校学生行为守则的教育目的，既能够使违规学生承担责任，也能够给其他学生提供机会，识别正确和不正确的行为。二是确保公平，证明程序的正当性，促进学生与员工对程序的信任。三是促进对正确行为的有益讨论。而秘密进行听证会，则有很多弊端。尽管人们认为秘密召开听证会能够平衡大量的竞争利益关系，但是却错误地赋予学生更多的权利保护，超出了他们的实际需要。如果听证会秘密进行，被指控学生也许会试图向学生和员工陈述案件的一面，而听证委员会专家又对案件的另外一面予以保密，通过这种方式被指控学生可能会暗中破坏高校的惩戒程序，因此导致惩戒程序的独断性和任意性。[1]

2. 具体步骤

委员会主席主持听证会具体程序，为事实发现程序奠定良好的基础，所有程序性问题均由主席最后决定。[2]听证会召开的具体步骤，以爱荷华大学司法事务总办公室（AUJ）的听证会规定为例，予以说明：

a. 由指控人或司法事务处代表开始陈述；

b. 如果（学生或学生组织）要求的话，由被指控人陈述，否则可以保持沉默；

c. 指控人出示证人、证据、信息；

d. 被指控人向指控人提问；

e. 被指控人出示证人、证据、信息；

f. 指控人向被指控人提问；

---

[1] 参见 Sarah Ann Bassler, Public Access to Law School Honor Code Proceedings, Notre Dame Journal of Law, Ethics and Public Policy (2001).
[2] 在 *Henderson State Univ. v. Spadoni*, S.W.2d 951, 954 (Ark. Ct. App.1993)案件中，法院支持主席主持正常的听证会，认为"要求被指控学生的证人提供能够反映问题的证据，而不允许其想说什么就说什么，这是正常的程序要求，即使在司法程序中也这样做。"

g. 委员会向指控人、被指控人提问；

h. 指控人总结陈词；

i. 被指控人总结陈词。

听证会主席有权控制程序的进行，也有权决定是否允许证人通过电话或遥控视频提供证词。他可以采取措施保护证人，使其免受当事人的侵害。

3. 关于证据

在听证程序中，证据非常重要，它关系到整个程序的公正性以及结果的正确性。每种听证会都不应当产生片面的咨询。事实认定者不应当基于学生无法获得的证据而认定学生违规。这是一项很重要的规则，以保护程序，使其免于得出错误结论和基于未经验证的事实而得出结论。[1]但关于证据的有效性、可采性问题，完全由听证委员会决定，并不适用证据的正式规则。也就是说，刑事或民事法庭适用的正式的证据规则，无论是联邦的证据法则还是州的证据法则，在高校学生惩戒程序中不得适用。这是很明智的做法，可以杜绝有人希望这种正式的法律规则在学校事件处理中加以适用的想法。[2]

例如，爱荷华大学规定，AUJ会考虑证人证言和书面证据的效力，并在不同情况下赋予其相应的证明力。在AUJ听证会上，可以出示录像带、录音资料，但其他形式的记录设备或摄像记录的资料是被禁止的。听证委员会将根据听证会上出示的证据作出裁决。明尼苏达大学和马萨诸塞大学均规定，听证会不是法庭式的，不能适用法庭的程序规则或证据规则。

（七）听证会的决定

1. 听证会作出决定的程序

听证会通常采取秘密投票方式作出决定，以少数服从多数为原则。如果多数无法达成一致意见，则听证会每位成员需要准备书面说明，解释各自的决定理由，交由主管机构作出最终决定。

---

[1] 这项规则特别适用于高校。在这种环境中，这些决定通常与熟人有关，他们认识那些被指控的人。参见 Ira Michael Heyma, Some Thoughts on University Disciplinary Proceedings, California Law Review, Vol. 54, No. 1. (Mar., 1966), pp.73-87。

[2] 在 Schaer v. Brandeis Univ., 735 N.E.2d 373, 380 n. 15 (Mass. 2000)案中，法院并不要求高校(在处理事务中)遵守与法院相同的规则。布兰德斯大学可以承认所有证人提供的材料，也可以排除一些证据。律师和法官无权告诉高校哪些材料可以考虑、哪些材料需要排除。

　　例如，爱荷华大学虽然没有规定轻微案件中听证会如何做出决议，但对重要案件中的相关规定比较详细：在听取证据后，听证委员会将秘密讨论并由至少4—5人采取投票方式决定被指控人是否应对违规行为负责。听证委员会关于违规行为发生与否的决定应当依据占优势地位的证据标准。如果经过理性讨论之后，听证委员会有4位成员在决定被指控人是否对被指控行为负责这点上不能达成一致意见的话，则每一位成员都准备一份书面说明，解释他们各自决定的理由并递交给学生处。如果被指控人应对指控行为负责，那么司法事务总办公室（AUJ）将向学生处提出处分的建议。持有异议的委员会成员可以向学生处提交一份不同意见或处分建议。明尼苏达大学规定，听证会的末期，小组委员会在听证会上各方当事人提供的信息基础上秘密进行讨论并作出决定。主席、秘书、成员以及委员会的法律顾问可以参加。每个成员将投票决定被指控学生是否对每项指控都负有责任，以多数投票的结果来认定违规行为。如果认为被指控学生对一项或多项指控行为负责，那么小组委员会将继续对处分进行投票。

　　这里需要说明的是，听证会的决定只是确认违规事实是否存在并提出拟处分建议，供主管机构参考，最终作出惩罚或处分的是学生行为主管机构及人员。[1]他们将最终处理结果以书面形式通知指控人、被指控人、受害人以及相关机构，确保处分结果被知悉，但非经学生书面同意，一般不会将违纪事项的处理或情况通知学生的父母或监护人。[2]

　　例如，爱荷华大学规定，听证会只是提出拟处分建议，真正作出处分决定的机构是学生处。学生处向学生或学生/校园组织发出书面通知，说明拟处分的理由，并要求其至少在3个工作日内以书面回复或者请求当面回复。如果没有任何书面回复，或者在3个工作日内当面回复请求未被批准，学生

---

[1] 由学生行为主管机构及人员作出惩罚或处分，能够考虑此前与此案件相似案件的处分结果，实现前后案件的连续性与一致性——无须向目前的听证委员会说明以前案件的所有细节。另外，如果有人向法院提出异议，主管人员是最适当的（校内程序和处分结果）见证人。最后，主管人员比听证委员会更容易被训练作出具有教育意义的判断。参见Edward N. Stoner, John Wesly Lowery, Navigation Past the "Spirit of Insubordination": A Twenty-first Century Model Student Conduct Code With a Model Hearing Script, Journal of College and University Law (2004)。

[2] 高校学生的档案是受联邦法律，即《家庭教育权和隐私法案》（FERPA）保护的。除非极个别的情况，FERPA会保护所有学生"教育记录"的私密性。教育记录是与学生直接相关的任何记录，包括成绩报告和惩戒档案，并被教育机构保存。如果父母或监护人想了解学生的情况，唯一的办法就是与学生本人进行沟通。

处可以采取拟处分建议。学生处将在7个工作日内将最终裁决书面通知被指控人、司法事务总办公室（AUJ）、司法事务办公室（OJA）和适当的校方管理人员以及提出指控的人。

2. 听证会决定的内容

如果被指控人确实违反校规，听证会可以建议对其处以一个或多个惩罚：警告、留校察看、剥夺权利、罚金、赔偿、强制惩罚（如为学校完成工作论文、小论文、做义工或者其他相关的强制任务）、暂时逐出住宿公寓、逐出住宿公寓、暂令停学、开除学籍、取消入学资格或学位、扣发学位证书等。例如，爱荷华大学规定，轻微案件中，听证会的处理结果比较轻微，如书面的纪律处分、至多五个月的留校察看、禁止参加某个项目、班级活动或其他易于违反校规的活动、至多200美元的赔偿、暂缓休学、驱逐出宿舍等。重要案件中，听证会的处罚建议就要严重得多，如取消入学资格、限期或不限期地停学处分、长期限制其参加学校活动或使用校园设施、200美元或更多的赔偿，甚至开除学籍。

各校根据自身情况，还会有一些特殊的惩罚措施。例如，明尼苏达大学设有没收的惩罚措施，即没收因违反校规而使用或持有的物品或者没收伪造的证件或错误使用的证件。

可见，高校自由裁量的处分范围十分广泛，允许教育人员从广泛的可能性中选择处分种类，以便帮助学生更好地理解其行为结果。另外，当已经注册的学生组织实施某种不当行为时，学校不仅要惩罚参加不当行为的学生成员，也要惩罚这个组织。[1]

（八）记录及其保密性

听证会应当有记录，包括对听证程序及结果的记录。记录应当由高校根据《子女教育权和隐私权法案》（FERPA）、各州法律以及各校规章和政策进行保管并保密，未经学生或未成年学生的父母或法定监护人的书面同意，不能将其透露给任何人或机构，除非根据法律要求。

例如，马萨诸塞大学规定，学生行为记录由学生处根据《子女教育权和

---

[1] Edward N. Stoner, John Wesly Lowery, Navigation Past the "Spirit of Insubordination": A Twenty-first Century Model Student Conduct Code With a Model Hearing Script, Journal of College and University Law (2004).

隐私权法案》（FERPA）法案、校园安全政策以及校园犯罪统计法案、马萨诸塞州法律和校园规章的规定进行保管。除了《学生行为守则》的规定，校方未经学生或未成年学生的父母或法定监护人的书面同意，不能将学生的惩戒及相关信息透露给任何人或机构，除非根据法律要求。

听证会应当有逐字的记录，如录音记录等。例如，明尼苏达大学规定，校园学生行为委员会秘书将保存每个听证会的正式的录音记录。信件的复印件、抱怨以及对抱怨的回复、听证会上出示的信息的复印件以及听证会的录音记录、委员会的处理决定等都应当在学生行为和学术诚实办公室（OSCAI）存档。马萨诸塞大学规定，听证委员会应当制作书面记录，包括证据的总结、发现的事实和理由，所有记录应当在2个工作日内提交到学生处。威斯康星大学规定，听证委员会应当有听证会记录，应当包括证据的逐字记录，可以是录音形式，也包括听证会上提供的材料。

但大多数情况下，只要确保听证会有简要的记录即可，不一定都是逐字的记录或录音记录。大部分专家认为，即使对公立高校而言，也不需要逐字的记录。[1]布兰帝斯大学就规定，听证会不需要有逐字记录，甚至不需要有录音记录。当然，听证会的评议部分不能被记录。记录应当被视为学校的财产，学生可以调阅，但无权复印。[2]

保存记录的首要原因是确保委员会成员能够回忆起复杂程序中发生的事情，为最后审核的权威部门提供参考，便于其对已经作出的决定进行评价。[3]其次，记录可作为申诉人准备申诉的材料。最后，记录可以使（校内或校外）申诉审查者清楚地知道听证委员会"真正"做了什么，防止他人对事实的误传（错报）。[4]

---

[1] Gorman v. Univ. of R.I., 837 F.2d 7, 16 (1st Cir. 1988) 案中，法院认为简要的书面记录已经足够。Jaksa v. Univ. of Mich., 597 F. Supp.1245, 1252 (E.D. Mich. 1984) 案中，法院建议正当程序条款不应要求高校提供听证会的逐字记录。尽管这个案件中有这样的听证记录很明智，但很明显高校并不需要这样做。但是，也有法院认为学生惩戒听证会上需要制作记录，应当从录音中整理出详细、典型的描述资料。参见 Marin v. Univ. of P.R., 377 F. Supp.613, 623 (D.P.R. 1973)。

[2] Edward N. Stoner, John Wesly Lowery, Navigation Past the "Spirit of Insubordination": A Twenty-first Century Model Student Conduct Code With a Model Hearing Script, Journal of College and University Law (2004).

[3] Ira Michael Heyma, Some Thoughts on University Disciplinary Proceedings, California Law Review, Vol. 54, No. 1. (Mar., 1966), pp.73–87.

[4] Edward N. Stoner, *Reviewing Your Student Discipline Policy: A Project Worth The Investment*, 14 (2000), available at http : // www.nacua.org/publications/pubs/pamphlets/StudentDiscipline-Policy.pdf.

# 第三节　非正式的纠纷解决途径

高校内部学生申诉制度与学生听证制度均为正式的纠纷解决机制，相关规定十分详细、具体。但是，学生与高校间的纠纷属于高校内部纠纷，具有特殊性，因此，高校在正式的纠纷解决制度之外，推荐并鼓励学生通过非正式途径解决纠纷，[1] 即学生与校方之间的协商与和解。

## 一、适用范围

非正式纠纷解决途径通常用来解决轻微案件，但是也可以用来解决重要案件。

（一）轻微案件

如果是轻微案件且对事实部分没有争议，或者学生同意通过非正式方式解决问题时，校方与学生可以就其违纪行为可能受到的处分进行协商与和解。"高校或许希望在比较正式的听证会召开前建立一种仲裁或调解机制。这种想法可以接受，因为正当程序原则是灵活的，它只要求提供合理的通知和陈述的机会即可。换句话说，有些案件不需要正式的事实发现程序；只需当事学生与校方行政人员的非正式会面即可，当然，要通知被指控学生指控的内容，也要为其提供陈述理由的机会"。[2]

很多高校明确规定，只有轻微案件才能通过非正式途径加以解决。如加州大学伯克利分校规定，学生处主任受理案件后，如果认为是轻微案件，则可以寻求合作、调解以及非正式的解决方案。如可以要求1名官员（从大学理事会中选任）召开非正式的听证会，向校长直接提出处分建议，而不要求学生惩戒委员会召开正式的听证会。如果适当的话，可以处以最低限度的惩罚，如警告处分。但是，如果案件的事实部分有争议的话，或者学生认为其

---

[1] 明尼苏达大学在《学生行为守则程序》中规定：以学生自我发展为目标，鼓励通过适当的非正式途径解决纠纷。

[2] Edward N. Stoner, John Wesly Lowery, Navigation Past the "Spirit of Insubordination": A Twenty-first Century Model Student Conduct Code With a Model Hearing Script, Journal of College and University Law (2004).

行为没有违反学校规则，或者涉及重要案件，可能被处以停学、开除等，那么就不能通过这种非正式的途径加以解决了。[1]

（二）重要案件

有些学校鼓励通过非正式途径解决所有纠纷，并没有限定在轻微案件的范围内，即重要案件也可以采用非正式途径加以解决。

例如，爱荷华大学《学生行为守则》5.4部分规定，在举行听证会前的任何时间，如果司法事务办公室负责人与拟被处分的学生或学生组织就违纪行为应当受到的处分达成一致意见，经学生处批准即产生效力。但就此问题达成的一致意见在将来可能举行的听证会上不能被作为证据使用。威斯康星大学规定，在学生收到被指控的通知后，可以与校方就被指控的不当行为达成和解。和解协议及其条款应当书面记录并由学生和调查人员或学生事务人员签字。当签字的协议送达学生时，案件结束，即纠纷被解决了。马萨诸塞大学规定，对学生提出违反《学生行为守则》的指控后，如果认为是重复违规和/或更严重的违规行为，员工和被指控学生能够就指控事实和处分达成一致意见，可以双方签署协议，内容应当包括对处分的接受以及放弃听证或申诉的权利。

## 二、适用条件

（一）学生的充分了解

以协商与调解的方式处理案件，是一种替代性选择措施，要在学生充分了解其含义及意义的前提下才能适用。因此，校方必须事先公布相关规则，而且，受理案件的机构要向学生解释和说明这项措施的意义所在。

（二）适用时间

非正式途径主要是在正式听证会召开前用来解决纠纷。如明尼苏达大学在《校园学生行为委员会程序》中规定，在听证会前的会议中或听证会召开

---

[1] 参见Ira Michael Heyma, Some Thoughts on University Disciplinary Proceedings, California Law Review, Vol. 54, No. 1. (Mar., 1966), pp.73-87。

前24小时内，被指控学生都可以接受OSCAI提出的非正式解决方案。但是，也有的高校规定，任何时候，只要有可能，学校都致力于通过非正式途径解决纠纷，并不限于正式听证会召开之前。

## 三、实践中的作用

和解、调解或其他非正式途径强调通过对话、交流而不是对抗的方式解决纠纷。"学校根本不是'针对'任何学生，而是通过可以交流的讨论会形式（学校不是作为支持者而是作为利益相关者）决定发生了什么事情以及建议作出何种处分（如果必要的话）。"[1]在高校教育领域，共同协商的影响力越来越大。[2]在实践中，非正式途径在解决高校内部纠纷方面发挥了非常重要的作用。

（一）解决纠纷

通过非正式方式可以解决很多纠纷，并在正式听证程序开始之前就能解决问题。例如，马萨诸塞大学Amherst分校《学生行为守则》制定与实施者之一Di Mare教授表明[3]："90%—95%的案件是经协商后达成一致意见而得以解决的。"明尼苏达大学的大部分案件也是在学生与员工或行政人员之间达成协议的基础上，通过非正式的途径加以解决的。明尼苏达大学鼓励通过适当的非正式途径解决纠纷，并且相信大部分不满都可以通过非正式的途径解决，不需要在听证小组委员会面前召开正式的听证会。当然，也仍然有少数高校拒绝通过这种手段解决问题，认为其浪费行政人员的时间且收效甚微。[4]

---

[1] Edward N. Stoner, John Wesly Lowery, Navigation Past the "Spirit of Insubordination"：A Twenty-first Century Model Student Conduct Code With a Model Hearing Script, Journal of College and University Law (2004).

[2] Duryea, E. D. Jr., R.S. Fisk, and Associates. Faculh Unions and Collective Bargaining. San Francisco, California：Jossey-Bass, Inc (1973).

[3] Di Mare教授是马萨诸塞州大学Amherst校区《学生行为守则》制定者之一，同时也是学生法律事务负责人之一。笔者于2011年5月开始，在高校学生听证与申诉程序方面与其进行交流并一直保持联系。

[4] Edward N. Stoner, John Wesly Lowery, Navigation Past the "Spirit of Insubordination"：A Twenty-first Century Model Student Conduct Code With a Model Hearing Script, Journal of College and University Law (2004).

（二）有利于各方当事人

通过非正式途径解决纠纷、处理案件，将"非正式性、理解与支持学生的价值最大化"，[1]能够给学生带来最小的伤害，有利于恢复和维持校内成员之间的关系，也有利于校园的稳定与和谐。因此，几乎所有的高校都设立这种纠纷解决方式，有的高校甚至鼓励并大力提倡非正式的纠纷解决方式。

例如，加州大学伯克利分校规定，轻微违规行为可以通过非正式方式私下解决，给学生带来最小的干扰和伤害，没有必要实施正式的处罚，这样可以促成与学生将来的合作关系。

## 第四节　高校内部学生申诉制度实施的背景及影响因素

### 一、背景分析

许多美国公立高校开始重视、关注内部听证与申诉制度的设置与实施，或许与20世纪60年代爆发的学生权利运动密切相关。这场学生运动的爆发并不突然，与当时美国的整体社会环境以及高等教育的发展情况具有密切关系。

20世纪60年代的美国，经历了一个非常特殊的发展时期。第二次世界大战后的美国经济高速发展，迅速成为世界第一大强国。但是，这种经济发达的状况也引发了人们对工业社会弊端的思考，美国社会开始从工业社会向后工业社会转型。转型过程中，政治、文化、观念等的转变是复杂且巨大的。人们在政治上极力争取民权，在文化上开始反对传统的价值观念，否定现有的制度。受新左派理论的影响，在美国青年中形成了嬉皮士文化。另外，越南战争的爆发及其持续僵持的状态，又引起了人们激烈的反战情绪。

---

[1] Ira Michael Heyma, Some Thoughts on University Disciplinary Proceedings, California Law Review, Vol. 54, No. 1. (Mar., 1966), pp.73-87.

伴随着社会转型，美国高等教育也经历了一个特殊的发展阶段。[1]随着经济的持续高速发展以及国家对高等教育的重视，高校获得资助的渠道越来越多，国会也颁布了一系列教育法案，[2]促使高等教育进入快速发展的繁荣时期。但是，高校内部无论是教学思想还是治理结构，都存在严重的问题。例如在学生管理方面，坚持"替代父母"理论管理学生，体制臃肿、僵硬、保守，体现出明显的工业化、官僚化特点；在教学内容方面，又体现出过度的专业化、商业化特点等，这些都引起了学生的强烈不满。最终，在加州大学伯克利分校首先爆发了大规模的学生反抗运动，要求自由权利、改革学校体制。学生与高校间的斗争异常激烈，学生采用各种形式提出抗议，学生的不断努力取得了初步成效，校方制定了有关言论自由的新规定，并尝试提出大学教育的改革措施。但是，60年代末期，随着学生运动的暴力化倾向日益增强，高等教育发展遭受了重大打击，许多高校被迫关闭，政府对高校的资助也降低到了历史的最低点，高校面临着严重的财务危机，高等教育的发展从繁荣走向低谷。

对于这场轰轰烈烈的学生运动本身及其对美国社会的总体影响，国内外学者各有见地，不予评说。但是，我们必须承认，至少在促使高校内部管理体制改革方面，它有着非常重要的推动作用，如"替代父母"理论管理学生的传统被废除，学生不同程度地参与校规的制定等。为满足学生的权利要求，维护校园正常的工作和学习秩序，高校自觉成立了独立的委员会，通过听证程序处理学生违纪事件，解决由此引发的纠纷，也进一步推动了听证、申诉制度的广泛设置与实施。

例如，1965年伯克利分校发生了许多规定的和未规定的学生违反校规行为（如许多学生要求修改政治活动方面的规则）。这些不是"普通"案件。学生不信任学校的行政机构（包括员工—学生惩戒委员会），爆发了许多反抗行为。许多行政人员对学生的反抗行为感到痛苦，外界要求赔偿的压力以及自由言论行动（FSM）组织与高校的对立状态，都要求成立特殊、独立的校内裁判机构，要求在发现事实和实施处分方面适用非常正式的程序。为此，大学理事会成立了学生惩戒专门委员会，其听证会程序非常正式，学生与校方

---

[1] 孙益：《校园反叛——美国20世纪60年代的学生运动与高等教育》，《清华大学教育研究》2006年第4期。
[2] 如1963年通过的《高等教育设施法》、1965年通过的《高等教育法》以及1968年通过的《高等教育法修正案》，等等。

均有律师代表。学生要求校方详细说明被指控行为以及违反的校规，校方承担举证责任，律师可以质证，有书面记录。委员会的建议是正式的，最后由校长执行。[1]

## 二、影响因素

尽管美国公立高校享有高度的自主权，但它们在程序与制度设置方面，并不能随心所欲，也要受到很多因素的影响。例如，校内学生申诉程序的具体设置，既要受到宪法正当程序条款的限制，又要受到议会相关法案的限制，也要受到教育部相关规章的影响，还会受到法院的牵制，更要考虑校方的一些特殊利益。

### （一）《宪法》的要求

正当程序是《宪法》第5条和第14条修正案的规定，高校在设置惩戒程序时必须遵守，如应当包括通知、召开听证会、允许申诉等内容，促使高校建立完备的惩戒制度，从而既保护学生权利，又规范校方行为，还能够解决内部纠纷，实现高校自我管理与治理。

下文以惩戒程序及其记录是否能够公开为例，具体说明高校在此方面的规定如何受到其他因素的影响与限制，如既受到议会立法（FERPA）的限制，又受制于美国教育部对立法的解释性规定（34 C.F.R.），还受到与议会、教育部观点不同的法院的影响，同时也要考虑高校自身的利益。

### （二）议会的限制

1974年议会制定《子女教育权和隐私权法案》（FERPA），以联邦财政支持为条件有效限制高校行为。[2]它得以有效实施的唯一条件是遵守此项法案程序的高校将获得联邦财政支持，而违反法案程序的高校将丧失联邦财政支

---

[1] Ira Michael Heyma, Some Thoughts on University Disciplinary Proceedings, California Law Review, Vol. 54, No.1., Mar., 1966, pp.73-87.
[2] FERPA是一项关键的联邦法律，通过联邦政府教育资金的方式控制高校。Sarah Ann Bassler, Public Access to Law School Honor Code Proceedings, Notre Dame Journal of Law, Ethics and Public Policy (2001).

持。[1]这部法律意在保护学生的隐私权，限制第三方接近学生的教育记录，[2]要求学校对学生的教育记录进行保密。"教育记录"范围很广，[3]包括学术惩戒和违纪惩戒记录。许多高校将惩戒记录解释为"教育记录"，并予以保密，避免失去联邦财政上大力支持。[4]由此可以看出，议会的意图很清楚，以可能失去数以百万美元的联邦财政支持为条件引导高校对惩戒信息予以保密，限制高校向公众公开惩戒程序及其结果。[5]由于FERPA法案的限制，大部分违规行为都是由高校秘密处理的，并避免公开这些违规记录，既维护学校的形象，使其惩戒程序及其结果免于受到监督，更重要的是避免丧失联邦财政的支持。实际上，这些高校因为这部非常重要的法律（FERPA）而常常无法公开这些信息，即使他们愿意公开。[6]

后来议会修改FERPA法案，允许公开与非学术性不当行为有关的惩戒听证会记录。尽管议会做了修改，但很难改变现状。因为FERPA法案并没有强制高校公开学生惩戒记录，没有明确的语言表示要求公开信息，因此，很多高校仍然对学生惩戒记录予以保密，[7]因为保密记录比公开记录获得的利益要大得多。

---

[1] 如迈阿密大学因为公开了秘密的学生信息而失去了4千万美元的财政支持。School Paper, School Await Records Decision, Dayton Daily News, Mar. 31, 1997, at B4.

[2] FERPA法案有两个主要目标：（1）为父母及学生提供了解学生记录的权利以及审查那些记录正确性的机会；（2）阻止非权威的第三方获得学生的私人档案。违反这两项目标的高校将会失去联邦政府的财政支持。Ralph D. Mawdsley, Litigation Involving FERPA, 110 West's Ed. Law Rep. 897, 897 (1996)在最基本的层面上，该法案允许父母、学生和必要的学术行政人员和教师接近学生的教育记录，但不允许大多数的第三方接近学生的教育记录。教育机构在未获得学生父母同意的情况下，如果向个人、机构或组织公开学生的教育记录，那么将丧失财政支持。参见20 U.S.C. § 1232 g(a)(1)(A), (b)(1) (2000)。

[3] "教育记录"包括那些与学生直接相关的信息材料，如记录、档案、材料和其他资料。参见20 U.S.C. § 1232g(a)(4)(A)(2000)。学生信息可能包括姓名、住址、电话、出生日期和地点、专业、参与的学校活动和运行，注册日期、学位和已获奖励，运动团队成员的体重和身高，毕业院校等。参见20 U.S.C. § 1232g(a)(5)(A)。因此，"教育记录"的范围十分广泛，包括个人可识别的绝大部分信息，如社会保险号码、学生姓名、父母或其他家庭成员姓名、个人特点或其他类似信息。参见34 C.F.R. § 99.3 (2000)。

[4] Maureen P. Rada, The Buckley Conspiracy : How Congress Authorized the Cover-up of Campus Crime and How it Be Undone, Ohio State Law Journal (1998).

[5] 参见20 U.S.C. § 1232g(b)(2) (2000)。

[6] Maureen P. Rada, The Buckley Conspiracy : How Congress Authorized the Cover-up of Campus Crime and How it Be Undone, Ohio State Law Journal (1998).

[7] Maureen P. Rada, The Buckley Conspiracy : How Congress Authorized the Cover-up of Campus Crime and How it Be Undone, Ohio State Law Journal (1998).

### （三）教育部规章的约束

美国教育部（DOE）34 C.F.R. § 99对FERPA法案进行解释，认为惩戒行为或程序意味着教育机构对违反校内规则的学生进行调查、裁决或施加惩罚。[1]教育部部长有法定强制权，有权决定学校惩戒行为或程序方面的记录是否为FERPA法案规定的教育记录。[2]

### （四）法院的影响

美国大部分法院对议会制定的FERPA法案以及教育部制定的解释性规章均予以支持，认为高校惩戒记录属于教育记录，应当予以保密。但是，也有极少数法院对此持有异议，与议会和教育部的观点相反，认为高校的惩戒程序及其记录应当予以公开，由此影响高校的行为。高校只能被迫服从法院的判决，公开惩戒记录，[3]即便可能因此失去联邦政府的财政支持。

例如，在Red & Black Publishing Co., Inc. v. Board of Regents案中，《红与黑》（佐治亚大学的学生报纸）针对学校董事会向州法院提起诉讼，要求学校按照佐治亚州《公开记录法案》的规定公开学生惩戒记录和程序。学校认为该报纸要求获得的记录是受FERPA法案保护的，因此，不能予以公开。州法院支持原告的主张，学校上诉。佐治亚州最高法院支持初审法院作出的裁决，认为惩戒记录不是FERPA法案修正案中界定的教育记录，教育记录应当是与学生个人有关的学术成绩、财政资助或留校察看等记录。又如在The Miami Student v. Miami University案中，《迈阿密学生》（迈阿密大学学生主办的报纸）向州法院提起诉讼，要求迈阿密大学按照俄亥俄州《公开记录法案》的规定公开近3年的学生惩戒记录。迈阿密大学认为，FERPA法案阻止学校提供报纸所需要的信息，因为其属于FERPA法案中的教育记录，不能公开。俄亥俄州高级法院反对校方观点，认为学校惩戒委员会的记录不是FERPA法案中的"教育记录"，因为其"不包括与教育相关的信息，如学分或其他学术资

---

[1] 参见34 C.F.R. § 99.3 (2000)。

[2] 参见60 Fed. Reg. 3464 (1995)。另外，在The Miami Student v. Miami University案中，美国教育部在写给迈阿密大学的一封信中明确表示,学生惩戒记录属于FERPA法案中广义的"教育记录"。

[3] Maureen P. Rada, The Buckley Conspiracy : How Congress Authorized the Cover-up of Campus Crime and How it Be Undone, Ohio State Law Journal (1998).

料，与学术成绩、财政资助或学术表现无关。"法院命令学校公开所需信息，仅将与个人身份有关的信息删除。迈阿密大学害怕因服从裁决而失去4千万美元的联邦财政支持，因此向美国最高法院提起移送审查。然而，移送审查被驳回，要求迈阿密大学服从俄亥俄州高级法院的裁决公开信息。[1]

### （五）高校自身利益的考量

高校是一类特殊的自治性组织，如果公开听证程序及其结果，可能会引起校内成员的议论，甚至会引发流言蜚语，也有可能使被指控学生受到来自同学和教授的持续关注、猜疑，甚至是不公平对待，即使后来没有发现他应当对不当行为负责。[2]另外，还有可能会影响到委员会成员以及证人，增加他们的负担，导致他们不愿意冒险惩罚某些违规行为或者作证。最后，还有可能会影响到学校的声誉和将来的发展。如果公开高校的惩戒程序及其结果，有可能引发公众对学校的不满从而在择校时不会选择该校。[3]高校就像其他商业主体一样需要市场，为了获得更好的市场，掩盖令人担心的违规行为的比例就是必然的。隐瞒惩戒程序及其记录的行为可以使学校从中获益，因此，学校很少予以公开。[4]

## 第五节　高校内部学生申诉制度的功能

高校内部学生申诉制度具有重要的功能，既能够为学生提供陈述观点的机会从而维护学生权利、促进学生发展，又能够监督校方行为使其更加规范化，还能够在解决校内特殊纠纷方面发挥重要作用，从而维持稳定的校园秩序，实现自我治理。

---

[1] 参见118 S. Ct. 616 (1997)。

[2] Kimberly C. Carlos, Comment, Future of Law School Honor Codes : Guidelines for Creating and Implementing Effective Honor Codes, 65 UMKC L. Rev. 968 (1997).

[3] 在 Miami Univ. v. Miami Student, 118 S. Ct. 616 (1997)案中，俄州最高法院认为："对潜在的学生及其父母而言，了解校园犯罪以及其他不当行为的数据便于他们在择校时作出明确的选择。"

[4] Maureen P. Rada, The Buckley Conspiracy : How Congress Authorized the Cover-up of Campus Crime and How it Be Undone, Ohio State Law Journal (1998).

## 一、尊重学生、保护学生权利

高校作为一个社会组织，其运行的总体原则之一就是尊重学生的权利和机会。[1]高校内部学生申诉制度的重要功能就是维护学生的权利，给予学生机会，使其能够陈述事实与表达观点。高校在对学生作出惩戒或处分后应当为学生提供相应的申诉程序，确保学生被给予所有正常的程序性保护，使其免于受到不公平的严重惩罚的对待。这些程序性措施的最终目标是学生的福利。[2]

另外，从微观层面上来看，制度设计中详细规定了学生享有的具体权利，如获得书面通知的权利、陈述的权利、参加申诉的权利、知悉案件处理结果的权利，等等。同时，也规定学生应当履行相应的义务。[3]

## 二、规范校方行为，维护学校权利

高校内部学生申诉制度不仅能够维护学生的权利，同时也能够规范校方的行为，维护高校的权利，"努力实现学生和学校的利益最大化"。[4]作为正当程序的体现，校内学生申诉制度有利于规范校方行为，防止高校任意、武断地惩戒学生，"限制高校只有在遵守正当程序规定的前提下才能惩戒学生"，[5]也有利于在将来可能产生的诉讼中提高校方行为的正当性，维护校方利益。也就是说，只要高校遵守了正当程序的规定，就意味着不存在任意、

---

[1] 如明尼苏达大学《学生行为守则》中规定："学校试图提供一个社会，免受暴力、威胁和干涉；尊重学生、教职员工以及来宾的权利、机会和福利待遇；不会威胁校园组织内部成员的身体和精神健康与安全。"

[2] 在 *Many M. v. Clark* 一案中，法院在审查学校因考试作弊而开除学生的案件中认为，在处理学生违纪事件时需要考虑政策因素，而这些政策认为，学生的福利是非对抗性程序设置的最终目标，非对抗性程序设置强调惩戒程序的教育作用。Mary M. v. Clark, 100 A.D.2d 41, 473 N.Y.S.2d 845 (1984).

[3] 正如美国西部密苏里州地区法院法官们所说，学生进入高等学校学习，是完全自愿、可选择的行为，不是被迫的，这就意味着他自愿履行相应的义务，这些义务均与高校执行其法律任务、程序与功能相关。参见 Edward N. Stoner, John Wesly Lowery, Navigation Past the "Spirit of Insubordination" : A Twenty-first Century Model Student Conduct Code With a Model Hearing Script, Journal of College and University Law (2004).

[4] James M. Lancaster & Diane L. Cooper, *Standing at the Intersection: Reconsidering the Balance in Administration*, 82 New Directions for Student Services 95, 104−105 (1998).

[5] 美国马萨诸塞州大学教授 Di Mare 对听证、申诉程序的作用的看法。

专断的行为，表明其处理纠纷的结果是合理且公正的，即便学生对校内的最终处理结果仍不满意而起诉到法院，法院也会判决校方胜诉，支持校方的利益。[1]但是，如果校方没有遵守正当程序规定，法院就不会支持校方。[2]

在美国公立高校中，遵从这样一种理念，即未经程序保护不可以实施严厉的惩罚。程序的设置是要确保发现正确的事实，作出合理的处分，而仔细询问以及深入思考是合理实施惩罚的前提条件。因此，校内学生申诉制度是校方不断进行自我纠正与审核的途径，审查高校对学生进行惩戒或处分时是否出现程序性或实质性错误，并基于学生的特殊情况和简单要求温和对待他们。如果学生没有从事被指控的违规行为，那么，通过学校内部的申诉程序可以纠正已经对学生作出的处分决定。[3]也就是说，不管最初的处分决定如何，校内学生申诉制度都会进一步支持学校得出正确的结论。通过制度的实施，制约校方滥用惩戒权的行为，增强校方行为的正确性，预防在将来的诉讼中处于不利地位。

## 三、解决内部纠纷

高校内部学生申诉制度"可以为纠纷解决提供内部途径，不需要通过诉讼解决纠纷。"[4]只有在穷尽校内程序仍然解决不了纠纷的情况下，才可以再寻求司法等外部解纷途径。

### （一）校生关系的特殊性

高校与学生之间的关系，从本质上来讲是合同关系，双方要遵守合同约定。[5]作为合同双方，高校与学生是不同的利益群体，摩擦与冲突难以避免，

---

[1] 如在*Bleicher v. University of Cincinnati*, 604 N.E.2d 783, 789 [ 79 Ed.Law Rep. [ 236 ] ] (Ohio Ct.App.1992)案中，法院支持高校开除学生的决定。法院对正当程序进行扩展解释，认为正当程序意味着"适用的标准不是衡量行为是否公正，而是衡量行为是否是专断的和任意的。"

[2] 在 Wolff v. Vassar College, 932 F. Supp.88 (S.D.N.Y. 1996)案中，法院要求没有遵循程序的高校为学生提供新的听证会。

[3] Raoph D. Mawdsley, Plagiarism Problems in Higher Education, Journal of College and University Law Summer (1986).

[4] Raoph D. Mawdsley, Litigation Involving Higher Education Employee and Student Handbooks, West's Education Law Reporter, August (1996).

[5] Raoph D. Mawdsley, Litigation Involving Higher Education Employee and Student Handbooks, West's Education Law Reporter, August (1996).

尤其是在高校因学生的违规行为而对其进行惩罚与处分时，特别是涉及停学或开除学籍等可能影响学生重大利益的处分时，双方的冲突就更为明显。但是，高校又要与学生和平共处，以维持正常、稳定的校园秩序。因此，高校的重要职责之一就是"合理、有序地解决冲突"。[1]那么，设置相应的程序，能够相对平和、顺利地解决双方之间发生的纠纷与冲突，就显得尤为重要，但这也正是程序设置的困难所在。高校内部学生申诉制度的设置，可以为高校与学生间的纠纷解决提供内部途径。

（二）校生纠纷的特殊性

高校与学生之间的冲突与纠纷具有一般纠纷的属性，从纠纷的性质来讲，这属于一种利益纠纷；从纷争者追求的目标来看，则以尽量减少损失、尽可能获得目前与未来的最大收益为目标。但是，这种纠纷也具有独特之处，如从纠纷的当事人、纠纷发生的原因、处理依据等方面来看，它属于校园内部的纠纷，更适合通过校内机制加以解决。

校内学生申诉制度既能够为当事各方提供解决问题的途径，也能够更好地满足各方当事人的需要。另外，校内学生申诉制度也是标准化和公开化的，都在高校的《学生行为守则》中有详细、具体的规定，并按照规定在实践中加以实施。它并不是临时性的，也不是有需要时才加以使用的，而是为各方当事人提供了一种制度性途径来解决纠纷。甚至一些犯罪行为，也能够通过校内程序加以解决。[2]

（三）司法途径解决校生纠纷的弊端

事实上，高校内部成员并不希望通过司法途径解决校内纠纷。[3]"在被调查对象描述的纠纷中，没有通过法律或准法律的途径来解决的。对绝大多数

---

[1] 明尼苏达大学《学生行为守则》中"指导原则"部分的规定。

[2] Maureen P. Rada, The Buckley Conspiracy: How Congress Authorized the Cover-up of Campus Crime and How it Be Undone, Ohio State Law Journal (1998).

[3] Hart 和 Sacks 在《法律程序》一书中写道：美国社会纠纷解决过程的"金字塔"式的层级体系大致有七个，从私了（如不通过司法手段，而是通过协商）到通过非正式的第三方再到达成正式协议而且永不反悔等。而高校纠纷过程涉及第六、七等级，即（6）提出指控（7）又提起申诉，但很少求助于法庭。参见 Walter C. Hobbs, The "Defective Pressure Cooker" Syndrome: Dispute Process in the University, *The Journal of Higher Education*, Vol. 45, No. 8. (Nov., 1974), p.572.

的纷争者而言，这种'理性的'方法不具有吸引力。……过去十几年来，将日益增长的向国家法院求助以解决高校内部纠纷的做法被证明是不能令高校纷争者满意的。……纷争者没有请'律师'，而是自己代表自己。他们没有遵守'证据'规则。第三方出于学校机构管理人员的责任经常介入纠纷，而不是出于纷争者的邀请而介入。……即使是使用准法律化的手段如听证会，在本质上也是非法律性的行为，像西部片中那种老套的、友好的法庭模式，而不是现代的法庭模式"。[1]

通过校外司法程序解决校生内部纠纷存在一些弊端。法庭审理程序包括证据规则和大量的刑法规定不仅没办法帮助教育者们处理学生违纪事件，而且也不利于形成那种积极的有利于学习和生活的校园环境。

但是，需要强调的一点是，并不能完全排除司法途径对校生纠纷解决的有效性，即不能为了在校园内部解决纠纷，就禁止学生求助于司法途径。如果学生对校内最终裁决感到不满意，仍可以提起诉讼，要求法院来解决纠纷。另外，在解决校内纠纷的过程中，如果违规学生的行为又违反了相关法律规定，那么，高校不能阻碍或企图阻碍受害学生提出刑事指控。[2]校方应当告知学生有权选择正确的纠纷解决机构，既包括校内机构，也包括校外机构。如果违规学生因违反相关法律而受到联邦、州或地方权威机构的指控时，高校不能对学生予以特殊照顾，但可以建议校外权威机构考虑学生守则的规定以及高校处理此类行为的典型做法。如果刑法或刑事法庭对违法学生行为的处理与高校规则或处分不冲突的话，高校应努力予以配合。[3]当然，校方处分与刑法判决是相当不同的。指控人如果认为校方处分结果正当并感到满意的话，则有可能放弃刑事指控。[4]

---

[1] Walter C. Hobbs, The "Defective Pressure Cooker" Syndrome : Dispute Process in the University, The Journal of Higher Education, Vol. 45, No. 8. (Nov., 1974), p.578.

[2] 现实生活中，这类事件并不鲜见。如学校干扰性骚扰受害者向校外权威机构提出指控，这是很常见的事实。参见Catherine Lucey, *Group Asks State to Investigate Handling of Rape Allegation at LaSalle*, MONTEREY HERALD, June 29, 2004。

[3] Walter C. Hobbs, The "Defective Pressure Cooker" Syndrome : Dispute Process in the University, The Journal of Higher Education, Vol. 45, No. 8. (Nov., 1974), p.578.

[4] Edward N. Stoner, John Wesly Lowery, Navigation Past the "Spirit of Insubordination" : A Twenty-first Century Model Student Conduct Code With a Model Hearing Script, Journal of College and University Law (2004).

# 第六节　高校内部学生申诉制度与 高校的自主管理

高校内部学生申诉制度是根据《宪法》正当程序条款以及最高法院的要求设立的，但法律并没有规定任何关于校内学生申诉制度设置与实施的细节，只是简单地要求高校应当遵守正当程序而为学生提供陈述观点的机会。各公立高校结合自身组织结构的特点和运行机制，充分发挥自主管理的空间，对该制度进行设置与实施，同时也对该制度进行延伸。另外，还鼓励学生通过非正式途径解决与校方之间的纠纷，从而使该制度的运行与实践呈现出丰富的多样性。

## 一、自觉设置校内学生申诉制度

学生与高校间因校方处分决定而产生的纠纷具有特殊性，涉及高校内部成员间的利益。而关于特殊类型纠纷的解决，美国并没有相关法律进行特殊规定，只有《宪法》关于正当程序条款的要求。在这种情况下，许多高校充分发挥自主管理权，根据自身组织结构和运行机制的特点，在《学生行为守则》中设置校内学生申诉制度，给予纠纷双方陈述、申辩等发表意见的机会，并审查校方处分行为的合法性与正当性，既为学生提供申诉的平台，也为监督纠正校方行为提供机会。这种做法符合高校自我治理的需求，有利于高校完成其目标，即为其成员提供安全的生活和学习环境。这也得到了法院的认可，并将之确立为解决此类内部纠纷的指导思路。"高校可以自觉设计自己的程序，决定学生行为方面的事实问题，而不是建立一种刑事诉讼程序模式。"[1]

## 二、自觉设置校内学生听证制度

高校内部学生申诉制度是学生对高校作出的惩戒或处分决定有异议而向受理申诉的机构提出申诉，实际上是由校内第三方对纠纷进行裁断。如果高校在作出惩戒或处分决定时能够为学生提供陈述、申辩的机会，表达学生的

---

[1] 在 *Goss v. Lopez* 案件中法院已经确立了这种指导思路。

观点，并且由校方阐述处分行为的原因以及可能的结果，以此加强双方互相理解，则有利于提前化解双方可能产生的纠纷。因此，公立高校在校内学生申诉制度的前端设置学生听证制度，从而防止或降低双方发生纠纷的可能性。

## 三、注重和鼓励非正式纠纷解决途径

学生因对高校处分或惩戒决定不满而与高校间产生的纠纷属于高校内部纠纷，具有特殊性，通过非正式途径加以解决，能够给学生带来最小的伤害，有利于恢复和维持校内成员之间的关系，也有利于校园的稳定与和谐。因此，公立高校在正式的纠纷解决制度之外，鼓励并推荐学生通过非正式途径解决纠纷，包括学生与校方之间的协商与调解等形式。在实践中，非正式纠纷解决途径也确实发挥了重要作用。[1]

## 四、法院尊重高校自主管理权

在美国，国家教育部缺乏教育行政指导权，无法直接影响或控制高校的运行，但是，司法机构却能够通过行使独立的司法权对高校的管理进行一定程度的影响和控制。因此，法院对待高校自我解决纠纷的态度显得非常重要。

法院尊重高校自主管理权，拒绝在学术共同体内进一步扩大司法权限，[2] 最重要的原因是这种自治是更广泛意义上的学术自由理念的一种变异或组成部分，而学术自由对于自由的社会而言是很重要的。[3]因此，法院尊重高校自我解决内部纠纷的措施及其结果。如美国地区法官 Becker, Oliver, Collinson

[1] 明尼苏达大学教授 Karon 指出，真正通过学生行为和学术诚实办公室（OSCAI）解决的事务并没有多少，因为有大量的过滤机制使得很少有"校外"活动或与课堂教学无关的事务在 OSCAI 解决。马萨诸塞大学教授 Di Mare 教授强调，大部分纠纷都不是通过完整的听证程序解决的，甚至很少有案件是通过申诉程序解决的。也许只有 5%—10% 的案件是通过听证程序解决的，而这些案件中只有一半会提起申诉。因此，90%—95% 的案件是经协商后达成一致意见而得以解决的。

[2] Board of Curators, UNIV. OF MO. v. Horowitz, 435 U.S. at 78, 91 (1978).

[3] Nordin, *The Contract to Educate: Toward a More Workable Theory of the Student-University Relationship*, 8 J. COLL. & U.L. 141, 149 (1980–1982).教育合同：学生—学校间关系更可行的理论，8 J. COLL. & U.L. 141, 149 (1980–1982).另外还有其他三个方面的原因："高校的历史地位""教育是一种公共活动""教育程序的本质是基于先进的知识和深奥的评价而形成判断"。参见 Raoph D.Mawdsley, Plagiarism Problems in Higher Education, Journal of College and University Law Summer (1986)。

和 Hunter 联合发表观点，认为高等教育是最值得尊重的，在其进行内部惩戒、解决纠纷时，法院应当给予最充分的保护，而不是对其进行无故干预。[1] 这样不仅有利于实现高校的教育功能，也有利于发展许多对维持校方与学生之间关系有益的因素。[2]

法院对高校自主管理的尊重程度在历史上也经历了一些变化。对于高校惩戒学生、解决内部纠纷而言，从完全不干涉、赋予其大量自由裁量权[3]到有条件地予以干涉、要求其遵守自己制定的规则。[4] 21世纪，法院尊重高校自我处理纠纷、维持秩序的行为，只是如果高校违反自己制定的相应程序性规则时，将面临司法审查。[5]但这种审查也仅限于程序性审查，审查高校是否遵守自己制定的程序性规定，是否存在武断或任意的行为，[6]而并不是对高校所作决定的正确性与合理性进行实质审查。

目前的趋势是司法系统越来越尊重高校处理内部事务的自主管理权。[7]

---

[1] General Order on Judicial Standards of Procedure and Substance in Review of Student Discipline in Tax Supported Institutions of Higher Education, 45 F.R.D. 133, 136, 141, (W.D. Mo. 1968).

[2] 法院认为："教育程序的本质不是对抗，而着重于维持员工与学生间的关系。"参见 Edward N. Stoner, John Wesly Lowery, Navigation Past the "Spirit of Insubordination": A Twenty-first Century Model Student Conduct Code With a Model Hearing Script, Journal of College and University Law (2004)。

[3] 过去不同时代的法官，基于各种不同的原因，均拒绝干涉高校开除学生的决定。Ira Michael Heyma, Some Thoughts on University Disciplinary Proceedings, California Law Review, Vol. 54, No. 1. (Mar., 1966), p.73. 20世纪初，代替父母地位说占据主导地位。在这种原则指导下，法院认为高校是学生的父母，因此，倾向于将大量的自由裁量权交给学校，让学校代替父母来行使管理学生的权力。

[4] 20世纪60年代，法院不再坚持"代替父母说"，而认为学生与学校间是契约关系。学校作为契约一方为学生提供教育服务，而学生作为另一方要支付学费并遵守校规。从具有里程碑意义的案件 Dixon v. Alabama Board of Education 后，法院要求公立高校在对学生作出处分决定之前要给学生提供最低限度的正当程序措施。

[5] Edward N. Stoner, John Wesly Lowery, Navigation Past the "Spirit of Insubordination": A Twenty-first Century Model Student Conduct Code With a Model Hearing Script, Journal of College and University Law at 3 (2004).

[6] 在 In re Rensselaer Soc. of Eng. v. Rensselaer Poly. Inst., 689 N.Y.S.2d 292, 295 (N.Y. App. Div. 1999)案中，法院对高校与学生间关于惩戒处分的决定进行司法审查时，仅限于审查学校是否完全按照自己制定的规则进行惩处，由此判断其是否武断或任意而为。在 Rensselaer Soc. of Engineers v. Rensselaer Polytechnic Institute, 260 A.D.2d 992, 689 N.Y.S.2d 292, 135 Ed. Law Rep. 226 (3d Dep't 1999)案中，高校对学生或学生组织的纪律事务方面做出的决定，有限地接受司法审查，也就是说，司法审查仅限于审查高校是否遵守自己制定的惩戒程序方面的规则和规章，以便确定高校行为是否是任意、武断的。

[7] Edward N. Stoner, John Wesly Lowery, Navigation Past the "Spirit of Insubordination": A Twenty-first Century Model Student Conduct Code With a Model Hearing Script, Journal of College and University Law (2004).

有时高校也许并不完全遵循自己制定的规则，出现一定程度的偏离行为，但是，只要学生没有受到不公平对待，法院出于对高校自治的尊重，对这种偏离行为也予以宽容。[1]

---

[1] 如在 Jaska v. Regents of Univ. of Mich., 597 F. Supp.1251 (E.D. Mich. 1984) 案中，听证会持续时间、听证会组成人员的更换都没有完全按照校方规则执行，对于这些相对轻微的程序违法行为，法院认为并没有违反宪法，也不算违反正当程序，而且 "没有记录显示听证会小组成员的决定是不公平或不公正的"。Raoph D. Mawdsley, Plagiarism Problems in Higher Education, Journal of College and University Law Summer (1986).

# 第四章
# 国家与高校的关系对高校内部学生申诉制度的影响

　　法律制度的构建体现国家的目的或利益需求，但在实践中，是否能够按照国家预设的轨迹运行？是否能够回应国家的预期目标或满足国家层面的利益考量？制度运行的载体——特定的社会组织与国家间的关系如何，决定了其独立性程度及其对自身利益考量与需求的回应程度。制度的运行实践可能呈现多种样态，它也反过来决定着制度本身回应国家目的的可能性与产生其他功能的可能性。

## 第一节　国家对高校内部学生申诉制度的构建及表达

　　法律是实现国家规制的有效手段之一，国家通过法律实现社会控制的职能。[1]因此，国家通过法律规定建构高校内部学生申诉制度，赋予其合法性与正当性，以此维护学生权利，规范校方行为，解决校生间特定类型的纠纷，维护高校这类特殊社会组织的运行及秩序。

### 一、通过法律的理性建构：高校内部学生申诉制度的建立

　　高校内部学生申诉制度正是国家基于特定的社会背景通过法律加以建构的，意图解决特殊的社会问题与需求。中国、荷兰、美国三国高校内部学生申诉制度的建立均体现这一共性，差异在于，各国法律规定的精细程度不

---

[1]［美］罗斯科·庞德：《通过法律的社会控制》，沈宗灵译，商务印书馆2010年版。

同。荷兰法律最为详尽、具体，我国法律相对粗略，美国法律只提供方向性引导，对制度的运行未提供任何具体规定。

## （一）我国高校内部学生申诉制度的建立

20世纪末至21世纪初，司法实践中出现了一类特殊的社会问题，即大学生起诉高校纠纷多发，而司法机构处理此类特殊纠纷存在一些弊端与困境。加之宏观政治背景的要求，如和谐社会、和谐校园、依法治校等话语的表达与要求，我国教育部终于确立了高校内部学生申诉制度，以期缓解社会问题，适应政治需求。在《教育法》规定学生申诉权的基础上，2005年3月，教育部颁布了《普通高等学校学生管理规定》（《第21号令》），对原有《第7号令》和《第14号令》的内容进行了全面修订和制度创新。其中，一项重要的制度创新即强化高校内部学生申诉制度，在重申学生申诉权的基础上，规定受理学生申诉的机构及其人员、范围、时限、程序等内容（详见本书第一章），从而确立了高校内部学生申诉制度，为其在实践中的运行提供合法性依据。

## （二）荷兰高校内部学生申诉制度的建立

荷兰于1993年制定、颁布《高等教育与研究法案》，适用于荷兰境内所有高等教育机构。其中详细规定了校内学生申诉制度的内容，包括学生提出申诉的权利和时间、高校受理学生申诉的机构、受理事项、处理程序和处理结果等，还通过《普通行政法案》对处理学生申诉事务的程序予以更加详细的规定（详见本书第二章）。荷兰境内13所研究型高校均须按照法律规定建立高校内部学生申诉制度，以维护学生申诉的权利。

## （三）美国公立高校内部学生申诉制度的建立

美国公立高校内部学生申诉制度主要依据《宪法》第十四条修正案关于"正当程序"条款的规定而建立。[1]公立高校中，学生获得听证或申诉的权

---

[1] 美国联邦《高等教育法案》自1965年制定后几经修改至2008年版，主要涉及各种高等教育机构的资质及其认定、不同类的教育项目、学生的行为规范（包括对学生言论与结社自由的保护以及对学生吸毒与酗酒的禁止等）、学生获得联邦财政资助的规范以及教学质量的审核等，并未涉及高校内部学生申诉制度。参见美国《高等教育机会法案》（Higher Education Opportunity Act, 2008）。

利，源自于联邦或州宪法中的正当程序条款。虽然联邦宪法或州宪法中正当程序规定是为限制政府及其机构的权力，但也可以用来限制高校惩戒学生的权力。也就是说，正当程序条款是公立高校在惩戒学生时必须遵循的，也是学生享有宪法上正当程序权利的来源。"正当程序必须提供给高校学生，它要求给学生足够的通知、告知明确的指控内容以及为学生召开听证会，让学生有机会利用所有必要的保护措施来陈述己方观点。"[1]

另外，美国最高法院指出，高校要在总体上遵循最低限度正当程序要求，可以根据各校情况予以适当调整，但至少都要设立某种形式的通知和听证制度。[2]具体说来，当学生因违纪而受到学校处罚时，基本的正当程序要求是通知学生并给予学生听证的机会，以回应、解释相关问题并为自己辩护。

美国法律中对于公立高校内部学生申诉制度的具体内容，如申诉机构、组成人员、具体程序、结果等没有详细的规定。

## 二、官方话语的表达：高校内部学生申诉制度的目的

一项制度的建立一般都具有目的性，表达制度建构者的初衷。"制度有必要由目的来引导。目的能够设立批判既存的规章制度的基准，并据此开拓出变革之路。"[3]法律制度的目的体现的是立法者的用意，[4]那么国家设立高校内部学生申诉制度的最基本目的为维护学生权利和规范高校行为。这一点在我国法律及相关文件中予以明确表达，在荷兰、美国的法律中虽未清晰表达，但在法律文件中可以轻易推导出来。

在我国目前已有的规范性法律文件中，建立高校内部学生申诉制度的目标首先是维护学生权利，这一点在法律及相关文件中表述得非常明确。《教育法》《教育部关于实施〈教育法〉若干问题的意见》都明确高

---

[1] Jones v. Snead, 431 F.2d 1115 (8th Cir. 1970).参见American Law Reports ALR2d，58 A.L.R 2d 903。

[2] Edward N. Stoner, John Wesly Lowery, Navigation Past the "Spirit of Insubordination"：A Twenty-first Century Model Student Conduct Code With a Model Hearing Script, Journal of College and University Law (2004).

[3] ［美］诺内特，塞尔兹尼克：《转变中的法律与社会——迈向回应型法》，张志铭译，中国政法大学出版社2004年版。

[4] ［美］弗里德曼：《法律制度》，李琼英、林欣译，中国政法大学出版社2002年版，第56页。

校应当建立、健全校内申诉制度，以维护学生的合法权益。在这一目的引导之下，教育部出台《第21号令》，细化校内学生申诉制度的受理范围、时间、程序以及结果等内容，为更好地维护学生权利提供制度基础。其次，高校内部学生申诉制度也有利于监督和规范校方行为，避免校方滥用处分权，侵犯学生的权利。如《教育部关于加强依法治校工作的若干意见》强调，要依法健全和规范申诉渠道，及时办理教师和学生申诉案件，及时发现和纠正学校的违法行为，特别是学校、教师侵犯学生合法权益的违法行为等。

荷兰高校内部学生申诉制度的目的在法律中虽然没有明确表述，但赋予学生申诉权利、告知其申诉时间、程序以及可能的结果等已经彰显了法律维护学生权利的意图。另外，校内学生申诉制度是在学生对校方决定有异议时由申诉委员会对校方决定重新进行审议，也就意味着对校方行为进行审查，使其更加规范化。

美国公立高校内部学生申诉制度的合法性来自《宪法》中的正当程序条款，而正当程序条款本身的目的即为限制政府权力、保护公民权利。将此条款应用于高校内部学生申诉制度，在学生受到学校处分时赋予其申诉的权利，就是给学生机会表达自己的观点和利益要求，同时，也给校方审查其相关处分行为的合法性与合理性的机会，防止校方滥用处分权。因此，其维护学生权益、规范和限制校方权力的目的是显而易见的。

## 第二节　高校内部学生申诉制度实施的多样性

国家基于特定目的，通过法律在规范层面创建了某种制度，但是，在实践中，制度本身可能并非总是按照制度构建者预设的轨道运行，尤其是作为制度运行载体的社会组织由于具有相对的独立性，其实施制度的动机与能力可能使得制度在运行过程中呈现出多样性。高校内部学生申诉制度是国家建构的法律制度，但其实施载体是高校，高校作为一类特殊的社会组织，具有相对独立性和自主管理权，基于自身利益的考量以及实施制度的条件与基础不同，对校内学生申诉制度的实施必然采取适合于自身发展规律、功能与要求的方式或手段，从而使得制度的实践出现多种样态。

## 一、制度的正常运行

我国、荷兰、美国高校均设立并实施校内学生申诉制度，维护学生权利，规范校方行为。但在校内学生申诉制度的实施过程中，由于各高校之间的差异性，制度在正常运行中也呈现出细节方面的多样性。

（一）我国高校内部学生申诉制度的正常运行

由于我国高校管理活动中的行政化倾向比较明显，因此，高校必然贯彻落实教育部制定的行政规章《第21号令》中规定的高校内部学生申诉制度，使之正常运行。[1]

笔者调研的16所高校中，14所高校均正常运行校内学生申诉制度，具体体现在以下几个方面：① 申诉的提出。受到处分的学生自收到处分决定之日起5个工作日内可以向学校的申诉处理委员会提交申诉申请书，说明申诉事项。② 申诉处理机构。学校成立申诉处理委员会，设置相应的办公室，成员一般由校领导、不同职能部门负责人、教师代表和学生代表组成，人数一般是单数。③ 受理申诉的事项，具体为学生对取消入学资格、退学处理或者违规、违纪处分提出的申诉。④ 申诉处理方式，一般由书面审理和召开听证会审理两类结合，但多数高校以书面审理为主。⑤ 申诉处理程序和时间，一般均严格遵照《第21号令》的规定，但也有高校根据自身情况予以延长的。⑥ 申诉处理结果，一般分为两类，即维持原处分决定或提交学校重新研究决定，但也有高校另设其他处理结果。⑦ 校外途径。如果学生对申诉处理结果仍有异议，还可以向高校所在地

---

[1] 自2005年国家教育部出台《第21号令》后，要求各高校必须设立校内学生申诉制度。随后教育部举办全国高校培训班，督促高校建立学生申诉制度。该制度从性质上讲是一项法律制度，而且是通过教育部（国家高等教育主管部门）监督高校予以设立。因此，各高校纷纷依据规定而设立学生申诉制度。本书调研的16所本科院校全部依照《第21号令》设立校内学生申诉制度，体现在各校的学生手册中。尽管有极少数高校（如北京B校）在2005年以前就已设立学生申诉制度，但在《第21号令》颁布后予以重新修改，保持与《第21号令》内容的一致性。也有极少数高校在2007年方设立学生申诉制度，如北京D校和上海C校。另外，其他院校，如上海市各高校、中南财经政法大学、中国科技大学、南开大学、宁波大学等设立学生申诉制度的情况可从当时的媒体报道中得到部分印证。

的教育委员会提出申诉，如果仍有不满，还可以向地方法院提起诉讼；或者不经教育委员会申诉处理，直接向地方法院提起诉讼，但在实践中，这种情况很少出现。[1]

尽管校内学生申诉制度能够在14所高校间正常运行，但涉及具体实施的细节方面，仍存在差异，主要体现在以下几个方面：① 申诉处理委员会的办公室设置。有的学校设置在学生工作处，有的学校设置在其他职能部门如纪检委、团委、监察处等。② 申诉处理委员会成员构成比例。教师和学生代表的人数一般都在成员总人数的30%以下，只有极少数高校能超过50%（如北京A校）。另外，委员会成员人数一般控制在5—15人之间。③ 受理申诉案件的种类。大部分高校受理的申诉案件主要是因考试作弊受到开除学籍处分，但也有极少数高校受理的申诉涉及因学籍管理方面（学分未达校方要求）作出退学处理（如北京B校），或者取消入学资格（如北京A校）。④ 受理申诉案件的数量不等。大部分高校受理案件数量都不多，如果按平均数来计算，每年不超过4件。有的学校甚至从设立学生申诉制度以来，未受理1件申诉案件（如北京C校）。⑤ 处理申诉案件的方式。有的学校侧重书面审理，有的学校侧重听证会审理。通常来说，书面审理的是比较简单的案件，而听证会处理的是比较复杂的案件。⑥ 处理程序和时间。大多数高校均按《第21号令》予以实行，但极少数高校会适当延长申诉处理时间。[2] ⑦ 处理结果。大部分高校都以维持原处分决定的居多，很少有提交学校重新决定的情况，但也有少数高校比较特殊，在两种处理结果之外增加高校的自由裁量权，即申诉处理委员会可以直接撤销或变更原处分决定（如北京B校），或者申诉处理委员会可以直接变更原处分决定（如北京D校）。

（二）荷兰高校内部学生申诉制度的正常运行

荷兰《高等教育与研究法案》（WHW）要求高校必须设立校内学生申诉制度，因此，荷兰境内的13所研究型高校均按照法律要求设立了校内学生申

---

[1] 通常学生先向高校所在地教育委员会提出申诉，仍不满意其处理决定后再向法院提起诉讼。
[2] 如北京D校规定：情况复杂的个案，经申诉处理委员会负责人批准可以适当延长审查处理
　　期限，最多不超过30天。

诉制度,[1]并在实践中运行该制度。我们以荷兰格罗宁根大学的校内学生申诉制度的运行为样本进行分析。

格罗宁根大学根据WHW的规定,设立了校内学生申诉制度,具体规定体现在学校的《学生章程》和二级学院的相关文件中,并在实践中加以运行。在现实中,该制度的运行情况大体如下:① 申诉的提出。学生对校方作出的决定有异议,应当在合理期限内向受理申诉的机构提交申诉申请书,写明具体申诉事项、理由、日期以及申诉人的具体情况,超过期限提出申诉且无正当理由的,校方不予受理。② 申诉处理机构,主要是学校的考试申诉委员会(CBE),组成人员中除主席外主要是不同二级学院的教师与学生代表,另外主席还可任命秘书和其他办公室工作人员。③ 受理申诉的范围,通常是二级学院(主考人员、考试委员会或入学委员会)作出的与考试相关的各种决定。④ 和解。CBE受理申诉后,不会立刻进入听证程序,而是将申诉案件转交至作出决定或拒绝作出决定的机构,要求其努力与申诉学生达成协议(和解)并将结果通知CBE。只有无法达成和解时,才会进入听证阶段。⑤ 听证会。听证会准备阶段,CBE组成听证小组,对申诉事项进入初步调查。当事人可以提供更多信息并可调阅相关资料。听证会召开期间,由主席主持,秘书记录,当事人陈述观点并提问。听证会应当公开进行。⑥ 听证会决定。听证会结束后,听证小组秘密商讨并作出决定,将决定结果转达至CBE,由CBE作出最后的决定。⑦ 申诉处理结果,有两种形式,即申诉全部或部分成立,则原决定作出机构或人员要根据CBE要求在限定期限重新作出决定或部分决定,或者申诉不能成立,没有事实根据。⑧ 校外途径。如果对高校申诉处理结果仍有异议,学生还可以向海牙高等教育申诉特别法庭(CBHO)提出申诉。

当然,在制度实施过程中,总有些做法与书面规定不同,如学生提出申诉的时间、程序等,从而使得制度的运行比预设更丰富。例如,学生提出申诉的步骤一般是向学校的学生权利法律保护中心(CLRS)提出,再由CLRS

---

[1] 本书以荷兰研究型高校为研究样本,而这种研究型高校共有13所,分别为阿姆斯特丹大学、阿姆斯特丹自由大学、莱顿大学、格罗宁根大学、鹿特丹伊拉斯姆斯大学、蒂尔堡大学、马斯特里赫特大学、屯特大学、代尔夫特理工大学、乌特勒支大学、埃因霍芬理工大学、瓦赫宁根大学和拉德邦内梅亨大学。每所高校均在官方网站上公布关于校内学生申诉制度的内容,均表明是依据WHW而制定的,其相关网站在此不赘述。

转交给学校的考试申诉委员会（CBE）处理。但实践中，有很多学生先向二级学院考试委员会提出异议，二级学院处理后仍不能满足学生要求时，由二级学院考试委员会转交至CBE再予以处理的。再比如，学生提出申诉的时间一般是接到争议决定之日起6周内向申诉受理机构提出，如果超过期限且无正当理由，则不予受理。但实践中，有时学生没有正当理由而超期提出申诉，CBE考虑其申诉事项的重要程度（如可能导致学生多缴纳一年学费）也会予以受理，只不过这种情况极少发生。

### （三）美国公立高校内部学生申诉制度的正常运行

美国公立高校内部学生申诉制度的主要内容涉及以下几个方面：① 申诉的提出。受到处分的学生如果其对校方处分决定有异议，应当在收到处分决定之日起规定期限内向有关机构或人员提出书面申诉申请，说明申诉理由。[1] ② 受理申诉的机构，一般为申诉委员会，其人员构成通常为高校教师和学生代表，且学生人数比例一般不少于50%，但具体人数各校有所区别。③ 申诉受理的范围，通常非常广泛，不限于与入学、退学或考试有关的处分决定，而涉及所有因违纪行为受到的处分决定，如因考试作弊、偷盗、袭击、伤害或威胁他人、妨碍治安等行为受到的处分。④ 申诉处理的方式与程序。申诉处理方式通常为书面审理与听证会审理两种，主要审查校方作出处分行为时是否有充足的证据、处分程序是否正当即是否为双方当事人提供合理的机会进行陈述和申辩、审查新提供的证据、处分是否适当以及是否侵犯当事人的权利等。不同的处理方式适用的程序也不同。⑤ 申诉处理结果。申诉委员会应当在受理申诉后的限定期限内完成审查并作出决定，结果通常有两类：一是驳回申诉请求，维持原处分决定；二是支持申诉请求，改变原处分决定，具体又分为四种情况，即撤销原处分决定、减轻原处分决定、要求重新召开听证会、要求重新审理案件。⑥ 再申诉对申诉处理结果仍有异议时，学生可以向校长或其他最高机构（如高校董事会）再提出申诉，其申诉结果为校内最终裁决结果。⑦ 校外途径。如果对校内最终裁决结果仍有异议，学生可以向地方法院提起诉讼。值得注意的是，学生向法院提起诉讼是以穷尽

---

[1] 申诉理由可以是实体方面的，如处分不当、权利受到侵犯，也可以是程序方面的，如程序不当、证据不足等或者两者兼而有之。

校内救济途径为前提的。

但是，各公立高校在校内学生申诉制度设置的细节方面存在很多差异，主要体现在以下几个方面：① 提出申诉的主体，一般为受到处分的学生，但有的高校认为最初提出有学生违纪的指控人或受到违纪行为侵害的受害人也可以提出申诉（如宾夕法尼亚大学）。② 提出申诉的期限不同，有的高校规定在收到处分决定之日起5个工作日内提出，有的高校规定为10个工作日，有的高校规定为14个工作日。③ 申诉委员会的日常设置机构不同，有的设置在学生处，有的设置在教务处等，且组成人数也不同。④ 关于申诉处理的方式与程序问题，有的高校主要以书面审理为主，特殊情况下通过听证会方式审理，程序设置相对简单（如爱荷华州立大学），而有的高校主要以听证会审理为主，程序设置比较复杂（如明尼苏达大学）。⑤ 申诉处理的时间各有不同，有的高校限定在受理申诉后30个工作日内作出答复，有的高校限定在15个工作日内。

## 二、制度的延伸

高校内部学生申诉制度在正常运行的基础上，更重视校方作出处分行为的合理性与合程序性，因此将校内学生申诉制度向前延伸，建立相应制度（如听证制度），规范校方处分行为。这种情况主要体现在中国和美国高校中。

### （一）我国对校方处分行为的规制

我国校内学生申诉制度处理事项的范围主要是学生对校方处分（尤其是开除学籍的处分）的异议，极少涉及退学或取消入学资格的处理决定。因此，提高校方处分行为的合理性与合程序性，减少学生提出异议的机会，即可在申诉制度运行的前端解决问题。

1. 规制处分行为的合理性

关于处分行为的合理性问题，有的高校将处分行为进行详细分类，增加处分的幅度与种类，以应对各种不同的违纪行为，尽量减少学生与高校间的纠纷。

例如，北京D校在实施学生申诉制度的基础上，修改学生手册中的《违纪处分实施办法》，对不同违纪行为进行分类，对同一违纪行为根据情节不同再进行细化分类，从而对不同种类、不同情节的违纪行为作出不同幅度的处分，增强校方处分的弹性空间，改变校方处分的力度，应对各种情况，以减少校生之间的纠纷，避免矛盾激化。如关于考试作弊问题，以往校方的态度非常严厉，只要发现学生考试作弊，不分情况一律严惩，开除学籍。但因此引发学生强烈不满，甚至发生过多名学生将学校起诉至法院的极端情形。2005年该校在运行校内学生申诉制度的基础上修改违纪处分条款，并专门制定与考试违规相关的处理办法，增加许多弹性条款，调整处分幅度。如对考试作弊行为予以详细分类，对不同种类的作弊行为处分力度不同，分别给予口头警告、警告、严重警告、记过、留校察看等处分，只有对严重作弊行为才给予开除学籍的处分，由此增强了对考试作弊行为处分的合理性，使之更加细化、规范化。

2. 规制处分行为的合程序性

关于处分行为的合程序性问题，有的高校创设听证制度，更好地规范校方处分行为。关于高校的处分行为，教育部《第21号令》中也有明确规定，即学校对学生的处分，应当做到程序正当、证据充分、依据明确、定性准确、处分适当；学校在对学生作出处分决定之前，应当听取学生或者其代理人的陈述和申辩。教育部并未要求高校必须设置听证制度，只是强调高校在作出处分时应当听取学生的陈述和申辩。多数高校均执行教育部规章内容，将之规定在学生手册中，但是也有些高校在此规定的基础上，专门增设听证制度的规定，以提高处分行为的规范性与合理性。

例如，北京D校在学生手册中专门规定了《听证制度实施办法》，如果拟受到处分的学生在合理期限内提出听证要求，学校应当组织召开听证会，并就听证会的召开方式与程序、听证决定的作出、听证参加人员及其权利与义务等内容进行详细规定，以保障学生权益。但听证制度只适用于校方拟作出开除学籍、退学处理、取消入学资格的处分，而不适用于其他处分决定。北京E校虽然没有独立的听证实施办法，但在《学生违纪处分程序的若干规定》中专门规定一章关于"听证"的内容，涉及听证的提出、听证会的召开方式与程序、学生在听证过程中的权利与义务以及听证决定的作出等，但也明确了听证程序适用的范围仅为校方拟作出的开除学籍的处分。山东A校既没有独立的听证实施办法，也没有关于听证的独立章节，但在《学生违纪处分条例》中有一条规定了听证内容，即经学生本人申请，学部、各院（系）可以召开听证会，听取意见。该校没有限定听证程序的适用范围，也就是说听证程序适用于所有拟作出的处分决定。山东B校情况与山东A校情况类似，在《学生违纪处分条例》中规定经学生本人申请，学院可以召开听证会，听取学生的陈述与申辩。通过调研，笔者了解到上述4所高校不仅在学生手册中规定听证制度的内容，而且在实践中确实运行了听证程序。

### （二）美国公立高校内部听证制度

高校自治是美国高等教育的核心理念，高校可以自主决定和管理学校内部事务。因此，高校可以根据自身情况和特点对校内学生申诉制度的设置予以适当调整。在设立校内学生申诉制度的基础上，各高校根据正当程序的要求，将制度的运行向前端推进，即在高校对学生作出处分决定之前设置听证制度，既为学生提供陈述自己观点的机会，也能够提高校方处分行为的规范性与合理性。

校内学生申诉制度主要解决的是学生与校方间的纠纷与矛盾，即学生对校方所作的处分决定有异议时才会提出申诉。如果校方在作出处分决定的过程中适用听证制度，保证处分行为公平、公正、规范、严格，那么，学生与校方间产生纠纷的可能性就会降低。因此，处分过程中的听证制度也为解决纠纷提供一种制度性空间。另外，校方对违纪学生进行处分时适用听证制度，也是对美国最高法院要求高校总体上遵循最低限度正当程序的回应。具体说来，高校对违纪学生作出处分时，至少要通知学生并给予其听证的机会，使其能够陈述自己的观点。

美国公立高校均在处分学生时设置听证制度，具体运行情况如下：① 可处分的行为。高校可以针对学生在高校内外从事的任何违反《学生行为守则》[1]的行为进行处分，范围非常广泛，总体上包括学术性不当行为与非学术性不当行为两大类。学术性不当行为包括考试作弊、抄袭等；非学术性不当行为包括违反宿舍规则、破坏或阻止教学、研究、管理、惩戒等其他学校活动等等。② 听证会召开的时间与机构。有处分权的机构在对违纪行

---

[1] 美国公立高校的董事会或管理委员会均制定《学生行为守则》，一般用于管理学生行为，其中规定学生应当遵循的学术性与非学术性的行为规则，同时也规定了违反守则的行为可能受到的处分以及学生可选择的救济途径。

为进行处分时负责召开听证会。但有处分权的机构在高校内部可以是不同的机构，因为不同的违纪行为可能由不同的机构进行处理。③ 听证委员会的组成。在召开听证会前应当成立听证委员会，成员由教师或行政人员与学生组成，人数一般在3—5人左右，且学生成员人数不低于40%。为确保成员的公正性，还特别规定成员的回避条款。④ 听证会召开的通知。听证会召开前应当在规定期限内将可能受到处分的行为及其违反的规则、学生享有的听证权利、听证会召开时间、地点及程序等内容通知可能受到处分的学生。⑤ 听证会程序。听证会的召开原则上秘密进行，极少数情况下可以公开进行。听证会的具体程序在听证委员会主席主持下进行，先由双方当事人轮流陈述己方观点、出示证人、证据和相关信息，并向对方当事人提问，再由委员会成员向双方当事人提问，最后由双方当事人总结陈词。⑥ 处分结果及通知。听证会结束后，由委员会成员秘密投票认定学生是否从事违纪行为并给予相应的处分建议，然后由有处分权的机构作出最终的处分决定并书面通知各方当事人，同时告知其有关申诉的权利、时间和受理申诉的机构。

美国高校自治能力非常强，它们在听证制度实施过程中涉及的具体细节问题方面，存在很大差异，如有处分权的机构设置、听证委员会的组成方式、听证通知送达的时间、听证会召开时间等。但无论存在多大的差异，听证程序的设置都要确保基本的公平，通知当事人相关信息，包括拟受到处分的事由和可能受到的处分，尽快给予当事人听证的机会，使其能够陈述观点、提供证据等，以及听证会后收到书面的处分决定和可以对处分提出申诉的通知，等等。

## 三、制度的规避

有的高校只是设立学生申诉制度，但并没有运行该制度，在实践中采取其他手段解决学生与校方间的纠纷，避免学生使用申诉制度。高校作为制度的"遵守者"，规避制度的使用。这种情况在我国较为明显，荷兰与美国并未出现。

尽管16所高校均按照国家法律设立校内学生申诉制度，而且大多数高校也实施了该制度，但仍然有2所高校未在实践中实施该制度。教育部《第21号令》对于未设立或实施该制度的高校没有规定相应的惩罚措施及结果。因此，有些高校只在书面上（校规）规定学生申诉制度的内容，但未在实践中实施该制度，而是寻找一些替代方式来避免制度的运行，如通过减轻处分的方式与学生达成协商，实现某种形式的自利交换，达到使"自己活别人也活"的"扯平"状态，[1]从而既在表面上遵守了国家的规定，又在实践中实现了自身利益，化解了校生间可能产生的纠纷与冲突，防止学生提出申诉。

例如，上海C校尽管在学生手册中对学生申诉制度予以明确规定，涉及学生申诉的时间与条件、申诉处理委员会的构成与受理事项、申诉处理的原则与程序等内容，但自2007年以来从未实施该制度。究其原因，受访者表示，学校是上海市属院校且2004年新升为本科院校，经验不足，但教育部的规定不得不遵守，担心如果实施该制度会激化学生与学校间的矛盾。因为申诉制度意味着学生对学校的处分决定不满而要求学校重新处理，如果经过申诉改变原处分决定，则说明校方处分行为有错误，有损学校的权威，如果不改变原处分决定，学生可能继续向上海市教育委员会进行申诉，激化矛盾的同时又会引起上级领导对本校工作的怀疑甚至责难。在实践中为了避免申诉制度的利用，该校在处分学生的过程中采取从轻处分的措施，即减轻学生本应受到的处分，从未给予过开除学籍的处分，并在处分之前通过学生辅导员对学生做思想工作，说明其问题所在。而且，处分记录不记入学生档案，不会影响学生将来求职就业。

北京G校关于校内学生申诉制度的规定比较简单，与教育部《第21号令》的规定几乎相同，但自2005年设立以来从未实施该制度。至于原因，受访者表示，一是校方作出的处分能轻则轻，并通过学生辅导员与学生进行沟通，告知学生相关情况以及处分的轻重，如此便提前化解与学生间可能产生的矛盾，学生不会再申诉（如在严重警告和警告两者间徘徊时肯定选择警告处分；对考试作弊这种引发处分的最主要违纪行为，学校最多给予留校察看处分，从未给予过开除学籍处分）；二是处分决定不记入学生档案，不会影响学生将来的就业情况，因此学生不会申诉；三是学校的特点（主要专业为各种外国语言，学习环境与氛围非常轻松，而且很多学生的目的在于出国，而不在于在校学习）决定学生有时并不在乎校方给予的处分，很多学生未完

---

[1]　［美］罗伯特·C.埃里克森：《无须法律的秩序——邻人如何解决纠纷》，苏力译，中国政法大学出版社2003年版，第275页。

成一年学业就自动退学，有的学生未完成学分时学校劝退也非常容易，校内学生申诉制度没有实施的必要性。因此，校内学生申诉制度在该校始终没有运行。

## 四、制度的替代性措施

在高校内部学生申诉制度正常运行的基础上，高校还鼓励学生通过非正式途径解决问题，作为正式制度的"替代性措施"发挥解决纠纷的作用。这种情况在荷兰和美国非常明显，在我国则没有法律或政策方面的明文规定。

### （一）荷兰高校对非正式纠纷解决途径的鼓励

荷兰高校内部学生申诉制度主要处理学生因不满校方作出的与考试有关的决定而提起的申诉。对于这种特殊类型的问题与纠纷，格罗宁根大学鼓励学生首先通过非正式途径加以解决，即通过与争议决定作出机构或人员进行协商的方式解决彼此纠纷。在正式的校内学生申诉制度之外，寻求一种平和、宽松且快速的替代性措施解决纠纷成为高校突出与强调的重点，并加以推荐。当然，这种非正式途径只是一种选择性而非强制性的措施。当学生对校方决定有异议时，可以首先通过非正式途径（沟通与协商）加以解决，如果对结果仍不满意再通过正式途径（校内学生申诉制度）解决问题，也可以不经协商直接寻求正式途径解决问题。

非正式途径作为一种替代性纠纷解决措施，具有明显的优势，如促使双方在自愿、和平的氛围中通过沟通与对话快速解决问题等，在高校内部确实发挥了重要作用。

实践中，很多学生与校方的纠纷都是通过非正式途径在二级学院加以解决。格罗宁根大学二级学院的许多学生辅导员表示，当学生与学校产生纠纷而向他们咨询时，他们通常建议学生首先与对方进行沟通与交流，没有必要必须通过正式途径解决纠纷。在大多数情况下，学生都会采纳他们的建议，通过非正式途径在学院内部解决纠纷。无论是规模较大的学院，还是规模较小的学院，均有类似的处理方式。如经济与商业学院的学生辅导员表示，一学年中99%的案件均在内部解决；哲学院的学生辅导员表示，在她任职以来的5年中只有1件案件由学校的考试申诉委员会处理，其余均在内部通过沟通、对话方式加以解决；神学与宗教学院的学生辅导员表示，在她任职的8年时间里没有1件案件通过学校的机构处理，均在学院内部通过非正式途径加以解决，而且她还表示，学院内部师生间的关系非常紧密，基本没有真正意义上的所谓纠纷。

（二）美国公立高校对非正式纠纷解决途径的鼓励

在申诉制度与听证制度运行的基础上，美国公立高校还突显非正式途径解决纠纷措施的重要性，并予以推荐。无论是申诉制度还是听证制度，均为解决纠纷提供一种相对正式的制度性措施。在求助于正式制度之前，美国公立高校鼓励学生通过非正式途径解决纠纷，既包括双方当事人的和解，也包括有第三方介入的调解。

关于非正式途径可以解决的纠纷范围，高校通常不予严格限定，较为灵活。有的高校无论是轻微案件还是重要案件均可适用，有的高校限定只有轻微案件才能通过非正式途径加以解决。如马萨诸塞大学规定，即便是重复违规和/或更严重的违规行为，如果校方员工和违纪学生能够就违纪行为和处分达成一致意见，双方可以签署协议，内容应当包括对处分的接受以及放弃听证或申诉的权利。而加州大学伯克利分校规定，如果案件的事实部分有争议或者涉及重要案件，可能被处以停学、开除学籍等处分，那么就不能通过非正式的途径加以解决。

通过和解与调解的方式解决纠纷，是一种替代性选择措施，能够快速解决问题，给学生带来最小的干扰和伤害，也有利于恢复和维持校内成员之间的关系。因此，它们在实践中受到高校的鼓励与提倡，发挥了重要功能。如在明尼苏达大学，大部分的违纪行为在学生与员工或行政人员之间达成协议的基础上，通过非正式的途径加以解决了；在马萨诸塞大学Amherst分校，《学生行为守则》制定与实施者之一Di Mare教授表明，90%—95%的案件是经协商后达成一致意见而得以解决的。

当然，非正式途径解决纠纷也有其缺陷，如可能会威胁公平的事实发现以及实施处分的程度，可能导致学生受到不公平的严重惩罚，尤其是那些重要案件的处理。[1]因此，如果不愿意通过非正式途径解决纠纷或者无法通过非正式途径解决纠纷的当事人，仍有权选择通过正式途径即听证制度、申诉制度解决

---

[1] Ira Michael Heyma, Some Thoughts on University Disciplinary Proceedings, California Law Review, Vol. 54, No. 1. (Mar., 1966), p.74.

纠纷。如明尼苏达大学《学生行为守则程序》规定："不希望通过非正式途径解决纠纷的学生有权选择通过正式途径解决纠纷；如果双方当事人无法达成协议，守则为学生提供机会，接受基本公平的听证会和全校范围内的申诉会议。"

# 第三节　高校内部学生申诉制度对预期目标的回应与发展

制度的设立有其目的性，但目的能否在实践中被实现或者产生新的功能以及负面功能等，需要通过制度运行的效果加以分析。国家通过法律建构高校内部学生申诉制度，其目的是为了维护学生权利和规范高校行为。从该制度运行的实际情况来看，这两项目的得以实现，反映出制度对预期目标的回应。同时，该制度的运行在实践中也产生了新的功能，如维护校方利益、在高校内部解决纠纷等，只是在不同国家表现不同。另外，该制度的运行也可能产生某种意想不到的负面效果，尽管有时并不那么明显。

## 一、制度对预期目标的回应

维护学生权利与规范校方行为，是国家通过法律设立高校内部学生申诉制度的初衷。在我国、荷兰、美国的高校内部学生申诉制度的运行过程中，这两个目标均得以彰显。

### （一）维护学生权利

我国高校内部学生申诉制度的运行确实为维护学生权利提供了制度性保障。本书调研的16所高校的受访者都认为校内学生申诉制度为学生提供机会与平台，以表达自己的观点、维护自身权利。尽管申诉的结果大多数为驳回学生的请求，维持校方原来作出的决定，但申诉制度的实施确实为学生维护权利提供了合理化、正当化的途径。[1]另外，申诉制度的实施也为实现学生

---

[1] 如本书调研的16所高校中，绝大多数高校的申诉处理结果均为维持原决定，只有极少数高校维持原决定的比例在50%（如北京A校）。但无论如何这都为学生提供了在校内维护权利的机会。

请求、改变校方原来的决定提供了机会。[1]因此，制度的功能不在于是否满足学生的要求，而是为学生提供维护自身权利的制度途径。

同时，我国高校内部学生申诉制度的实施既改变了校方行政人员处分学生时的态度，使其注重处分行为的合理性及对学生权利的尊重，也改变了学生对自己权利的认知状态，维护权利的意识逐渐增强。[2]

荷兰高校内部学生申诉制度的运行实践显示，该制度确实为学生表达自身利益要求提供了机会与空间。该制度维护学生的申诉权利，为学生提供平台与机会，从而能够与校方机构或人员就其作出的决定进行讨论并表明自己的观点和态度，争取实现自己的权利。这一点为所有格罗宁根大学受访人员所认可。同时，高校为确保学生知道自己的申诉权，还通过各种途径予以告知。另外，如果有学生对申诉权的行使以及申诉制度的运行有任何疑问，校方还为学生提供相关的咨询机构或人员，便于其了解相关情况。

尊重学生权利是美国公立高校的总体原则之一，体现在高校制定的《学生行为守则》中。高校内部学生申诉制度等程序性措施的最终目标就是维护学生的权利，给予学生机会，使其能够陈述事实、出示证据与表达观点，确保学生被给予正常的程序性保护，免于受到不公平的对待。另外，校内学生申诉制度中还详细规定了学生在申诉过程中享有的具体权利，如获得书面通知的权利、陈述的权利、参加听证的权利、知悉案件处理结果的权利，等等。当然，学生在享有权利的同时，也要履行相应的义务，如在与学校机构进行接触的过程中，要真实且准确地表达自己的观点、接受自己行为所产生的后果等。

## （二）规范校方行为

我国高校内部学生申诉制度主要受理的是学生对高校作出的入学、退

---

[1] 如2006年3月北师大珠海分校9名学生因对校方处分决定不满意而向校方提起申诉，申诉处理的结果是维持6名学生的原处分决定，重新考虑其他3名学生的处分决定。校方重新审查后最终维持1名学生的处分，降低1名学生的处分，免除1名学生的处分。可见，无论对7名维持原处分的学生，还是对2名改变原处分的学生而言，校内学生申诉制度均为他们提供了合法、正当的机会，表达自己的利益要求。

[2] 如北京D校和青岛A校受访人员均表示，学生申诉制度实施前，校方对违纪学生作出处分时的一贯作风是强硬且忽视学生的权利，但在制度实施后，则注重处分行为的合理性以及对学生权利的维护。青岛A校受访人员认为，学生申诉制度实施后，学生对自身权利的认知也发生了变化。以往学生对校方的处分决定默默承受，但是目前学生收到处分通知后，马上要求进行申诉，说明其维护自身权利的意识在逐渐增强。

学决定以及其他违纪违规处分有异议而提出的申诉，实际上是通过校内第三方（申诉处理委员会）对高校作出决定的行为进行审查，审查其作出决定时是否依据清楚、证据充分、程序合法。这种程序性审查，能够督促校方更加重视作出决定时的依据、证据和程序，"有助于减少学校处分行为的随意性、不确定性和不可预见性"，[1] 从而规范校方的管理行为。

在实践中，许多高校的受访者都表示，校内学生申诉制度实施以后，校方也随之修改《学生手册》中关于处分条例部分的内容，在规范校方处分行为方面做了很多改进，一改往日处分有些随意、不讲证据和依据的状态，强调在作出处分时要慎之又慎，尽量做到有理有据，即证据充分、依据明确、程序正当，从而使校方行为更加规范、合理。这可以提高学生对处分的满意度，也能够从一定程度上降低学生与校方发生纠纷的可能性。[2] 另外，处分决定书的制作与送达面也非常规范，通常写明处分的事实、原因、依据和过程等内容，尤其注重在处分决定书的末尾处告知学生享有申诉权，即对处分决定有异议时可在限定日期内向申诉处理委员会提出申诉，并确保将处分决定送达学生手中，尽管送达的方式有些不同。

荷兰高校内部学生申诉制度在赋予学生申诉权的同时，对校方作出的与考试有关的决定行为进行审查，规范非理性的行为（如滥用权力或任意作出决定等），使其符合程序，尽量避免出现错误。在实践中，考试申诉委员会（CBE）的秘书认为，处理申诉案件在保护学生权利的同时，也是对校方员工行为进行审查，防止或纠正其错误行为。尽管这种审查多半是程序性审查，而不是实质审查。另外，校内学生申诉制度也促使校方决定的作出机构或人员审查或规范自身行为。如校内学生申诉制度中的必经程序之一为和解，即CBE受理案件后先将案件转交至当事学生所在学院的考试委员会，看是否能促成双方当事人和解，这意味着考试委员会对主考人员的决定或对自己作出的决定要重新进行审查，如此也为争议决定作出机构或人员审查自身行为的正确性提供机会。

---

[1]《高校新管理规定新在哪里》，《中国教育报》2005年3月30日。
[2] 如北京B校的受访者强调学校处分学生必须有依据，而且程序要符合规定；北京D校受访者反复强调对学生违纪行为的处分一定要查清事实、证据充分，并参照《学生手册》查找明确的依据，按照程序要求进行，否则容易引起纠纷（该校曾因未按程序规定处分违纪学生而被学生起诉至法院，在社会上引起较大影响）；青岛A校受访者认为校内学生申诉制度有利于逐步完善校方的处分程序，使其没有疏漏。

　　美国公立高校内部学生申诉制度受理范围很广，不仅能够维护学生的权利，同时也能够规范校方的行为。该制度突显正当程序的重要性，通过程序审查校方行为的合理性与正当性，促进校方行为的规范化与科学化，提高校方行为的正确性，制约校方滥用惩戒权，防止高校任意、武断地惩戒学生。美国马萨诸塞大学教授Di Mare认为，通过校内学生申诉制度的实施限制高校只有在遵守正当程序规定的前提下才能惩戒学生。该制度主要审查校方在处分学生的过程中是否出现程序性错误，是否基于学生的特殊情况和简单要求温和对待他们。因此，该制度成为校方不断进行自我纠正与审核的途径。[1]

## 二、制度的新功能

　　高校内部学生申诉制度在实施的过程中，除了回应制度建构者的初衷，即维护学生权利、规范校方行为之外，还产生了新的功能，主要体现在两方面：一是在高校内部解决学生与校方间的纠纷，有利于和平、顺利地解决纠纷，维持双方的关系；二是在规范校方行为的同时，也维护了校方的利益，做到学生与学校的双赢。

### （一）在校内解决纠纷

　　我国高校内部学生申诉制度有助于在高校内部解决学生与学校间的纠纷，避免在高校外部通过其他行政途径或司法途径解决纠纷。在实践中，那些经历过学生到法院起诉学校事件的受访者们表示，校内学生申诉制度的设立、运行与减少或避免学生起诉学校的现象是有关系的。比如北京B校受访者认为，校内学生申诉制度为学生提供了一种渠道，通过它学生可以表达自己的观点与利益要求，可以与学校进行沟通与对话。如果校内没有这种渠道，学生必然求助于校外渠道（如司法机构）来解决与校方间的纠纷。北京D校受访者表示，校内学生申诉制度实施后，学生通过校外司法途径解决纠纷的现象减少了。青岛A校受访者反复强调校内学生申诉制度非常有利于将学生与校方的纠纷在校园内部加以解决，认为法律途径不利于解决学生与学校间

---

[1] 如果学生没有从事违规行为，那么，通过学校内部的申诉程序可以纠正已经对学生做出的处分决定。参见Raoph D. Mawdsley, Plagiarism Problems in Higher Education, Journal of College and University Law Summer (1986).

的纠纷，而校内学生申诉制度刚好为学生提供与校方就纠纷问题进行有效对话的平台。如果没有这个平台，学生只能通过司法途径解决纠纷了。另外，没有经历学生起诉学校事件的高校也肯定校内学生申诉制度有利于在校内解决纠纷的功能。[1]

荷兰高校内部学生申诉制度处理了大部分学生因对高校作出的与考试有关的决定有异议而与校方发生的纠纷。以格罗宁根大学为例，考试申诉委员会（CBE）公布的两份年度报告显示，2008年申诉至CBE的案件中有78%在二级学院通过和解处理，2009年申诉至CBE的案件中81%在二级学院和解处理。如果无法达成和解，CBE将召开听证会，按照听证程序对纠纷进行处理。经过CBE处理后，绝大多数纠纷均在高校内部得以解决，很少有学生继续向海牙的高等教育申诉特别法庭（CBHO）提出申诉，也鲜有学生向地方法院起诉学校。如学校考试申诉委员会(CBE)秘书在此职位上工作5年，未曾有学生就CBE的决定向CBHO提出申诉的，虽然在特殊情况下有学生向地方法院提起过诉讼，但比例也很小。从CBE 2008年和2009年报告中可知，两年内申诉至CBE的案件共143件，没有一件经审理后申诉至CBHO，只是2008年有4件（6%）起诉至地方法院，2009年有2件（2.5%）起诉至地方法院。

美国公立高校的重要职责之一就是合理、有序地解决校园内部的纠纷。设置相应的程序、通过相对平和的方式顺利解决双方之间发生的纠纷与冲突就显得尤为重要。高校内部学生申诉制度能够为高校与学生间的纠纷解决提供内部途径，平等地关心和尊重当事人，更好地满足当事人的需要，获得正确且公平的结果。事实上，高校内部成员也并不希望通过司法途径解决校内纠纷，因为"向国家法院求助以解决高校内部纠纷的做法被证明是不能令高校纷争者满意的"。[2]实践中，马萨诸塞大学90%因惩戒行为引起的纠纷均能通过校内制度加以解决，明尼苏达大学也有将近80%的纠纷通过这种方式加以解决。

---

[1] 如南开大学教务处处长认为校内学生申诉制度可以减少很多因为制度缺失造成的无谓诉讼，对于营造高校和谐的校园环境是非常有益的。参见《大学生管理新规定，破解高校管理三大难题》，《人民日报》2005年3月31日。

[2] Walter C. Hobbs, The "Defective Pressure Cooker" Syndrome : Dispute Process in the University, The Journal of Higher Education, Vol. 45, No. 8. (Nov., 1974) p.578.

（二）维护校方利益

高校内部学生申诉制度的实施既有利于维护学生权利、规范校方行为，也有利于维护校方的利益。这一点主要体现在我国制度的实践中。

我国高校内部学生申诉制度实施之前，学生与校方间的纠纷往往因缺乏校内解决途径而诉诸校外行政甚至司法途径解决，使校方处于被动状态。[1]校内学生申诉制度实施后，促使校方作出决定的行为更加规范，注重事实、依据、证据和程序，明显改变校方在可能的诉讼过程中的被动境况，使得校方处于主动地位，从容应对。法院维持高校决定的可能性也非常大，从而有利于维护校方的利益，维护校方作出决定的权威性。

实践中，经历过学生起诉学校事件的高校受访者对这一点非常认同，强调校内学生申诉制度在诉讼过程中维护校方利益方面发挥的重要作用。如北京B校受访者表示，校内学生申诉制度设立之前，学生起诉高校，高校很被动，因为证据提供不充分，而且处分也带有随意性。校内学生申诉制度实施后，规范了校方的处分行为，注意收集证据、完善程序、依据准确，而且还制作了档案来记录每个申诉案件。因此，如果学生不满意校内申诉处理的结果，通过司法途径解决纠纷，学校不再被动，因为处分行为有理、有据、合程序，而且还有详细的档案记录，只要在庭审现场出示即可，从而有利于维护校方利益。内蒙古A校曾经被学生起诉过，受访者表示校内学生申诉制度实施后不再害怕被起诉，因为该制度已经审查过校方的处分行为，确定其是在事实清楚、证据充分、程序合法的基础上进行的，即便作为被告，也可以理直气壮地维护自己的利益。学校内部先把事情做好，就不再担心被起诉的情况了。青岛A校的受访者将校内学生申诉制度的这项功能描述得非常清晰，认为它在维护学生权利的同时也保护学校。因为制度督促校方在处分的程序、依据等方面做到规范、严密，经得起第三方（法院）的拷问。受访者曾经与校方律师一起出庭参加学生起诉学校的案件，在庭审过程中校方出示了

---

[1] 高校对学生作出入学、退学决定或其他违纪处分决定时，往往带有随意性，如可能没有准确的依据、可能不具备充足的证据、可能没有履行相应的程序等。学生如果对校方决定有异议，没有校内途径可以解决彼此间的纠纷。如果校方决定涉及学生的重大利益，通常是开除学籍的处分决定，涉及学生受教育权的重大问题，学生只能寻求司法途径解决纠纷。在法院审理案件的过程中，如果高校作出决定的行为具有随意性，那么高校将处于非常被动的情况，无法从容应对，法院审理的结果也将不利于高校。

与决定有关的最直接的材料和证据，没有漏洞，经得起推敲，因此对校方很有利，法院的最终判决结果为校方胜诉。受访者从事学生工作10年，非常支持校内学生申诉制度的实施，认为对维护校方利益非常有益。

荷兰高校内部学生申诉制度的实践中，没有任何一位受访者对制度在这方面发挥的功能有所提及。他们更强调制度在维护学生权利方面发挥的作用，很少提及制度在规范校方行为方面的作用，无人提及制度在维护校方利益方面的功能。当被问及校方可能滥用权力作出决定时，很多受访者表示不能理解这个问题，因为他们认为一切决定作出时都是按照程序要求进行的，不可能出现随意决定的情况，也不可能滥用学校的权力。

在美国高校内部学生申诉制度的实施过程中，有人认为制度能够做到维护学生与学校双方的利益最大化。校内学生申诉制度促使校方在将来可能产生的诉讼中提高行为的正当性，从而维护校方利益。也就是说，在校内学生申诉制度实施过程中只要高校遵守了正当程序的规定，就意味着不存在任意、专断的行为，就表明其处理纠纷的结果是合理且公正的，即便学生对校内的最终处理结果仍不满意而起诉到法院，法院也会判决校方胜诉，支持校方的利益。

## 三、制度的"副作用"

制度在发挥其功能时，总会伴随有相应的、间接的不利后果，这本身就是一个重要问题，因为"副作用"问题与效果问题是不可分的。[1]高校内部学生申诉制度的运行与实施，充满着丰富性与多样性，当然，有时也会产生不可预计的"副作用"，主要体现在不利于维持学生与校方间的可持续性关系、激化双方矛盾、耗费时间、破坏学校规则等方面，但在不同国家表现不同。

我国高校内部学生申诉制度实施的"副作用"主要体现在两个方面：其一，可能会激化学生与学校间的矛盾，不利于维持双方的可持续性关系；[2]其

---

[1]　[美]弗里德曼：《法律制度》，李琼英、林欣译，中国政法大学出版社2002年版。
[2]　如中山大学珠海校区党政办主任简占亮介绍说：规范高校管理不一定都要采取申诉听证方式，那样看似在给予犯错误的学生一个说话的权利，实际上往往会激化师生之间的矛盾；遵义医学院珠海分校党务办副主任刘玉萍在接受记者采访时说，作为制度建设和体现社会角色公平，高校可以有个申诉听证和化解矛盾的调解机构，但如果把申诉听证当作家常便饭，学生一遇处分，轻则申诉反驳，重则抵赖狡辩，势必造成师生双方关系紧张。参见《学生有了申诉权，怎样行使才得当》，《光明日报》2006年3月30日。

二，对校内学生申诉制度的规避可能会导致对学校规则的破坏，不利于维持校方正常的管理与教学秩序。[1]

荷兰高校内部学生申诉制度的运行实践表明，制度的实施可能产生的"副作用"主要体现在两方面：一是比较浪费时间和精力；[2]二是申诉制度的听证会程序营造一种对抗的氛围，不利于维持双方当事人间的关系。[3]

美国高校内部学生申诉制度规定，其处理纠纷的时间最长不超过30个工作日，不像荷兰那样时间跨度比较大，因此，不存在浪费时间和精力的问题。另外，关于申诉制度可能激化学生与学校间的关系，不利于维持双方长久的可持续性关系的问题，由于笔者掌握资料的有限性，没有发现这方面的论述。

# 第四节    国家与高校的博弈对高校内部学生申诉制度的影响

高校内部学生申诉制度由国家通过法律加以设置，并阐明法律制度设置的初衷。但是，在三个不同国家的高校中，校内学生申诉制度实施的过程却都呈现出丰富的多样性，即制度的正常实施、制度的延伸与规避以及替代性措施的鼓励等。同时，制度在回应国家目标的基础上又发展出新的功能，也出现不同程度的副作用。为什么制度在实践中运行的样态与功能会出现这种丰富性与多样性？也许国家与高校间的关系以及各自的利益考量与博弈的空

---

[1] 本书调研的16所高校中有两所高校没有实施该制度，或者因为学校的特色，或者因为担心激化学生与学校间的矛盾，而采取迂回性手段避免申诉制度的实施。如尽量给予违纪学生较轻的处分，使学生认识到自己的违纪行为应当受到的处分和学校拟作出的处分之间的差别，从而放弃提出申诉。表面看来，受到较轻处分的学生确实从中获益，而学校也获得相对较和谐的氛围，但这却是以破坏规则为前提的，一定程度上危及了校方行为的权威性，而且使学生产生侥幸心理，无法有效排除下次继续违纪的可能性，因此从总体上来看，不利于校方正常秩序的维护。

[2] 通过申诉制度解决学生与学校间的纠纷，根据法律和高校规则的规定，至少需要8周至10周的时间，遇到特殊情况，可能延长至14周，时间跨度比较长，当事人为进行有效的申诉，还要准备充足的资料，了解相应的程序，必然会浪费一定精力。实践中，有些学生为此放弃申诉的权利和机会。

[3] 听证会的召开方式有点类似法庭审理的过程，因此，无论对于校方还是学生而言，都不是一种温和解决纠纷的途径，其结果也不利于双方关系的维持。曾经经历过学生申诉事项的两位教师表示，申诉处理结果尽管维持教师原来作出的决定，但已经完全破坏了师生间的关系。

间能够对此做出适当的解释。

## 一、国家利益的考量：制度的建构

社会控制是法律的基本职能之一，[1]国家通过法律构建相应的制度必然体现国家的某种意志或利益需要，从而实现某种程度或某个领域的社会控制。因此，国家设立并推行高校内部学生申诉制度必然有其利益考量。

（一）我国建构高校内部学生申诉制度的利益考量

自1998年发生全国首例学生起诉高校案件，至21世纪初期的几年时间里，此类案件不断发生，且日益增多，引起社会的广泛关注。解决学生与高校间的特殊纠纷涉及社会问题的关切、学生权利的维护及高校权力的规范与制约等方面。更为深层的问题是，通过法院处理此类案件，又引发司法审查权与高校自主管理权之间的斗争。国家教育部综合考量上述各种利益要求，通过修改教育部规章，重新启动高校内部学生申诉制度，意图平衡各方的利益需求并解决特殊类型的纠纷。

1. 国家利益的考量

针对学生与高校间特殊类型纠纷的解决，国家需要考量很多因素，如学生的权利、高校的行为、法院解决纠纷中可能存在的问题，等等，并在此基础上试图通过适当的制度构建更好地解决此类纠纷，以实现相应的目的。

国家需要考量的利益因素不同，在构建法律制度时的目标就可能存在多样性，既有直接目标，又有间接目标。[2]直接目标体现为国家阐明的目标，而间接目标则是国家未予明确表达但却意图实现的目标。我国教育部在设置高校内部学生申诉制度时也有两个层面的考量，即直接目标和间接目标。

（1）直接目标：维护学生权利、规范校方行为。维护学生权利和规范校方行为，是教育部在重新启动高校内部学生申诉制度时直接阐明的目标，也是教育部直接的利益考量。这明确体现在一系列法律、规章及相关文件中，如《教育法》《教育部关于实施〈教育法〉若干问题的意见》《第21号令》以

---

[1]［美］弗里德曼：《法律制度》，李琼英、林欣译，中国政法大学出版社2002年版，第20页。
[2]［美］弗里德曼：《法律制度》，李琼英、林欣译，中国政法大学出版社2002年版，第57页。

及《教育部关于加强依法治校工作的若干意见》等。高校内部学生申诉制度明确赋予学生申诉权，表达自己的利益要求，维护自己的权利。同时，校内学生申诉制度监督校方的不当行为，增强校方行为的合法性，减少恣意与专断。

（2）间接目标：尽量避免法院解决校生纠纷。在高校内部解决学生与高校间特殊类型的纠纷，避免通过校外途径尤其是司法途径加以解决，这是国家教育部在启动高校内部学生申诉制度时潜在的意图，在任何法律、规章及相关文件中都很难直接找到明确的官方表达。但是，这确实是国家予以重点考量的因素之一。因为此类特殊纠纷通过司法途径加以解决，确实存在不同层面的困境，既有浅层的技术性问题，也有深层的权力博弈问题。

浅层的技术性问题主要表现为：其一，对案件受理与处理的依据和标准不统一。实践中对于学生起诉高校的案件，有些法院受理并作为行政诉讼类案件予以处理，[1]有些法院不予受理，理由是不属行政诉讼案件受理范围，[2]缺乏法律依据。其二，对案件进行实质性审查还是程序性审查也没有统一标准。有的法院既进行程序性审查又进行实质性审查，[3]但一般均进行程序审查而非实质审查。其三，案件审理结果具有不确定性，如有些判决高校胜诉，有些判决学生胜诉等。对于这些初级层面的矛盾，迄今为止最高人民法院没有对此类案件作出统一的司法解释，以指导案件审理的实践活动。

更为重要的是深层权力博弈问题，即司法审查权与高校自主管理权之间的冲突。高校作为一类特殊的社会组织，在管理学生、维持秩序方面有权对其认为不符合资格或从事违规违纪行为的学生予以处理，或作出入学、退学方面的决定或给予其他处分包括开除学籍等。法院处理此类纠纷，意味着对高校作出的决定进行审查，无论是实质性审查还是程序性审查，都意味着司

---

[1] 如2006年8月，何某、张某向齐齐哈尔市富拉尔基区人民法院提起行政诉讼，起诉齐齐哈尔医学院因两人考试作弊而开除学籍。法院受理后认为学院未提供证据证明两人作弊，故缺乏事实依据，并且作出开除学籍的处理意见书并未送达两名原告，根据《普通高等学校学生管理规定》第五十八条属程序违法，判决撤销学院开除学籍的处分决定。

[2] 如2012年12月13日，中国政法大学78名法律硕士向法院提起行政诉讼，状告中国政法大学降低奖学金金额的案件，法院不予受理，理由是不属于行政诉讼受案范围。

[3] 2011年11月，郑州航空工业管理学院学生肖某向郑州市二七区法院提起行政诉讼，起诉学院因考试作弊而开除其学籍，法院不仅对学校作出开除学籍处分的程序进行审查，认为学院程序违法，而且也对学校作出处分决定的正确性本身进行实质性审查，认为学院处分过重。最终判决肖某胜诉，撤销学院开除学籍的处分决定，并恢复肖某学籍。

法机构对高校自主管理权行使的正当性与合法性进行审查、判断和裁判。高校认为，法院不应当也不适合审查高校针对内部事务进行管理的行为，因为高校作为一类特殊的、具有专业性与学术性的社会组织，有权对自身的内外部事务进行有效管理，这也是法律赋予高校的权力。而法院认为如果高校行使自主管理权时侵犯学生权利，则必然要接受司法机关的审查，以维护学生的权利并防止高校权力的恣意与滥用。实际上，法院需要在保护学生权利与尊重高校的独立性和自主性之间进行权衡，也由此导致司法审查权与高校自主管理权之间的冲突与博弈。这种权力之间的复杂关系也体现在法院的判决中，如北京市第一中级人民法院在田某诉北京科技大学案的终审判决中写明："学校依照国家的授权，有权制定校规、校纪，并有权对在校学生进行教学管理和违纪处理，但是制定的校规、校纪和据此进行的教学管理和违纪处理，必须符合法律、法规和规章的规定，必须保护当事人的合法权益。"法院对高校的内部管理行为进行审查有其必要性，可以防止高校行为的恣意与专断，维护学生的权利，但法院又不能无节制地审查高校内部的管理行为，否则有可能危及高校存在的根基，因此，又有必要对其加以限制。但目前为止，关于司法审查的权限与空间问题，最高人民法院始终未给予具体的解释与说明，可见司法审查权与高校自主管理权之间冲突与协商的复杂性与难度。

看似学生与高校间的简单纠纷，但在法院解决时既面临着初级层面的技术性问题，又面临着更难以处理的法院与高校间深层复杂的权力博弈，使得司法审查权承受新的负担，而这种负担很难通过诉讼制度本身加以化解，需要寻求新的手段或途径。国家教育部设置的高校内部学生申诉制度恰巧可以从一定程度上缓解司法审查高校自主管理权的困境，即学生对高校作出的决定有异议时可以在高校内部提出申诉，由申诉处理委员会作为第三方对高校作出的决定进行审查，审查其行为是否事实清楚、依据准确、决定适当、程序合法等，并作出处理结果。经过申诉处理后，如果学生不再有异议，也就不会要求通过校外途径尤其是司法途径解决纠纷，由此可以缓解司法审查权与高校自主管理权之间的争斗。

2. 能动的制度构建

基于上述各方面利益的考量，国家在面临各种势力、权力博弈的压力之下，积极寻求适当、合理且可能的制度途径对这种状况加以改变，既能够解决特殊类型的纠纷，又能够平衡各方利益要求。而法律的能量正是应该贡献于制度上的问题，贡献于重新设计那些制度上的安排，如此一来，法律制度可以作为改变秩序和社会控制的工具。国家教育部找寻到曾经制定但始终未予实施的关于高校内部学生申诉制度的规定，对其重新予以高度重视，通过修改教育部规章（《第21号令》）使相关规定更加细化和具体化并具有可操作性，全力在全国范围内推行，意图通过该项法律制度的重新启动来改变司法机构解决校生纠纷时所面临的困境，促使此类特殊纠纷在高校内部加以解决。

高校内部学生申诉制度成为国家解决特殊类型纠纷和调整、平衡利益的能动性工具，具有合理性与可行性。[1]学生起诉学校的事件并非偶然、孤立的事件，从案件发生的时间、频率及地区来看，具有代表性和普遍性。通过校内学生申诉制度这种程序性制度的设置，可以在一定程度上解决该问题，因为它提供了机制和场所，让人们去消除矛盾、解决争端。

在高校内部学生申诉制度构建的过程中，国家以"双重资格"发挥作用：[2]其一，作为政治角色，它决定要追求什么目的以及运用什么手段来处理社会问题。学生起诉高校事件的日益增多，引起社会广泛关注，所引发的问题不仅涉及学生与高校间纠纷的处理，也涉及高校自主管理权与司法审查权之间的关系。为了维护学生权利、规范校方行为，也为了缓和高校与法院之间复杂的权力博弈，国家通过修改法律启动高校内部学生申诉制度，这表达并突显了某种政治意志，反映了政治权力的作用。[3]其二，作为法律角色，在超出政治意志与政治权力的范围之外，国家还必须满足弱者的利益和需要。因此，国家通过修改教育部规章，设置相应的校内学生申诉制度，赋予学生申诉的权利与空间，为其维护自身权利提供制度性保障。

（二）荷兰建构高校内部学生申诉制度的利益考量

荷兰高校内部学生申诉制度由国家通过专门的法案加以设置，其考量的因素并未明确予以表达。另外，由于笔者能力有限，也未查找到相关背景性资料。但从法案规定的内容可知，国家主要考量的是如何通过申诉制度维护

---

[1] 通过制度安排可以解决社会问题的必要性条件：一是社会问题的存在是普遍性而非孤立性的；二是通过改变管理的理念、模式及具体方法、程序，可以在一定程度上解决问题。

[2] ［美］诺内特、塞尔兹尼克：《转变中的法律与社会——迈向回应型法》，张志铭译，中国政法大学出版社2004年版，第126页。

[3] ［美］诺内特、塞尔兹尼克：《转变中的法律与社会——迈向回应型法》，张志铭译，中国政法大学出版社2004年版，第127页。

学生的权利以及审查高校作出决定的行为。

荷兰国会于1993年颁布《高等教育与研究法案》，适用于荷兰境内所有高等教育机构，其目的在于提高教学质量、增强创新能力、增强高等教育系统的社会导向、增加科学研究的机会以及提高高等教育机构的自治能力。其中详细规定了高校内部学生申诉制度的内容，包括学生提出申诉的权利和时间、高校受理学生申诉的机构、受理事项、处理程序和处理结果等。而且，还通过《普通行政法案》对处理学生申诉事务的程序予以更加详细的规定。

（三）美国建构高校内部学生申诉制度的利益考量

美国高校内部学生申诉制度的设置有些特殊，不同于我国与荷兰。美国虽然有全联邦普遍适用的《高等教育法案》，但其侧重点在于宏观规范高等教育机构的资质、行为以及学生的基本权利如言论自由权等，并不涉及非常具体的校内管理制度，如校内学生申诉制度等。众所周知，美国是判例法国家，法院形成的判例是美国法律最重要的正式渊源。美国最高法院曾明确指出，高校要在总体上遵循最低限度正当程序要求，可以根据各校情况予以适当调整，但至少都要设立某种形式的通知和听证制度。[1]而关于正当程序的规定，主要来源于《宪法》修正案。正当程序的要求具体到高校内部的管理行为方面，体现为当学生因违纪而受到学校处罚时，要求高校通知学生并给予学生听证的机会，以陈述自己的观点；若学生对高校的处分或惩戒决定有异议，应当获得申诉的机会，进一步保障学生能够利用所有必要的措施充分表达自己的观点。由此可见，高校内部学生申诉制度是正当程序的要求和体现。

高校内部学生申诉制度作为一种程序性制度首要的利益考量必须是学生的权利。尊重和维护学生权利，是文明政治和法治社会核心的价值观。高校内部学生申诉制度就是通过相应程序的设置确保学生有权利表达自己的观点。校内学生申诉制度设置的另一重要考量则是规范高校惩戒学生的行为，即学生若对高校惩戒决定有异议时，可以向校内相关机构提出申诉，由申诉受理机构作为第三方对高校惩戒学生的行为进行审查，从而促使高校惩戒学生的行为更加规范。

---

[1] Edward N. Stoner, John Wesly Lowery, Navigation Past the "Spirit of Insubordination": A Twenty-first Century Model Student Conduct Code With a Model Hearing Script, Journal of College and University Law (2004).

## 二、国家与高校的关系：制度的正常运行

国家基于各方面的利益考量与平衡，通过法律要求高校设立校内学生申诉制度。但是，高校作为制度的实施者是否能够真正实施该制度并对制度构建者的用意予以回应，则取决于国家与高校之间的关系。

高校有其特殊性，其功能主要体现为传播知识、发展知识和为社会提供公共服务等方面。[1]因此，相对于国家来讲，作为学术性组织的高校必然具有独立性。1988年9月，联合国在《关于高等教育机构学术自由和自治的利马宣言》中指出，高等教育机构在国家和其他社会组织力量面前具有独立性，在其内部管理、财务、行政方面作出决定，并制定其教育、研究、附属部门工作以及其他相关活动方面的政策。[2]但是，高校的独立性不是绝对的，而是相对的，其独立性程度取决于高校与国家间的关系。现代高等教育是国家事业的一部分，任何国家都会对其进行必要的控制和影响，只是因各国政体不同、文化不同而使得控制范围和程度各异。[3]这种关系是高校管理体制中的核心问题，国家意欲干预或控制高校，而高校要维护自治，两者之间因性质、职能不同而形成的权力之争自大学产生以来就从未停止，只不过在不同国家、不同时期程度不同而已。[4]

从国家在社会中的职能角度来看，一种倾向是让政府来管理社会并主导社会的发展方向，另一种倾向是让政府来维持社会的平衡，并且仅仅提供一个社会自我管理、个人自我定位的一般性规则框架。[5]我国政府偏向于第一种倾向，而荷兰与美国政府偏向于第二种倾向。如果政府是社会的总管或是仅仅维持社

---

[1] 关于当代高校的功能，在许多文章和著作中都有所描述，主要概括为传播知识、发展知识与提供公共服务等三个方面。如唐振平：《中国当代大学自治管理体制研究》，国防科技大学出版社2006年版；林玉体：《美国高等教育之发展》，高等教育文化事业有限公司2002年版；和震：《美国大学自治制度的形成与发展》，北京师范大学出版社2008年版；[英]约翰·亨利：《大学的理想》，徐辉、顾建新、何曙译，浙江教育出版社2001年版；陈洪捷：《什么是洪堡的大学思想》，《中国大学教学》2003年第6期；刘宝存：《威斯康星理念与大学的社会服务职能》，《理工高教研究》2003第5期，等等。

[2] 徐小洲：《自主与制约——高校自主办学政策研究》，浙江教育出版社2007年版，第2页。

[3] 蒋后强：《高等学校自主权研究：法治的视角》，法律出版社2010年版，第217页。

[4] 李建华、伍研：《大学自治：我国高等教育体制创新的哲学阐释》，《现代大学教育》2004年第1期。

[5] [美]米尔伊安·R.达玛什卡：《司法和国家权力的多种面孔：比较视野中的法律程序》，郑戈译，中国政法大学出版社2004年版，第16—17页。

会的平衡，那么政府与特殊的社会组织高校间的控制关系与程度必然不同，由此决定着高校自主管理的空间，也在一定程度上决定着高校是否能够按照国家的设置实施校内学生申诉制度以及回应制度构建者的目标。

（一）政府主导模式下的制度运行

我国政府与高校间的关系，从计划经济体制下政府高度集权、高校隶属于政府转变为目前市场经济体制下政府适当放权、高校拥有适量自主权，形成政府主导与高校有限自我管理相结合的模式。在这种模式下，高校必然按照国家教育部规章的规定设立校内学生申诉制度，以实现国家设置该制度的初衷。

1. 我国国家与高校的关系：主导与控制

我国高校绝大多数为公立高校，而《高等教育法》明确规定，我国公办大学由政府举办，政府教育行政主管部门对大学进行宏观管理，党委会是学校的领导核心，实行党委领导下的校长负责制。可见，这种控制不仅来自政府，而且来自党委。

（1）政府和执政党对高校的主导与控制。政府是高校的出资者，又是高校的管理者和监督者。[1]中央政府部门教育部和地方政府部门教育委员会是高校的主管部门，对高校活动进行管理与规划。高校与政府的关系主要表现为行政隶属与行政管理关系，[2]这种关系呈现出一系列特点：集中管理，即高校的设立、结构和布局纳入国家和地方政府的事业发展规划中；管理手段行政化，即高等教育的管理依靠行政权力的强制性，使得政府与高校处于上下级关系；教育资源由政府统一配置；院校内部采用以行政权力为中心的管理模式；[3]甚至在高校的教学管理、招生、学科专业建设方面也由政府统一安排。这一系列特点决定了高校的管理具有浓厚的行政化色彩，即高校在履行自己职能的基础上，也要执行政府的任务或政策。尽管近些年来，高校"去行政化"的呼声日益高涨，但政府仍然保持着对高校的主导地位。

《高等教育法》第39条明确规定：国家举办的高等学校实行中国共产党

---

[1] 张驰、韩强：《学校法律治理研究》，上海交通大学出版社2005年版，第13页。
[2] 蒋后强：《高等学校自主权研究：法治的视角》，法律出版社2010年版，第164页。
[3] 徐小洲：《自主与制约——高校自主办学政策研究》，浙江教育出版社2007年版，第149页。

高等学校基层委员会领导下的校长负责制。中国共产党高等学校基层委员会按照中国共产党章程和有关规定，统一领导学校工作，支持校长独立负责地行使职权。中国共产党对高校的渗透主要体现在高校的指导思想、教育方针和目标、管理体制和运行机制、学科建设、人才培养等诸方面各种活动必须以中国共产党的指导思想为核心，而且，中国共产党在高校建立了系统完备的基层组织，便于其领导与管理。[1]可见，政党权力引领高校政治方向的正确性，体现高等教育的政治属性，从这个意义上讲，中国高校作为一种社会组织，首先，是社会政治组织，其次，才是社会文化组织。[2]

（2）高校有限的自主。高校自主管理，实质上是高校依法拥有对内事务与对外交往的自主决策和自主管理的权利。[3]改革开放以后，高校在这方面获得了相对的发展空间。1995年《教育法》第28条规定了学校享有的权利，其中第1款即为"按照章程自主管理"，包括教育教学权、招生权、学生管理权、教育管理权、校产管理权、财权等内容。1998年《高等教育法》对高校办学自主权有明确的规定，内容涵盖招生、学科专业建设、教学、科研、国际交流、财务及机构设置等方面。除此之外，高校还享有对受教育者进行学籍管理、实施奖励和处分的权力以及对教职员工实施奖励或处分的权力等。1999年《教育部关于实施〈中华人民共和国高等教育法〉若干问题的意见》中强调"依法治教，全面落实高等学校的办学自主权""教育主管部门要尽快制定有关规定，加强分类指导，采取有力措施，依法落实高等学校的办学自主权，促进各类高等学校和其他高等教育机构建立自我发展、自我约束、面向社会依法自主办的运行机制，保障高等教育事业的健康发展"。2003年《教育部关于加强依法治校工作的若干意见》明确推进依法治校工作的目标之一是"学校建立依法决策、民主参与、自我管理、自主办学的工作机制和现代学校制度"。《国家中长期教育改革和发展规划纲要》（2010—2020年）中也做出明确指引，要"推进政校分开管办分离"，即构建政府、学校、社会之间的新型关系，明确政府管理的权限和职责等；以及"落实和扩大学校办学自主权"，即政府改进管理方式，减少和规范对学校的行政审批事项，保障学校充分行使办学自主权等。这些规范

---

[1] 宣勇：《大学变革的逻辑》，人民出版社2009年版，第498—499页。
[2] 宣勇：《大学变革的逻辑》，人民出版社2009年版，第485—486页。
[3] 郭石明：《社会变革中的大学管理》，浙江大学出版社2004年版，第207页。

性法律文件对高校办学自主权的强调都为高校自治的发展提供了合法性与正当性。

尽管近些年来的规范性法律文件始终突出强调高校自主权，但是改革开放多年来，落实高校自主权的实践明显滞后，[1]高校自主权的落实还不能令人满意，[2]如在招生、专业设置和教学管理、颁发学历学位证书以及财务等方面仍受政府的控制，高校自主管理名不副实。[3]因此，政府对高校仍然保持着某种程度的控制，高校的设立、运行依赖政府的推进，高校自主权的性质、大小也取决于政府单方面的意图，高校仍然是政府的附属物。在这种管理体制下，高校实际上缺乏真正的自主权。

2.高校内部学生申诉制度的运行与对国家目标的回应

政府、党委与高校间的管理关系导致高校必然要贯彻落实政府的规章制度，不大可能出现拒绝实施的情况。高校实行的是党委领导下的校长负责制，高校的自主权基本集中于校级领导手中，而校长又是由上级主管行政部门任命的，校长首先是政府的代表，其次才是学校共同体的代表，因此，在政府与学校间不可能发生太大的冲突，[4]也不可能出现忤逆政府意志的行为。政府对高校的行政化管理方式，是政府通过其掌握的各种资源对高校进行控制，高校对行政化管理的服从实际上是一种对资源分配的服从。

国家教育部《第21号令》出台后，要求高校设立、运行校内学生申诉制度，并在全国范围内全力推行。几乎所有高校均按照教育部规章在《学生手册》中明确规定了校内学生申诉制度的内容，如成立申诉处理委员会、明确申诉受理的事项、申诉处理的程序及可能的结果等。尽管不同高校在具体实施细节方面还存在某些差异，但这些差异非常细微，如申诉处理委员会办公室的具体设置、委员会成员人数等。另外，这些差异的形成是因为教育部规章关于学生申诉制度的规定比较简单、笼统，没有详细、具体的规定，赋予高校根据自身情况加以设置实施的空间。

高校内部学生申诉制度的设立与实施，初步回应了制度构建者的目标。

---

[1] 张应强、程瑛:《高校内部管理体制改革:30年的回顾与展望》,《高等工程教育研究》2008年第6期。
[2] 蒋后强:《高等学校自主权研究:法治的视角》,法律出版社2010年版,第193页。
[3] 张驰、韩强:《学校法律治理研究》,上海交通大学出版社2005年版,第16—17页。
[4] 蒋后强:《高等学校自主权研究:法治的视角》,法律出版社2010年版,第212—213页。

校内学生申诉制度赋予学生申诉权，在一定程度上维护了学生的权利，也规范了校方的行为。同时，校内学生申诉制度也以一种相对平和的方式为在校内解决纠纷提供机会，成为纠纷的校内"过滤机制"。未设立学生申诉制度之前，学生对高校作出的决定尤其是涉及自己切身利益的决定有异议时，在高校内部没有渠道或途径加以表达，只能选择通过司法途径解决问题。而校内学生申诉制度实施后，学生有异议可先在校内通过中立第三方加以解决，对校内决定仍有不满再通过校外途径尤其是司法途径加以解决。可见，高校内部学生申诉制度能够满足国家的利益需要，初步回应了制度构建者的目标。

（二）政府间接管理模式下的制度运行

1.荷兰国家与高校的关系：间接管理[1]

荷兰高等教育最显著的特点是国家通过集中的法律和教育政策对高校进行非集中式的管理，政府尊重高校自治权，不直接干预高等教育机构的管理。

荷兰高等教育机构自治程度非常高。《高等教育与研究法案》（WHW）规定了高等教育与研究管理方面的主要条款，主要原则是赋予高校在政府限定的范围内享有高度自治权，不仅促进高校自身发展，也促进高等教育系统能够更加有效地满足社会变化的需求。WHW赋予高校在教学与研究项目设置方面充分的自由，但要求高校首先必须对其教学质量负责，提供充足且广泛的教学与研究项目并保证学生能够接受高等教育。高校本身、代表政府的专家以及高等教育检查员共同负责对高校的教学质量进行审核。高校和学院通过其代表性组织保持其特色，[2]如荷兰高校协会和荷兰高等专业教育委员会等。两个协会均是国家高等教育政策制定的合作者。

尽管荷兰高校充分享有自治权，但并不意味着它们不受国家影响和干预。在高校自治的基础上建立与国家的良好关系，是高等教育运作和管理成

---

[1] 关于荷兰政府与高校间的关系的观点，主要来自Center for Higher Education Policy Studies (CHEPS)(2007)：Higher Education in the Netherlands：Country Report, Ben Jongbloed; Maarja Soo, the Europe World of Learning 2010, volumn 2, Routledge 2009; Overview Higher Education the Netherlands, National Institution for Academic Degrees and University Evaluation, 2011.3, 1–29–1; Gakuen-Nishimachi, Kodaria, Tokyo 187–8587 Japan。
[2] 学院是由政府出资设立的偏重于应用技术型的高校组织。

功的前提之一。[1]国家通过《高等教育与研究法案》明确规定，期望能够促进中央政府与大学之间保持可能的合作与行政管理关系，而且政府主要是为高校提供资金支持。政府在为高校提供资金支持的基础上，只具有"选择性控制"的权力，只在必要时才对高校进行干预，而且这种干预仅限于弥补高校管理中的缺陷。

荷兰国家教育、文化与科学部负责高校的管理，但这种管理不是直接的。国家教育、文化与科学部是最主要的政策制定者，可以制定关于高等教育机构提供的教育项目的性质、内容、质量等方面的政策。然而，事实上还有其他机构和组织也能够影响政策的制定，从而形成一个复杂的政策制定系统。如议会有权立法，可以制定高等教育预算方面的立法。立法会广泛征集其他主体和代表机构的意见，除了荷兰高校协会和荷兰高等专业教育委员会以外，还包括学生联合会、教师组织以及专业机构。在立法准备阶段，其他部门（如经济事务部和财政部）、教育委员会和科学技术政策咨询委员会（高等教育事务方面重要的政府咨询机构）也会发表意见。有时，其他普通的咨询机构如社会—经济委员会、政府政策咨询委员会、荷兰经济政策分析部以及社会和文化发展部等机构也会发表对于高等教育事务的意见。

2. 高校内部学生申诉制度的运行及其对国家目标的回应

尽管荷兰高校自治程度比较高，但由于国家通过法律和集中的教育政策对高校进行间接管理，因此，高校也必然服从法律和政策的要求。《高等教育与研究法案》（WHW）明确规定了高校必须设立校内学生申诉制度，因此，荷兰13所研究型高校均根据WHW的规定，设立了校内学生申诉制度，其具体规定体现在学校的《学生章程》中，并在实践中加以运行。

荷兰高校内部学生申诉制度的实施表明，该制度确实为学生表达自己的观点与利益要求提供了机会与空间，同时也对校方作出的与考试有关的决定进行审查，监督、纠正或防止校方滥用权力或任意作出决定，从而回应了国家构建制度的目标。

---

[1] 1998年世界教育大会：《21世纪的高等教育：展望和行动世界宣言》。参见和震：《美国大学自治制度的形成与发展》，北京师范大学出版社2008年版，第3页。

（三）政府服务模式下的制度运行

1.美国国家与高校的关系：间接服务

大学自治的原则在国际范围内普遍受到尊重和认可，也是美国高等教育的核心理念。"大学的本质与特点是自由研究的精神，其任务就是提供最有助于思考、实验和创造的环境。如果大学变成满足教会、国家或任何局部利益的工具，将不再忠实于自己的本质"。[1]但是，随着高校规模的扩大与职能的增加，政府对高校的宏观调控与干预也有其合理性。政府作为公共利益的重要代表，为了保障高等教育的公平性、公正性，实现公共财政的责任，必然对大学采取干预性措施，确保大学为公众提供更好的服务。[2]然而，政府对高校的干预仅限于外部事务，不会涉及高校自治、学术自由以及自主管理的领域。

在美国，高校与政府的关系是高等教育发展中的首要问题。美国大学的突出特点之一是享有显著的不受政府控制的自由，大学从总体上被公认具有高度自治，[3]即自己决定和管理自己的内外部事务，包括资金分配、行政管理、教职员聘任、招生、专业课程设置等方面。但是，随着高校在社会经济、文化、科技、军事等领域中作用的提升、高校职能的扩展、高校数量及类别的增多等，政府开始寻求对高校的干预。联邦政府对高等教育只是提供咨询服务与部分资助，[4]而州政府正式承担和履行高等教育功能，对州立大学实施公共控制，[5]从宏观与微观方面对教育管理、教师聘用、学生注册与毕业、学术标准与评估体系等方面进行管理。[6]尽管法律规定州政府拥有领导和管理高等教育的职权，但是，州政府除了提供经费和必要的指导外，一般不干涉高等学校的内部事务。[7]

---

[1] sweezy v. new Hampshire, 354.U.S.234, 263 (1957),参见张斌贤、李子江主编：《大学：自由、自治与控制》，北京师范大学出版社2005年版，第158页。

[2] ［美］德里克·博克：《走出象牙塔——现代大学的社会责任》，徐小洲、陈军译，浙江教育出版社2001年版，第10页。

[3] ［美］德里克·博克：《美国高等教育》，乔佳义编译，北京师范大学出版社1991年版。

[4] 徐小洲：《自主与制约——高校自主办学政策研究》，浙江教育出版社2007年版，第9页。

[5] 和震：《美国大学自治制度的形成与发展》，北京师范大学出版社2008年版，第153页。

[6] 姚云：《美国教育法治的制度与精神》，教育科学出版社2007年版，第117页。

[7] 徐小洲：《自主与制约——高校自主办学政策研究》，浙江教育出版社2007年版，第9页。

2.高校内部学生申诉制度的运行及其对国家目标的回应

在实践中，政府主要通过提供资金的形式对高校加以一定程度的控制，如果公立高校违反有关法律的规定，则很可能失去政府的资金支持。因此，即便是自治性非常强的美国公立高校也无法做到全然的独立与自治，在某种程度上依然受制于政府，尽管政府并不愿意干涉高校作为自治组织处理内部事务的行为。

在美国，虽然没有专门的法律规定高校内部学生申诉制度，但是最高法院明示，公立高校要在总体上遵循最低限度正当程序要求。尽管判例法的历史表明，法院一直以来不愿干涉自治组织的内部事务，[1]但最高法院仍然对高校这种高度自治的社会组织所从事的内部管理行为进行约束，即管理行为必须符合基本的正当程序要求。正当程序的要求在美国已然是一种共识，无论是国家还是高校对此都有共同的认知。高校设置、运行的内部学生申诉制度，作为一种使行动处于合理范围内的机制，即是对这种共识的回应并使其得以持续。另外，如果不设置并实施校内学生申诉制度，为学生提供程序性保障，公立高校有可能失去国家资金的支持。但是，在设置和实施校内学生申诉制度时，各公立高校间的差异性比较明显，因为高校自主管理的空间比较大，具体校情各有不同，在提出申诉的主体和时间、申诉受理机构、申诉处理的方式与期限等涉及申诉制度等主要方面存在差异。

高校内部学生申诉制度的实施给予学生机会，使其在对高校做出的决定有异议时，能够通过相应的程序陈述自己的观点，使自己免于受到不公平的对待。在申诉过程中，学生还享有其他方面的权利以便于实现自己的利益。制度在维护学生的权利的同时，也能够规范校方的行为，审查校方行为的合理性、正当性，促使校方行为更加规范，防止高校任意、武断地惩戒学生。由此，制度在实施过程中实现了国家的预期目标。

## 三、高校自身的利益考量：制度的多样性

规则本身是事先定下的决定，或多或少是强加于人们的，[2]而不同的情况

---

[1] Falone v. Middlesex Country Medical Society, 62 N.J.Super. 184,162A. 2d 324 (Superior Court of New Jersey, 1960).

[2] ［美］弗里德曼：《法律制度》，李琼英、林欣译，中国政法大学出版社2002年版，第27页。

又会引起不同的动机和反应，因此，制度的运行通常是"不完美的"，即不可能完全按照预设的样态进行。制度的实施者总有自身的利益考量，基于实用主义的态度去认知并运行制度，自身利益将左右其行动策略，这必将影响制度运行及其功能的样态。

对于国家通过法律设置的高校内部学生申诉制度，高校作为制度的载体与实施者，同时也作为制度的适用者即一方当事人，通常会因自身情况不同而以微妙、复杂的方式对制度做出反应。有些反应是明显服从，如高校正常设立并实施校内学生申诉制度；有些反应是对制度做进一步的延伸，如高校在学生申诉制度之前设置听证制度；有些反应明显是寻找替代性手段，如鼓励通过非正式的途径解决纠纷。高校之所以对国家设置的法律制度——校内学生申诉制度做出不同层面和程度的反应，皆因其有自身的利益考量以及自身利益与国家利益的博弈空间，而这又取决于国家与高校间的关系。

国家与高校的关系决定高校的独立程度，也决定着高校对自身利益进行考量的空间大小。高校作为特殊的社会组织，有自己追寻的利益价值和理性的行动选择。在校内学生申诉制度的运行过程中，高校不仅是制度的实施者，更是纠纷中的一方当事人，当然有自己的决策思考与选择权，以实现自身利益的最大化，这也使得制度在运行中呈现不同的样态与功能。

（一）我国高校的利益考量与制度的多样性

由于政府和执政党对高校的直接管理与控制，使得我国高校的运行与管理具有浓厚的行政化倾向，高校不仅是一个特殊的社会组织，履行自身职能，而且也要服从政府的意志。因此，当国家教育部通过《第21号令》要求高校设立校内学生申诉制度时，各高校纷纷设立该制度。但是，"现行的制度并不完全是设计的产物"，[1]制度建构者也不可能考虑到所有与制度运行相关的特定事实，包括制度实施者对制度的认知程度以及对自身利益的考量等。而制度的具体运行及其功能的发挥恰恰依托于制度的实施者对制度的认知以及对自身利益的考量。高校基于教育部的要求设立校内学生申诉制度，但高校作为特殊的学术性社会组织，仍然享有有限的自主权，出于对自身利益的考

---

[1] ［英］哈耶克:《法律、立法与自由》(第一卷),邓正来等译,中国大百科全书出版社2000年版,"导论"第8页。

虑，在实施过程中使制度的运行与功能呈现出丰富性。

1. 校内学生申诉制度设置的多样性

由于教育部规章对校内学生申诉制度的规定比较简单，内容仅涉及申诉处理机构的名称及成员组成、受理的事项以及处理的程序和时间，至于申诉处理机构的具体设置、成员人数及构成比例、申诉审理的方式等问题，均未涉及。因此，各高校根据各自的具体情况以及利益考量，对制度设置的细节问题进行细化，使得制度的运行呈现出一定差异性。

例如，关于申诉处理机构即申诉处理委员会的办公室设置问题，各校均有自己的利益平衡与考虑，或者基于节约运行成本，[1] 或者基于权力的制约，[2] 而将其设置在不同的机构。再如，申诉处理委员会成员构成比例问题，或者基于对学生权利的维护，或者基于校方管理的便利性，也存在差异性。[3] 由此可见，各高校出于不同的利益考量，在校内学生申诉制度设置的具体细节方面存在差异。

2. 校内学生申诉制度的实施与延伸

高校内部学生申诉制度的设立有利于维护学生的权利并规范校方的行为，但是，如果没有认识到该制度对于高校自身所具有的优势或利益，高校也不会真正实施。因此，校内学生申诉制度在为学生提供维护权利平台的同时，也为高校提供便利，即高校可以通过这种制度性途径在内部尝试着先行解决学生与高校间的纠纷，从而避免通过校外途径尤其是司法途径解决此类

[1] 有的高校，如北京B校、山东A校将其设置在学生工作处。学生工作处主要负责对学生行为进行审查与处分，因此对违纪违规学生的行为及其作出处分的过程及原因非常了解，当学生提出申诉时便于申诉处理委员会了解情况，由此可以节约制度的运行成本。如果将其设置在其他职能部门如纪检委等，将增加制度运行的成本，因为毕竟其他职能部门并不了解学生的情况，当其对申诉事项进行审查时仍然向学生工作处进行咨询，有时甚至听取学生工作处负责人员的意见（如山东C校在实践中就存在这种情况，尽管其将申诉处理委员会设置在纪检委），由此增加制度运行的成本。

[2] 大多数高校仍然将申诉处理委员会设置在纪检委、监察委，甚至是团委，主要的利益考量是基于权力之间的监督与制约。申诉处理委员会的主要职能是对高校作出的决定进行审查，包括审查学生工作处对学生作出的处分决定，实质是对高校处分权的监督与制约。因此，必须将申诉处理委员会与学生工作处分开设置，否则可能存在自己审查自己的问题，无法有效地实现权力之间的制衡。

[3] 教育部规章规定，申诉处理委员会成员由学校负责人、职能部门负责人、教师代表和学生代表组成，但具体的构成比例问题没有明确，因此各校基于不同的利益考量而予以不同分配。大多数高校教师代表和学生代表人数不超过30%，成员构成行政化色彩浓厚，主要是方便高校自身的管理，但也有极少数高校（如北京A校）教师代表和学生代表人数超过50%，主要侧重对学生权益的尊重和维护。

纠纷而给高校带来的更大损失，减少高校运行的成本。[1]

另外，极少数高校尤其是曾经作为被告参与过诉讼的高校（如北京D校、山东A校、内蒙古A校），为了避免通过法院解决问题，运用高校自主管理校内事务的权力，将校内学生申诉制度向前端推进，建立处分过程中的听证制度，督促校方在作出处分行为时更加规范化，尽量做到处分事实清楚、依据准确、程序正当、处分适当，从而降低学生对校方处分决定产生异议的概率，避免学生与校方间发生纠纷。

3.校内学生申诉制度对校方利益的维护

即便在无法避免诉讼的情况下，校内学生申诉制度的实施也有利于增加高校胜诉的砝码，维护高校的权益，降低判决结果的不确定性。"制度是为了降低人们互动中的不确定性而存在的。"[2]

校内学生申诉制度实施之前，在学生起诉学校的纠纷中，法院审理的结果对于高校来讲具有不确定性，有时判决高校胜诉，有时则判决高校败诉。因为高校对学生作出的决定尤其是处分决定本身带有随意性，可能存在证据、程序、依据等方面的问题，因此无法预测审判结果。法院判决校方败诉的结果，常常令高校惊讶不已，因为高校认为惩戒学生是组织内部实施管理的必要手段，但却有可能因此而败诉，从而意识到应该保护自己利益，避免使自己在诉讼中处于不利地位。通过校内学生申诉制度的实施，在学生与高校可能产生的诉讼纠纷中，降低法院判决结果的不确定性，降低高校参与诉讼的成本。校内学生申诉制度具有规范校方决定行为的功能，促使其作出决定时能够注重依据的准确性、程序的合法性、处分的合理性、证据的充足性等。如果学生起诉高校，校方能够出示有力证据，证明其处分行为的合法性与正当性，就能增加胜诉的可能性，维护自身利益。多数高校特别是经历过诉讼的高校受访人员均表示，校内学生申诉制度实施后，促使校方注重自身行为的规范性，即便学生起诉学校，只要校方行为正当、合法，就处于有利地位，胜诉的概率非常大。如北京B校、山东A校受访人员在谈及校内学生申诉制度实施后发生学生起诉学校事件时表示，校方行为如处分行为已经非

[1] 如果通过法院解决彼此间的纠纷，通常作为被告的高校要花费更多的时间与精力准备材料参与诉讼过程，耗费的成本更高。
[2]［美］道格拉斯·C.诺思：《制度、制度变迁与经济绩效》，杭行译，格致出版社、上海三联书店、上海人民出版社2008年版，第34页。

常正规，并且制作档案记录，校方出庭参与诉讼时直接出示相关档案资料，有理有据，法院审理最终结果均为校方胜诉。

4.校内学生申诉制度的规避

少数高校基于自身特殊利益的考量而规避校内学生申诉制度的实施，即只是将该制度规定在相应的文件中，但没有在实践中加以实施，通过一种迂回的行动策略实现自己的目标，减少自己的成本，并利于高校自身的发展。如上海C校认为，实施校内学生申诉制度很可能激化学生与学校间的矛盾，从而将纠纷引向校外，可能通过高校上级主管部门加以解决，如此可能会影响上级主管部门对该校工作的评估以及该校的声誉。又如北京G校认为，结合本校教学及管理方面的特点以及学生的特点，没有必要实施校内学生申诉制度。因为该校为一所语言类院校，教学氛围一直比较宽松，学生的兴趣也主要在于出国留学，因而对校方的处分或其他关于入学、退学方面的决定并不十分介意。校方作出的处分决定一般也是采取能轻则轻的态度，并通过学生辅导员与学生进行沟通，消除学生的疑义与不满，因此至今为止尚未发生学生申诉的情况。

（二）荷兰高校的利益考量与制度的多样性

荷兰政府通过《高等教育与研究法案》（WHW）要求高校必须设立校内学生申诉制度，因此，荷兰境内13所研究型高校均按照法律要求设立并实施校内学生申诉制度。但是，荷兰高校自治程度比较高，高校在实施该制度的过程中结合自身利益的考量，对其进行一定程度的调整与发展，使得制度的实践呈现出丰富性。

1.适当调整或简化制度

荷兰高校出于节约制度运行成本的考量，适当调整或简化制度运行的环节。荷兰高校在实施校内学生申诉制度的过程中，多数情况下能够按照法律的规定与要求设置相应的机构，受理申诉范围内的事项，按照相应的程序和期限进行处理。但是，由于高校自身结构组织的设置与架构，使其对制度的实施进行适当的调整，从其自身利益出发，节约制度运行的成本。

例如，WHW规定高校应当设置便于学生接近的机构，处理学生提出的申诉，此类机构将确认申诉的相关当事人，并尽快将材料转给有权处理的机构即考试申诉委员会（CBE）。格罗宁根大学据此规定，学生应当向学生权利法律保护中心（CLRS）提出申诉，再由CLRS将材料转交至考试申诉委员会CBE。但实践中，有些学生对学校作出的有关考试方面的决定有异议时，并没有向CLRS提出申诉，而是向学生所在二级学院的考试委员会提出疑议，考试委员会解决不了问题时直接将申诉转交至CBE，而不是要求学生向CLRS提出申诉再转交至CBE，由此简化其中的环节，能够节约制度运行的成本。

2. 鼓励非正式途径的使用

作为纠纷一方当事人的高校，出于自身利益考量，鼓励学生通过非正式途径解决与学校间的纠纷。在通过校内学生申诉制度解决校生纠纷之前，如果能通过非正式途径解决可能具有更好的效果，尽管法律中并没有关于非正式途径的任何规定。格罗宁根大学在《学生章程》中推荐学生通过非正式途径解决纠纷，即与引起纠纷的人员进行简单的沟通，尽力找到令人满意的解决方案，如果学生与引起纠纷的人员之间的关系或环境影响彼此之间进行非正式的对话，还可以向学生辅导员或学生服务中心的顾问进行咨询。另外，还明确说明通过官方的正式途径解决纠纷的弊端，即将花费很长时间。

与正式的校内学生申诉制度相比，非正式的纠纷解决途径具有更明显的优势。它能够快速解决纠纷，没有烦琐的程序与规则要求，纠纷解决方式相对比较简单、直接；当事人自愿而非被强迫、私下而非公开地解决纠纷，有利于彼此沟通、交流，增强对彼此观点的了解，有利于化解纠纷；能够为双方提供和平商讨的氛围与空间；通过对话与沟通解决彼此之间的问题，有利于在解决纠纷后维持双方长久的关系等。实践中，非正式途径在高校内部解决纠纷方面确实发挥了重要作用，很多学生与校方的纠纷都是通过非正式途径在二级学院加以解决。因此，非正式途径在纠纷解决过程中受到高校的重视并予以推荐和鼓励。

（三）美国高校的利益考量与制度的多样性

美国公立高校充分运用其自主权，结合高校自身的特点，在校内学生申诉制度的主要内容与程序方面进行设置与实施，使得制度的运行样态与功能丰富多样。

1. 校内学生申诉制度设置的多样性

美国公立高校结合自身组织结构的特点与利益需要设置具体的学生申诉制度，主要内容涉及提出申诉的主体、时间、受理申诉的机构及其人员构成、受理申诉的事项、处理申诉的程序、方式与结果等，但在具体细节方面，却存在很大差异。各高校各自的组织结构与运行机制不同，设置校内学生申诉制度的方式与安排必然存在不同，使得制度的运行呈现丰富的多样性。如关于申诉处理机构的设置及其人员组成方面，各公立高校存在很大差异。[1]在校内学生申诉制度的其他方面，如提出申诉的主体、时间、受理申诉事项的范围、处理申诉事项的程序和期限等方面，都存在较大差异。可见，各公立高校结合自身组织结构与运行机制，考虑自身利益，从而对校内学生申诉制度进行具体设置，体现出丰富的多样性。

2. 听证制度的设置

为防止纠纷的发生，高校在学生申诉制度之外，设置了处分过程中的听证制度。尽管设置听证制度也属正当程序条款的要求，但高校也有其自身利益的考虑。如果校方在作出处分决定的过程中适用听证制度，规范校方的处分行为，并且为学生提供陈述观点的机会，使双方能够通过听证制度进行正式的交流与沟通，对违纪行为的事实以及校方作出决定的原因有进一步的认知，那么学生与校方间产生纠纷的可能性就会降低。因此，处分过程中的听证制度也为防止纠纷或解决纠纷提供一种制度性空间。

3. 鼓励非正式途径的使用

高校作为纠纷一方当事人，出于自身利益考量，鼓励学生通过非正式途径解决与学校间的纠纷。学生与学校间的纠纷发生在高校内部，属于内部成员之间的纠纷，具有特殊性。因此，在内部通过非正式途径加以解决，使得双方当事人在平和的氛围中通过沟通与交流增加互相理解的空间，更有利于将来双方关系的维系。尽管校内学生申诉制度以及听证制度作为正式的纠纷解决途径，规定得十分详细、具体，但在日常的校园生活中，非正式的纠纷解决途径却被校方加以推荐或鼓励，可能对使用它的双方当事人都有利，成本较低。

---

[1] 爱荷华大学没有统一的申诉处理机构，而是由对违纪学生作出处分决定机构的上级机构进行受理，而作出处分决定的机构不同，受理申诉的机构也不同。而关于受理申诉的人员构成方面却没有相关规定。明尼苏达大学设立了统一的申诉受理机构即教务长申诉委员会，受理学生对学院或行政机构作出的惩戒决定提出的申诉，同时对教务长申诉委员会的人员构成情况进行了详细的规定。

## 四、国家与高校的利益博弈：制度多样性的限度

从上述三个国家高校内部学生申诉制度的运行及其功能来看，都存在多样性与差异性，但是多样性的程度明显不同。这种多样性程度的差异与国家对高校的管理方式、程度有着密不可分的联系。国家对高校的管理方式与程度不同，决定着高校自主管理的空间不同，决定着高校在制度运行过程中可考量的利益及其与国家利益博弈的空间不同，由此体现为制度运行与功能多样性的程度必然不同。

从我国高校内部学生申诉制度运行的实践来看，尽管各高校基于自身利益的考量使得制度在实践中呈现出多样性，但也只是有限的多样性，并没有重大的改变或创新与发展，这与国家对高校的直接管理与控制相关。比如，高校内部学生申诉制度的差异性主要体现在申诉处理机构的设置、成员人数及比例、审理方式等方面，大多属于非重要的细节方面，而在涉及学生申诉制度的主要框架与内容方面各高校却基本相同，即与教育部规章的规定没有重大差别，如申诉处理机构的人员构成、受理事项的范围、处理的时间与程序等，无论高校的级别、地位、获得资源的多寡、所处地区以及各自特点方面有何不同。另外，尽管有的高校在制度运行过程中还出现制度上的延伸或规避，创设处分过程中的听证制度或者采取其他手段避免校内学生申诉制度的实施等，但也是少数高校所为，并不存在普遍性。因此，校内学生申诉制度运行实践中的多样性只是有限的多样性，制度基本朝着预设的方向运行，很少有偏离轨道的现象，也很少在制度之外有所创新和发展。这种有限的多样性取决于国家对高校的直接管理与控制。政府教育部门与执政党对高校进行直接的管理与控制，形成国家主导——高校有限自主管理的格局，使得高校的自主空间非常有限。因此，当国家教育部通过法律规定要求高校设立校内学生申诉制度时，全国各地高校几乎均按规章要求设立制度，尽管在具体设置的细节方面有些差异性，实践中也出现些许的制度延伸与规避现象，但这只是少数高校在不违反规定的前提下，出于实用主义的利益考量所为，绝大多数高校在制度的主要结构与内容方面仍保持高度的一致性，未见有明显的制度创新与发展。

从荷兰高校内部学生申诉制度运行的实践来看，尽管所有研究型高校均

按照国家法律的规定设立并实施制度，但在制度的具体实施过程中，高校根据自身利益考量予以适当调整，并且在制度之外寻求替代性措施，使得制度的实施呈现出多样性，这与国家对高校的管理方式有关。荷兰政府通过集中的法律与教育政策对高校进行非集中式管理，即由议会、国家教育、文化与科学部作为最主要的法律与政策制定者，制定关于高校教育项目的性质、内容、质量以及其他制度等方面的法律与政策，高校必须予以遵守。因此，当《高等教育与研究法案》规定校内学生申诉制度时，所有高校必然依据其要求而设立并运行该制度。但是，政府又尊重高校的自治权，不直接干预高校的管理。政府在为高校提供资金支持的基础上，只在必要时才对高校进行干预，而且这种干预仅限于弥补高校管理中的缺陷。高校自主管理的权限比较大，能够对内外部事务有自主决策权，对自身利益考量的空间也比较大。因此，在落实与实施校内学生申诉制度时，高校可根据自身组织结构对其予以适当调整，并基于自身利益的考量对制度进行发展，寻求替代性措施解决问题。

从美国公立高校内部学生申诉制度运行的实践来看，各公立高校均按照《宪法》正当程序条款以及联邦最高法院的要求设立并运行校内学生申诉制度，但在实践中出于对自身利益的考量，使得制度运行的情况存在很大差异。不仅如此，高校在申诉制度之外设置处分过程中的听证制度，在申诉与听证等正式制度之外鼓励学生通过非正式途径解决与校方之间的纠纷。这种制度运行的状况在一定程度上取决于国家对高校的管理方式与控制程度。政府与高校的关系主要体现在政府为高校提供宏观咨询与资金支持，联邦政府对高校只是提供咨询服务与部分资助，而州政府拥有领导和管理高等教育的职权，承担高校的经费，从而实现对高校的控制。因此，高校必须按照法律要求设立并实施校内学生申诉制度，否则可能失去政府的资金支持。但是，政府并不愿意干涉高校作为自治组织处理内部事务的行为，除了提供经费和必要的指导外，政府一般不干涉高校的内部事务，因此，高校享有高度的自治权，享有显著的不受政府控制的自由，完全可以自己决定和管理内外部事务。由此，高校根据内部组织结构与运行机制，基于自身利益的考量，设置实施校内学生申诉制度，设置运行处分过程中的听证制度，还鼓励学生利用非正式途径解决纠纷，从而使得制度的运行及功能呈现出多样状态。

# 结　语

　　我国国家与高校间的关系主要体现为政府主导——高校有限自主管理相结合的模式，这种模式决定了高校的独立性非常有限，其自身的利益考量及与国家利益博弈的空间也非常有限。这种模式对于学生申诉制度在高校内部的设立、实施及功能的样态有着重要的影响。首先，国家通过政府与执政党对高校进行直接的管理与控制。《高等教育法》明确规定，我国公办大学由政府举办，政府教育行政主管部门对大学进行宏观管理，党委会是学校的领导核心，实行党委领导下的校长负责制。高校作为被管理的对象必然要服从这种管理，并贯彻落实相应的任务。当政府针对学生起诉高校事件多发的社会问题以及法院解决此类特殊纠纷过程中面临的困境，出于各方面利益的考量，通过法律重新激活高校内部学生申诉制度并要求高校予以设立并实施时，几乎全国高校均按要求设立并实施该制度。通过制度的实施，能够在一定程度上回应政府建构制度的初衷，即维护学生权利、规范校方行为并尽可能地在高校内部解决学生与高校间的特殊纠纷。其次，高校毕竟是一类特殊的学术性社会组织，其组织任务和活动的特点要求高校必然具备一定的自主管理权，对内外部事务进行自主管理。我国改革开放以后，高校在这方面获得相对的发展空间。因此，在实施高校内部学生申诉制度的过程中，高校出于自身利益的考量，结合自身组织结构特点，使得制度的运行呈现出多样性。不同高校在校内学生申诉制度设置的具体环节方面存在差异，有的高校还出现制度上的延伸或规避等，也使得制度发挥新的功能。最后，尽管高校具有一定程度的自主管理权，但由于政府对高校处于主导地位，高校的设立、运行依赖政府的推进，高校仍然是政府的附属物，缺乏真正的自主权。因此，高校对自身利益考量的空间及其与国家利益进行博弈的空间十分有限，绝大多数高校在学生申诉制度的主要结构与内容方面保持高度的一致性，与教育部规章的规定没有重大差别。总体来看，基于国家对高校的主导地位与管理模式，我国高校内部学生申诉制度基本朝着国家预设的方向运行，体现在申诉受理机构、受理事项、处理程序、处理结果等主要方面，尽管高校基于有限的自主管理与利益考量，使得制度的运行在细节方面出现一定程度的丰富性，但由于高校利益考量及与国家利益博弈的空间有限，制度很少偏离轨道运行，也很少在制度之外有所创新和发展。

　　荷兰国家与公立高校间的关系体现为高校自主管理为主导与政府间接管理相结合的模式，这种模式意味着高校的独立性很强，但也在一定范围内受到政府的间接管理，即政府为高校提供资金支持，并通过法律和集中的教育政策对高校进行管理。政府的间接管理仅在必要时才实施。这种模式对于高校内部学生申诉制度的设立、实施及功能的样态有着重要的影响。首先，国家通过集中的法律和教育政策对高校进行非集中式的管理，政府尊重高校自治权，不直接干预高校的内部管理。政府在为高校提供资金支持的基础上，只在必要时才对高校进行干预，而且仅限于弥补高校管理中的缺陷。国家通过《高等教育与研究法案》（WHW）明确规定了高校必须设立校内学生申诉制度，并对制度的内容进行详细规定，包括申诉受理的机构及其人员组成、范围、程序、期限、处理结果等方面，意在维护学生权利、规范校方行为。因此，荷兰13所研究型高校均根据WHW的规定，设立并实施校内学生申诉制度。通过校内学生申诉制度的实施，切实为学生表达自己的观点与利益要求提供了机会与空间，同时，也对校方作出的与考试有关的决定行为进行审查，监督、纠正或防止校方滥用权力或任意作出决定，从而回应了国家构建制度的目标。其次，荷兰高校自治程度很高。《高等教育与研究法案》赋予高校在政府限定的范围内享有高度自治权，不仅促进高校自身发展，而且也促进高校更加有效地满足社会变化的需求。因此，在实施校内学生申诉制度的过程中，结合自身利益的考量，各高校对制度进行一定程度的调整与发展，使得制度的实践呈现出丰富性。如出于节约制度运行成本的考量，适当调整或简化制度运行的环节；作为纠纷一方当事人的高校，鼓励学生通过非正式途径解决与学校间的纠纷，即与引起纠纷的人员进行简单的沟通，尽力找到令人满意的解决方案。总体来看，基于国家通过法律与教育政策的间接管理，荷兰高校内部学生申诉制度大体上按照国家法律预定的模式实施，但由于高校的独立性很强，其利益考量及与国家利益博弈的空间比较大，因此，对校内学生申诉制度的运行进行一定程度的调整，并在实践中发挥了重要的作用。

美国国家与公立高校间的关系主要体现为高校自主管理为主导与政府间接服务相结合的模式，这意味着高校的独立性非常强，政府只为高校提供服务咨询和资金支持，一般不干预高校内部事务的管理。这种模式对于高校内部学生申诉制度的设立、实施及功能的样态有着重要的影响。首先，政府仅仅为了保障高等教育的公平性、公正性而对高校进行干预，但这种干预只限于提供资金支持和服务咨询，主要表现为联邦政府对高等教育提供咨询服务与部分资助，而州政府正式承担和履行高等教育功能，为州立大学提供经费和进行必要指导，一般也不干涉高等学校的内部事务。但是，如果高校违反法律要求，则有可能丧失政府资金的支持。因此，当《宪法》正当程序条款以及最高法院指示要求高校在总体上遵循最低限度正当程序要求时，公立高校都在内部设置并实施了某种形式的学生申诉制度，给予学生机会，使其在对高校作出的决定有异议时，能够通过相应的程序陈述自己的观点，使自己免于受到不公平的对待。制度在维护学生的权利的同时，也能够规范校方的行为，审查校方行为的合理性、正当性，促使校方行为更加规范，防止高校任意、武断地惩戒学生。由此，制度在实施过程中，一定程度上回应了国家的预期目标。其次，高校的独立性非常强，享有显著的不受政府控制的自由，总体上被公认为具有高度自治权，即自己决定和管理自己的内外部事务。因此，在设置和实施校内学生申诉制度时，各公立高校间的差异性比较明显，体现在提出申诉的主体和时间、申诉受理机构、申诉处理的方式与期限等，使得制度的运行呈现出丰富的多样性。而且，为防止纠纷的发生，在校内学生申诉制度的前端设置听证制度，规范校方的处分行为，并且为学生提供陈述观点的机会。另外，作为纠纷一方当事人，高校出于自身利益考量，鼓励学生通过非正式途径解决与学校间的纠纷，使得双方当事人在平和的氛围中通过沟通与交流的方式快速解决纠纷。总体来看，基于国家对公立高校的管理与控制非常弱而高校自治程度非常强的特点，美国公立高校在遵循基本原则即正当程序原则的基础上，根据各自的组织特点与运行机制设置并实施校内学生申诉制度。而且，由于高校的独立性很强，其对自身的利益考量及与国家利益博弈的空间非常大，因此对学生申诉制度的实施进行延伸和发展，对双方当事人均有利。

　　从中国、荷兰、美国高校内部学生申诉制度运行及功能的样态来看，与制度构建者的预设模式相比，都表现出一定的多样性与差异性，但程度明显不同。这种多样性程度的差异与国家对高校的管理方式与程度有着密不可分的联系。国家对高校的管理方式与程度表明国家对高校的控制程度，决定着高校进行自主管理的空间大小，进一步决定着高校在实施国家构建的法律制度过程中可考量的自身利益以及自身利益与国家利益进行博弈的空间大小，使得法律制度运行与功能的多样性程度必然不同。从三国的实践情况来看，随着国家对高校控制程度的不断减弱，高校自主管理的空间不断增强，高校在实施学生申诉制度的过程中可考量的自身利益以及与国家利益进行博弈的空间不断加大，制度运行过程中呈现的多样性将不断丰富。

# 参考文献

## 一、中文文献

### （一）专著

1. 陈鹏：《公立高等学校法律关系研究》，高等教育出版社2006年版。

2. 陈永明、朱浩、李昱辉：《大学理念、组织与人事》，中国人民大学出版社2007年版。

3. 范愉：《纠纷解决的理论与实践》，清华大学出版社2007年版。

4. 郭石明：《社会变革中的大学管理》，浙江大学出版社2004年版。

5. 和震：《美国大学自治制度的形成与发展》，北京师范大学出版社2008年版。

6. 蒋后强：《高等学校自主权研究：法治的视角》，法律出版社2010年版。

7. 劳凯声：《变革社会中的教育权与受教育权：教育法学基本问题研究》，教育科学出版社2003年版。

8. 李子江：《大学：自由、自治与控制》，北京师范大学出版社2005年版。

9. 唐振平：《中国当代大学自治管理体制研究》，国防科技大学出版社2006年版。

10. 夏勇：《走向权利的时代：中国公民权利发展研究》，社会科学文献出版社2007年版。

11. 徐小洲：《自主与制约——高校自主办学政策研究》，浙江教育出版社2007年版。

12. 宣勇：《大学变革的逻辑》，人民出版社2009年版。

13. 尹晓敏：《高等学校学生管理法治化研究》，浙江大学出版社2008年版。

14. 姚云：《美国教育法治的制度与精神》，教育科学出版社2007年版。

15. 湛中乐：《高等教育与行政诉讼》，北京大学出版社2003年版。

16. 周光礼：《教育与法律——中国教育关系的变革》，社会科学文献出版社2005年版。

17. 张驰、韩强：《学校法律治理研究》，上海交通大学出版社2005年版。

（二）译著

1. ［美］道格拉斯·C.诺思：《制度、制度变迁与经济绩效》，杭行译，格致出版社、上海三联书店、上海人民出版社2008年版。

2. ［美］德里克·博克：《走出象牙塔——现代大学的社会责任》，徐小洲、陈军译，浙江教育出版社2001年版。

3. ［美］德里克·博克：《美国高等教育》，乔佳义编译，北京师范大学出版社1991年版。

4. ［美］弗里德曼：《法律制度》，李琼英、林欣译，中国政法大学出版社2002年版。

5. ［英］哈耶克：《法律、立法与自由》（第一卷），邓正来等译，中国大百科全书出版社2000年版。

6. ［美］罗伯特·C.埃里克森：《无须法律的秩序——邻人如何解决纠纷》，苏力译，中国政法大学出版社2003年版。

7. ［美］罗斯科·庞德：《通过法律的社会控制》，沈宗灵译，商务印书馆2010年版。

8. ［美］米尔伊安·R.达玛什卡：《司法和国家权力的多种面孔：比较视野中的法律程序》，郑戈译，中国政法大学出版社2004年版。

9. ［美］诺内特、塞尔兹尼克：《转变中的法律与社会——迈向回应型法》，张志铭译，中国政法大学出版社2004年版。

10. ［英］约翰·亨利：《大学的理想》，徐辉、顾建新、何曙译，浙江教育出版社2001年版。

（三）论文

1. 蔡晓平：《关于高校大学生申诉制度的若干思考》，《高教探索》2005

年第5期。

2. 陈洪捷：《什么是洪堡的大学思想》，《中国大学教学》2003年第6期。

3. 范履冰、阮李全：《论学生申论权》，《高等教育研究》2006年第4期。

4. 黄国满、陈洪彬：《对建立高校学生申诉制度的思考》，《长春工业大学学报》（高教研究版）2006年第2期。

5. 费英勤、楼策英：《对完善高校学生申诉制度的思考》，《教育发展研究》2006年第8期。

6. 康建辉、张卫华、胡小进：《高校学生申诉制度存在的问题及对策》，《西安电子科技大学学报》（社会科学版）2008年第1期。

7. 李建华、伍研：《大学自治：我国高等教育体制创新的哲学阐释》，《现代大学教育》2004年第1期。

8. 李永林：《自治基础上的"他治"》，《法治论坛》2006年第四辑。

9. 刘宝存：《威斯康星理念与大学的社会服务职能》，《理工高教研究》2003年第5期。

10. 秦惠民：《依法治校的高等学生管理制度特征》，《中国高等教育》2004年第8期。

11. 沈兰：《高校学生申诉制度的完善》，《科技信息》(学术研究)2007年第21期。

12. 孙益：《校园反叛——美国20世纪60年代的学生运动与高等教育》，《清华大学教育研究》2006年第4期。

13. 叶青：《大学生申诉制度与高等学校管理》，《福建农林大学学报》（哲学社会科学版）2007年第10期。

14. 尹晓敏：《高校学生申诉制度研究》，《高教探索》2004年第4期。

15. 尹晓敏：《学生申诉制度在构建和谐高校中的价值解析》，《高教研究》2006年第7期。

16. 尹力、黄传慧：《高校学生申诉制度存在的问题与解决对策》，《高教探索》2006年第6期。

17. 杨文治：《高校学生申诉制度的法律思考》，《襄樊职业技术学院学报》2007年第3期。

18. 湛中乐：《高等学校大学生校内申诉制度研究》，《江苏行政学院学报》2007年第5、6期。

19. 张冬梅：《浅议高校学生申诉制度存在的问题与对策》,《中国高等教育》2007年第17期。

20. 张学亮：《法学视野中的高校学生申诉制度》,《国家教育行政学院学报》2006年第7期。

21. 张学亮、任广志：《海峡两岸高校学生申诉制度的比较研究》,《中国青年研究》2007年第4期。

22. 张小芳、徐军伟：《法理视野下的高校学生申诉制度研究》,《宁波大学学报》（教育科学版）2005年第2期。

23. 张小芳、邢学亮：《高校学生申诉制度的有效运行》,《当代青年研究》2006年第4期。

24. 章清、金劲彪、杜志宏：《论高校学生申诉制度受理范围的拓展》,《高等工程教育研究》2006年第5期。

25. 张应强、程瑛：《高校内部管理体制改革：30年的回顾与展望》,《高等工程教育研究》2008年第6期。

26. 申素平：《中国公立高等学校法律地位研究》, 北京师范大学博士论文，2001年。

27. 刘最跃：《高校学生申诉制度的设想》, 湖南师范大学硕士论文，2006年。

## 二、英文文献

1. American Law Reports ALR2d.

2. Albert S. Miles, The Due Process Rights of Students in Public School or College Disciplinary Hearings. 48 ALA. LAW. 144, 146 (1987).

3. Duryea, E. D. Jr., R.S. Fisk, and Associates. Faculh Unions and Collective Bargaining. San Francisco, California: Jossey-Bass, Inc (1973).

4. Catherine Lucey, Group Asks State to Investigate Handling of Rape Allegation at LaSalle, MONTEREY HERALD, June 29, 2004.

5. Edward N. Stoner, Jonh Wesly Lowery, Navigationg Past the "Spirit of Insubordination": A Twenty-first Century Model Student Conduct Code With a Model Hearing Script, Journal of College and University Law (2004).

6. Edward N. Stoner, Reviewing Your Student Discipline Policy: A Project

Worth The Investment, 14 (2000).

7. E. H. Schopler，Right of student to hearing on charges before suspension or expulsion from educational institution.

8. General Order on Judicial Standards of Procedure and Substance in Review of Student Discipline in Tax Supported Institutions of Higher Education, 45 F.R.D. 133, 136, 141, (W.D. Mo. 1968).

9.Henry J. Friendly, Some Kind of Hearing, 123U.PA.L. REV.1267,1279 (1975).

10. Ira Michael Heyma, Some Thoughts on University Disciplinary Proceedings, California Law Review, Vol. 54, No.1., Mar., 1966.

11. James M. Lancaster & Diane L. Cooper, Standing at the Intersection: Reconsidering the Balance in Administration, 82 New Directions for Student Services 95 (1998).

12. Kimberly C. Carlos, Comment, Future of Law School Honor Codes: Guidelines for Creating and Implementing Effective Honor Codes, 65 UMKC L. Rev. 968 (1997).

13.Maureen P. Rada, The Buckley Conspiracy: How Congress Authorized the Cover-up of Campus Crime and How it Be Undone, Ohio State Law Journal (1998).

14. Nordin, The Contract to Educate: Toward a More Workable Theory of the Student-University Relationship, 8 J. COLL. & U.L. 141, 149 (1980−1982).

15. Raoph D.Mawdsley, Plagiarism Problems in Higher Education，Journal of College and University Law Summer (1986).

16. Raoph D. Mawdsley, Litigation Involving Higher Education Employee and Sarah Ann Bassler, Public Access to Law School Honor Code Proceedings, Notre Dame Journal of Law, Ethics and Public Policy (2001).

17. Walter C. Hobbs, The "Defective Pressure Cooker" Syndrome: Dispute Process in the University, The Journal of Higher Education, Vol. 45, No. 8. (Nov., 1974).

# 索 引